POLITIQUES MONÉTAIRE
ET DE CHANGE

Collection « Études africaines »

dirigée par Denis Pryen et son équipe

Forte de plus de mille titres publiés à ce jour, la collection « Études africaines » fait peau neuve. Elle présentera toujours les essais généraux qui ont fait son succès, mais se déclinera désormais également par séries thématiques : droit, économie, politique, sociologie, etc.

Dernières parutions

Jean-Paul MWENGE NGOIE, *L'enfant, cet oublié du divorce ou de la séparation parentale en Afrique subsaharienne*, 2018.
Laurent GAMET, *Le droit du travail ivoirien*, 2018.
Bakary CISSÉ, *L'épreuve orale de culture générale, Préparation aux concours d'entrée de l'ENA et de la Fonction publique, Tome 1 : Connaissance de l'environnement ivoirien ; Tome 2 : Problèmes majeurs de la société contemporaine*, 2018.
Jacques KABEYA I. TENDA, *Entreprises publiques, en République Démocratique du Congo, La nécessité d'un cadre de bonne gouvernance axée sur la responsabilisation et la performance,* 2018.
Diensia Oris-Armel BONHOULOU, *Le terrorisme international existe-t-il en Afrique noire ?, Essai,* 2018.
Augustin RAMAZANI BISHWENDE, Di-Kuruba Dieudonné MUHINDUKA (dir.), *Les Bavira entre tradition et modernité*, 2018.
Claude KAYEMBE-MBAYI, *Verrous et contrôles constitutionnels en Afrique. Pour des mécanismes efficients*, 2018.
Marie Romuald POUKA POUKA, *Politiques publiques et PME au Cameroun. Les impacts de la Bourse de sous-traitance et de partenariat sur la performance des PME dans le secteur industriel*, 2018.
Issofou NJIFEN, *Allocation des ressources humaines et stratégies des acteurs sur le marché du travail, Concept de surqualification et évidence empirique au Cameroun*, 2018.
Marie Désirée, SOL AMOUGOU, *Minoration linguistique, Causes, conséquences et thérapie*, 2018.
Michel MOUKOUYOU KIMBOUALA, *Le rôle des classes nominales dans le fonctionnement des langues bantoues. Le cas du kibeembe, une variante du kikongo*, 2018.

Bassambié Franck Bationo

Politiques monétaire et de change

Le franc CFA, un choix optimal pour l'Union monétaire ouest-africaine ?

Préface d'Adama Diaw

L'Harmattan

5-7, rue de l'École-Polytechnique ; 75005 Paris

http://www.editions-harmattan.fr/

ISBN : 978-2-343-15108-3
EAN : 9782343151083

SOMMAIRE

DÉDICACE

À mes enfants bien-aimés :
Trinity, Destiny, Bradley et Frankly,
puissent vos vies être bénies et meilleures.

Et à mon épouse Fidencia,
ma partenaire dans le mariage et dans la vie,
pour ton soutien permanent.

À tous mes proches, parents, amis et collaborateurs,
pour votre esprit compréhensif et de bienveillance à mon égard.

À la mémoire de mon père et de ma mère,
qui m'ont appris les valeurs de courage, de respect et de tolérance.

REMERCIEMENTS

Je tiens tout d'abord à adresser mes plus vifs remerciements à Son Excellence Roch Marc Christian KABORE, Président du Burkina Faso, pour ses encouragements à l'effort et au travail bien fait.

Je voudrais exprimer ma très vive gratitude et ma profonde reconnaissance à Tiémoko Meyliet KONE, Gouverneur de la BCEAO, pour le guide et la référence qu'il constitue. Il nous donne l'exemple en conduisant avec rigueur, courage et détermination une politique monétaire adaptée aux économies de l'Union. C'est cette volonté de toujours mieux faire qui a été une source d'inspiration pour ce livre.

J'associe à ces remerciements les deux Vice-Gouverneurs, Jean-Baptiste COMPAORE et Mamadou DIOP, Abdoulaye SECK, Secrétaire général, Siriki KONE, Directeur de Cabinet du Gouverneur, Oumar Tatam LY, Conseiller spécial du Gouverneur et Ismaïla DEM, Conseiller spécial du Gouverneur.

Que soient également remerciés tous mes collègues et amis pour leurs suggestions et relecture, notamment Ousmane SAMBA MAMADOU, Patrick KODJO, Aminata HAIDARA, Toussaint B. DAMOH, Modibo KAMATE, Bérenger ABOU, Tahir M. HAMANI, Joseph SAGNON, Mathurin DEMBO TOE et Ibrahim SAWADOGO.

Je témoigne toute ma reconnaissance aux professeurs et enseignants-chercheurs qui m'ont apporté leurs précieuses contributions scientifiques et formulé des commentaires utiles : mon ami de très longue date Marc RAFFINOT de l'université Paris-Dauphine en France, Adama DIAW de l'université Gaston Berger de Saint-Louis du Sénégal, Jean-Paul POLLIN, de l'université d'Orléans en France, Fodiyé DOUCOURÉ, de l'université Cheikh Anta DIOP de Dakar au Sénégal, Mama OUATTARA de l'université Félix Houphouët-Boigny de Côte d'Ivoire, Idrissa OUEDRAOGO de l'université Ouaga II du Burkina Faso, Nikolay NENOVSKY de l'université Picardie-Jules Verne en France, Gilles DUFRENOT de l'université Aix-Marseille en France, Aly MBAYE de l'université Cheikh Anta DIOP de Dakar au Sénégal, Boileau LOKO, Conseiller du Directeur du Département Afrique du FMI, et Ibrahim KEITA, Doctorant à l'université Cheikh Anta DIOP de Dakar au Sénégal. Un merci à tous les membres du Laboratoire d'Économie LEDa de Paris — Dauphine, en particulier ceux de UMR 225 DIAL (développement, institutions et mondialisation), l'unité mixte de recherche IRD-Paris-Dauphine.

Je ne saurai terminer sans dire merci à tous les aînés pour leur encadrement et leurs conseils notamment Jean-Claude BROU, Président de la Commission de la CEDEAO, Paul Kaba THIEBA, Premier ministre du Burkina Faso, Pascal Iréné KOUPAKI, ministre d'État, Secrétaire général de la Présidence de la République du Bénin, Damo Justin BARO, ancien Vice-Gouverneur de la BCEAO, Ousmane OUEDRAOGO, ancien Vice-Gouverneur de la BCEAO, ancien ministre d'État, ministre de l'Économie et des Finances du Burkina Faso, Abdoulaye BIO-TCHANE, ministre d'État, du Plan et du Développement du Bénin, Mamadou SEREME, Directeur de Cabinet du Premier ministre du Burkina Faso, Sadikh DIOP, ancien Secrétaire général de la BCEAO et Bolo SANOU, ancien Secrétaire général de la Commission bancaire de l'UMOA.

Enfin, mes remerciements s'adressent à tous les lecteurs pour le temps consacré à lire ce livre.

LISTE DES ACRONYMES

ABCA : Association des banques centrales africaines
ADF : Dickey-Fuller Augmenté
AEN : Avoirs extérieurs nets
AFD : Agence française de développement
AIC: Akaike Information Criteria
BEAC : Banque des États de l'Afrique Centrale
BCE : Banque centrale européenne
BCEAO : Banque centrale des États de l'Afrique de l'Ouest
BIC : Bureau d'information sur le crédit
BND : Banque Nationale de développement
BOAD : Banque ouest-africaine de développement
BRVM : Bourse régionale des valeurs mobilières
BTP : Bâtiments et travaux publics
CAA : Caisse autonome d'amortissement
CBN: Central Bank of Nigeria
CCP : Comptes des chèques postaux
CE : Crédit à l'économie
CEDEAO : Communauté économique des États de l'Afrique de l'Ouest
CEMAC : Communauté économique et monétaire d'Afrique Centrale
CESAG : Centre africain d'études supérieures en gestion
CFA : Franc de la communauté financière africaine
COFEB : Centre ouest-africain de formation et d'études bancaires
CPM : Comité de Politique monétaire
CREPMF : Conseil régional de l'épargne publique et des marchés financiers
DC/BR : Dépositaire central/Banque de Règlements
DSGE : modèle d'équilibre général dynamique stochastique
DTS : Droit de tirage spécial
DVEP : Décompositions de la variance de l'erreur de Prévision
EBA : External Balance Assessment
ECCU : Union monétaire des Caraïbes Orientales
EME : Émetteur de monnaie électronique
FED : Réserve fédérale des États-Unis
FMI : Fonds monétaire international
FRIC : Fonctions de Réponses Impulsionnelles Cumulées (FRIC)
GIM-UMOA : Groupement interbancaire monétique de l'UMOA
GMM : Méthode des moments généralisés
HP : Hodrick Prescott

IHPC : Indice harmonisé de prix à la consommation
IDE : Investissement direct étranger
IMP : Importations
INV : investissement
INS : Instituts nationaux de statistique
IPC : Indice des Prix à la Consommation
IRED : Initiative régionale pour l'énergie durable
M2 : Masse monétaire
MA : Moving Averages
MCO : Moindres Carrés Ordinaires
MMG : Méthode des moments généralisés
NEPAD : Nouveau partenariat pour le développement de l'Afrique
OCDE : Organisation de coopération et de développement économiques
ONG : Organisation non gouvernementale
OPCVM : Organisme de placement commun en valeurs mobilières
PARMEC : Projet d'appui à la règlementation sur les mutuelles d'épargne et de crédit
PAS : Programmes d'ajustement structurel
PCB : Plan comptable bancaire
PER : Programme économique régional
PIB : Produit intérieur brut
PP : Phillips Perron
REM : Revue économique et monétaire de la BCEAO
SBC : Schwartz Bayesian Criteria
SC : Schwartz Criteria
SEBC : Système européen de Banques Centrales
SFD : Systèmes financiers décentralisés
SGI : Société de gestion et d'intermédiation
SVAR : Structurels vectoriels autorégressifs
SYSCOA : Système comptable ouest-africain
TCER : Taux de change effectif réel
TCN : Titres de créances négociables
TCRE : Taux de change réel d'équilibre
TESC : Taux d'escompte
TINB : Taux d'intérêt interbancaire
TPEN : Taux de prise en pension
UEMOA : Union économique et monétaire ouest-africaine
UMOA : Union monétaire ouest-africaine ou Union
UMOA-Titres : Agence UMOA-Titres
VAR : Vectoriels autorégressifs
VECM : Modèle vectoriel à coefficient d'erreur

PRÉFACE

L'Union Monétaire Ouest-Africaine (UMOA) est basée sur un cadre institutionnel commun aux huit États membres, partageant la même monnaie, le Franc de la Communauté financière africaine (FCFA). Cette monnaie commune, vieille de plus d'un demi-siècle dont la gestion repose sur des principes novateurs, a été d'un apport considérable pour les économies de l'Union.

L'exploitation judicieuse des opportunités offertes par cette intégration monétaire et financière a permis aux États membres d'enregistrer des progrès notables dans la mise en place d'un marché commun, aux potentialités énormes.

Durant des décennies, les pays de l'Union ont conjugué leurs efforts pour assurer la stabilité macroéconomique, maintenir un faible taux d'inflation, assainir leurs finances publiques et préserver un niveau d'endettement adéquat. Depuis 2012, le taux de croissance du produit intérieur brut (PIB) de l'Union n'a cessé de se positionner parmi les plus élevés du continent africain, avec un taux d'inflation inférieur à 2 %.

Ces bonnes performances sont renforcées par les avantages de la monnaie commune qui reste une monnaie stable, prisée par les populations et les opérateurs économiques de l'Union dans la gestion quotidienne de leurs transactions financières et le paiement de leurs échanges extérieurs.

Pourtant, les mécanismes de la monnaie commune et ses interrelations avec l'économie réelle ne sont pas suffisamment valorisés par les travaux de recherche conduits sur les économies de l'Union. En effet, encore rares sont les études et les recherches scientifiques se rapportant à l'UMOA.

L'ouvrage de Bassambié Franck BATIONO que je félicite pour la rigueur scientifique et la qualité de l'analyse tente de combler cette insuffisance. Il vient assurément à point nommé dans une période où la question de l'avenir du FCFA soulève des débats passionnés aussi bien chez les théoriciens que chez les praticiens de l'économie et les acteurs de la société civile. Dans cet ouvrage, l'auteur aborde des questions importantes telles que la gouvernance, la transparence, l'indépendance des banques centrales dans une union monétaire, le régime de change dans l'UMOA, la politique monétaire dans cette zone, l'analyse des canaux de transmission des effets de la politique monétaire et le choix d'une règle monétaire optimale.

Rédigé dans un style clair et un langage accessible, cet ouvrage est à l'intention de tous ceux qui s'intéressent à l'UMOA. Il s'adresse particulièrement aux professionnels de l'économie, aux acteurs de la société civile, aux étudiants, aux chercheurs et aux décideurs politiques. J'invite l'ensemble de ces acteurs économiques à le lire. Sa lecture contribuera en effet — j'en suis persuadé — à enrichir les débats et à faire avancer la recherche sur un thème d'intérêt majeur pour le développement économique et social des pays membres de l'UMOA.

Adama DIAW
Agrégé des facultés de Sciences économiques
Professeur titulaire des Universités
Président du Comité technique spécialisé
des Sciences économiques et de Gestion du CAMES
(Conseil africain et malgache pour l'enseignement supérieur)

INTRODUCTION GÉNÉRALE

L'Union Monétaire Ouest-Africaine (UMOA) regroupe huit pays[1] de l'Afrique de l'Ouest qui disposent d'un institut d'émission commun, la Banque centrale des États de l'Afrique de l'Ouest (BCEAO). L'évolution de la BCEAO, depuis sa création en 1962, témoigne d'une adaptation constante des instruments de politique monétaire aux mutations de l'environnement international et de la conjoncture économique des États membres de l'Union.

Les travaux réalisés dans le cadre de cet ouvrage sont articulés autour de cinq chapitres.

Dans le premier chapitre, nous examinons la gouvernance, l'indépendance et la transparence des banques centrales dans une union monétaire. À cet égard, il s'agit de faire une analyse du cadre institutionnel et d'évaluer le degré d'indépendance de la Banque centrale dans le choix des instruments, des moyens et du type d'organisation interne pour atteindre les objectifs de la politique monétaire.

Le chapitre 2 traite des différents régimes de change. Il présente le régime de change du FCFA, la monnaie commune de l'UMOA, et met en exergue les facteurs déterminants, théoriques et pratiques, du choix d'un régime de change. À partir des données de l'UMOA, il décrit les caractéristiques du compte d'opérations qui sous-tend les relations de coopération avec le partenaire extérieur.

Le chapitre 3 procède à une analyse du cadre stratégique et opérationnel de mise en œuvre de la politique monétaire et des résultats obtenus par rapport aux objectifs. Les actions de la Banque centrale pour améliorer l'intégration économique, financière et monétaire sont également retracées.

---

[1] Les pays de l'UMOA : le Bénin, le Burkina Faso, la Côte d'Ivoire, la Guinée-Bissau, le Mali, le Niger, le Sénégal et le Togo.

Dans le chapitre 4, les principaux canaux de transmission de la politique monétaire dans l'UEMOA sont analysés, à travers une étude empirique fondée sur des modèles VAR structurels. Il s'agit, ici, d'évaluer l'ampleur et la vitesse de répercussion des mouvements des taux directeurs de la banque centrale sur l'économie.

Enfin, le dernier chapitre aborde la question du choix d'une règle monétaire optimale à travers l'estimation d'une fonction de réaction de la banque centrale.

CHAPITRE I

GOUVERNANCE, INDÉPENDANCE ET TRANSPARENCE DES BANQUES CENTRALES DANS UNE UNION MONÉTAIRE

Les enjeux liés à la gouvernance des banques centrales sont multiples et varient en fonction des niveaux de développement des pays et des objectifs visés par les autorités nationales. Dans le domaine de la politique monétaire, deux constats majeurs se dégagent.

Premièrement, une forte convergence est observée au niveau des banques centrales dans la définition de leurs objectifs, du cadre institutionnel d'exercice de leurs activités et de la prise en compte de l'intérêt public.

Deuxièmement, partout dans le monde, y compris dans les pays en développement, les Banques Centrales ont entamé une mutation remarquable au cours des vingt dernières années. Une grande tendance caractérise particulièrement cette évolution, il s'agit de leur indépendance croissante à l'égard des pouvoirs politiques. Cette évolution a eu des répercussions importantes sur les statuts et les missions des Banques Centrales, mais aussi sur leur gouvernance interne et leur structure.

La question de la gouvernance des Banques Centrales est ainsi devenue un sujet majeur. De même, la plupart des économistes s'accordent pour dire que la transparence de la Banque Centrale (c'est-à-dire la mesure dans laquelle la banque centrale fournit au grand public et aux marchés, de façon claire et en temps opportun, toutes les informations utiles concernant ses objectifs, sa raison d'être, sa stratégie, ses analyses et ses décisions de politique monétaire ainsi que ses procédures) est aussi un aspect important du cadre de conduite de la politique monétaire.

Le FMI (1999) estime que la politique monétaire est plus efficace lorsque les objectifs et les instruments utilisés sont connus du public. Il paraît donc important d'examiner ces deux questions d'actualité pour les Banques Centrales. Mais à cela, il faudra ajouter la stabilité financière qui commence à s'imposer comme une nouvelle urgence pour les banques centrales (Jean-Pierre Patat, 2000). En effet, la stabilité financière, entendue comme la stabilité et l'efficacité du système financier, apparaît désormais de plus en plus comme une nouvelle mission des banques centrales. Les nombreuses crises financières intervenues durant les années 1990 et au début des années 2000, et même avant, ont renforcé le point de vue selon lequel la gestion macroéconomique efficace passe par la prise en compte du poids des risques dans la gouvernance des systèmes et des marchés financiers (Johnson, 2002).

Dans ce chapitre, les thèmes traités sont relatifs à la gouvernance des banques centrales, à leur indépendance et aux enjeux de la stabilité financière.

I.- LA GOUVERNANCE DES BANQUES CENTRALES

Les banques centrales ont entamé partout dans le monde une mutation remarquable au cours des vingt dernières années du point de vue, tant de leur organisation interne, que de leur rapport avec les autorités politiques ou de leur stratégie de politique monétaire. Certains économistes (Kempf et Lanteri, 2008) avancent plusieurs facteurs explicatifs de cette mutation. Ils la justifient dans une première phase par la disparition progressive dans les années soixante-dix du système international de changes fixes en fonction duquel les politiques monétaires nationales s'ordonnaient depuis les accords de Bretton Woods.

Ils ajoutent, dans une seconde phase, deux événements majeurs qui ont profondément affecté les conceptions des spécialistes et des praticiens en matière de conduite de la politique monétaire et d'organisation des Banques Centrales. Il s'agit du changement d'orientation opéré par la Réserve fédérale américaine en 1979 à la suite de la nomination de Paul Volcker comme Président du Fédéral Reserve (Fed) Board des États-Unis, d'une part, et de l'avènement de l'Union Économique et monétaire (UEM) dans le cadre de l'Union européenne, d'autre part.

L'arrivée de Volcker à la Fed a déclenché une réflexion théorique et empirique sur la façon de conduire la politique monétaire dans un environnement économique caractérisé par le développement des systèmes bancaires et financiers, la dématérialisation de la monnaie et la fin du système de paiement international fondé sur l'or.

La création de l'union monétaire européenne a également amené les économistes et les responsables politiques à s'interroger sur les structures juridiques et administratives des Banques Centrales les mieux adaptées aux évolutions en cours. La concomitance entre le changement de stratégie de politique monétaire et les mutations institutionnelles a soulevé effectivement une série de questions en particulier sur les spécificités des pays en développement.

Quels sont les changements institutionnels les plus appropriés pour les banques centrales ?

Y a-t-il un « modèle unique » d'organisation de Banque Centrale applicable aussi bien dans les pays développés que dans ceux en développement, ou au contraire, les spécificités structurelles et économiques de ces derniers commandent-elles d'inventer une forme d'organisation et une stratégie qui leur soient propres ?

Quelles sont les priorités qui s'imposent aux pays en développement en matière de politique monétaire et d'organisation institutionnelle pour sa mise en œuvre ?

I.1.- CADRE INSTITUTIONNEL DES BANQUES CENTRALES

La gouvernance d'une banque centrale peut être définie comme l'ensemble des règles, des processus et des comportements organisant la réflexion, la décision et le contrôle de l'application des décisions, en vue d'atteindre ses objectifs. À cet égard, les modalités institutionnelles des relations qu'une banque centrale entretient avec son environnement extérieur (institutions publiques, autorités politiques, agents non financiers, banques et marchés financiers...) occupent une place de choix.

C'est pourquoi la définition d'un cadre institutionnel d'une banque centrale constitue un aspect très important pour lui permettre d'atteindre ses objectifs. En effet, une attention particulière est accordée à la précision des objectifs, au degré d'indépendance dans l'exercice de ses fonctions et à l'exigence de transparence et de responsabilité.

Les décisions de politiques monétaires peuvent avoir un impact très significatif sur les pouvoirs publics et le bien-être de certaines franges de la population. Il faut donc essayer de protéger les banques centrales des pressions politiques. C'est pourquoi les pays ont mis en place des structures autonomes pour prendre en charge la conduite de la politique monétaire. La plupart des banques centrales sont des organismes publics. Les quelques banques centrales (Banque Nationale suisse, Banque de Réserve d'Afrique du Sud), qui disposent encore en leur sein d'actionnaires privés, sont protégées dans l'exercice de leurs fonctions par des réglementations qui empêchent ces actionnaires d'avoir un rôle déterminant dans les décisions de politique monétaire.

Les réglementations qui régissent le fonctionnement des banques centrales sont des lois nationales particulières ou des traités internationaux dans le cadre des unions monétaires. Elles définissent les principes de fonctionnement, précisent les objectifs et les missions des banques centrales, spécifient le degré d'autonomie et la nature des obligations et responsabilités de la banque centrale.

Même quand les banques centrales ne disposent pas de statuts aussi élaborés, un consensus politique est obtenu quant à leurs objectifs, aux modalités d'exercice de leurs fonctions et aux pouvoirs de facto nécessaires. Les principaux critères mis en avant dans ce consensus visent l'harmonisation des politiques monétaires et budgétaires et concernent notamment :

- ***La limitation du financement monétaire direct du gouvernement dans le but d'éviter une utilisation abusive de la planche à billets***

Le financement monétaire direct du déficit budgétaire est une importante source de risque inflationniste. C'est pourquoi la réglementation de plusieurs banques centrales limite le financement monétaire direct du gouvernement, avec des seuils à ne pas dépasser. D'autres banques centrales apprécient d'une manière autonome, au regard de leur indépendance, leurs propres limites d'interventions. Enfin, dans certaines législations, les financements monétaires directs de la banque centrale au gouvernement sont formellement interdits.

- ***L'autonomie dans la prise de décisions***

Les réglementations des banques centrales modernes prévoient explicitement que les organes de décision et les membres de la direction des banques centrales ne doivent solliciter ni recevoir des instructions d'un organisme gouvernemental ou privé dans l'exercice de leurs fonctions. Tout contrevenant (autorité publique, responsables de la banque centrale ou institutions privées) à ces dispositions s'expose à des sanctions. Certaines réglementations prévoient que les pressions subies par les organes de décision de la banque centrale soient rendues publiques. Pour limiter les aspects conflictuels avec les autorités publiques, les statuts des banques centrales modernes indiquent clairement qu'elles doivent être associées à toute modification de la législation les concernant.

- ***Les procédures de nomination***

Les procédures de nomination de responsables de banques centrales sont importantes au regard des décisions à prendre et de leur impact sur les marchés financiers et les agents économiques. Les réglementations définissent en général les procédures de nomination et de révocation. Une durée de mandat est définie avec le principe d'inamovibilité pour protéger les responsables des banques centrales dans l'exercice de leurs fonctions. Dans certains pays, elles précisent que les dirigeants de banques centrales doivent disposer de qualités professionnelles et personnelles. Quelle que soit la procédure, une fois nommés, le gouverneur et les hauts dirigeants sont irrévocables et censés œuvrer à l'accomplissement des objectifs du mandat à eux confié.

I.2.- OBJECTIFS, RÔLES ET MISSIONS DES BANQUES CENTRALES

Les banques centrales ont aujourd'hui pour principal objectif la stabilité des prix c'est-à-dire une hausse moyenne modérée des prix avec une faible volatilité sur le moyen terme. Cet objectif, qui a fait l'objet d'une convergence de vues au cours de ces dernières années, est transcrit de manière explicite dans les Statuts des banques centrales (certaines banques centrales ont d'autres objectifs en plus comme l'emploi et la croissance). Ce consensus au plan théorique se justifie par le fait qu'une faible inflation avec une faible volatilité contribue à asseoir les bases d'une croissance économique solide et durable. Cet objectif paraît également être à la portée des banques centrales.

En effet, il est important de fixer un objectif de politique économique en fonction de l'instrument dont on dispose et de son efficacité (sa capacité à permettre d'atteindre cet objectif).

L'orientation de plus en plus affirmée des pays d'assigner un objectif clair et précis à la politique monétaire permet un meilleur ciblage de l'inflation, limite les influences politiques et accroît les obligations de responsabilité « accountability » de la banque centrale.

Le cadre stratégique et opérationnel de mise en œuvre de la politique monétaire est étroitement lié au choix du régime de change. En effet, le régime de change peut être défini comme l'ensemble des règles qui déterminent l'intervention des autorités monétaires sur le marché des changes, et par conséquent le comportement du taux de change de la monnaie vis-à-vis des autres devises. C'est pourquoi la banque centrale est la plupart du temps choisie pour implémenter la politique de change en raison de sa relation étroite avec les marchés des capitaux et de ses compétences et expertises techniques dans ce domaine. Et dans ce cadre, elle prend aussi le plus souvent en charge la gestion des avoirs en devises utilisés comme réserves d'intervention.

Le second objectif important des banques centrales est la stabilité financière. Toutefois, la revue des textes de base des banques centrales indique que cet objectif est nettement peu mentionné de manière explicite dans la législation des banques centrales comparativement à la stabilité des prix. La difficulté dans l'assignation d'un objectif de stabilité financière aux banques centrales tient au fait que la notion de stabilité financière n'a retrouvé toute son ampleur qu'à la suite de la crise financière mondiale de 2008. Cette notion recouvre par ailleurs plusieurs fonctions. Il s'agit notamment de la supervision du système bancaire, de la fonction de prêteur en dernier ressort et de la stabilité des systèmes de paiement. Elle concerne également la participation de certaines banques centrales à la conception de la réglementation et de la politique macro-prudentielle, à la surveillance des marchés financiers, ainsi qu'à l'analyse des tensions financières et des mesures destinées à favoriser le développement du système financier. La stabilité financière s'étend donc de la gouvernance du système financier à sa structuration ainsi qu'à sa supervision. En effet, il s'agit d'avoir une maîtrise suffisante des risques systémiques au plan temporel (pro-cyclicité) et transversal (effet de contagion).

Les banques centrales ont un rôle traditionnel de gestionnaire de liquidité à distinguer du rôle de prêteur en dernier ressort. La gestion de la liquidité bancaire consiste à intervenir sur le marché interbancaire à travers notamment des opérations d'open market, en vue de réguler le montant des réserves du système bancaire auprès de la banque centrale. Quant au prêteur en dernier ressort, il pourvoit de la liquidité d'extrême urgence en cas de situation de crise financière. Toutefois, avec la crise actuelle, les banques centrales ont procédé à des injections importantes de liquidité dans le système financier pour stabiliser la situation et éviter l'insolvabilité d'établissements illiquides. En conséquence, la distinction entre les deux rôles s'est atténuée.

Les banques centrales assument de plus en plus la responsabilité du maintien de la stabilité du système financier dans son ensemble. Cette nouvelle responsabilité a pris de l'ampleur avec l'avènement des crises financières récentes. Toutefois, il n'est pas évident de spécifier les objectifs de la stabilité financière et les instruments dont dispose la banque centrale pour les atteindre. Au regard de la diversité des fonctions, les interactions entre la stabilité du système pris globalement et ses différentes composantes ne sont pas précises. En outre, la banque centrale n'a pas d'instruments particulièrement adaptés au maintien de la stabilité financière systémique excepté la fonction de prêteur en dernier ressort. Les instruments appropriés pour gérer la stabilité financière ont d'autres rôles fondamentaux : les taux d'intérêt visent à maintenir la stabilité monétaire ; la réglementation financière sert à l'efficacité des marchés, la protection des consommateurs et la stabilité des établissements ; la surveillance prudentielle est axée sur la solidité des établissements.

Dans le cas de l'Union Monétaire Ouest-Africaine (UMOA), la BCEAO a plusieurs missions qui regroupent la plupart des fonctions assumées par les banques centrales modernes (voir Statuts de la BCEAO, 2010). En plus de la politique monétaire, elle joue un rôle fondamental dans la structuration, le fonctionnement et le développement du système financier de l'Union.

Les missions fondamentales de la banque centrale (BCEAO, 2010) comprennent la définition et la mise en œuvre de la politique monétaire, le maintien de la stabilité du système bancaire, la supervision et la sécurisation des systèmes de paiement, la mise en œuvre de la politique de change dans les conditions arrêtées par le Conseil des ministres, ainsi que la gestion des réserves de change des États membres de l'UMOA.

La Banque Centrale peut conduire des missions spécifiques qui concourent à l'amélioration de l'environnement de la politique monétaire, à la diversification ainsi qu'au renforcement du système financier de l'UMOA et des capacités techniques et professionnelles dans le secteur bancaire et financier. Elle peut également prendre des participations au capital d'établissements de crédit ou d'organismes dont l'activité s'inscrit dans son objet social ou présente un intérêt spécifique ou général pour un ou plusieurs États membres de l'UMOA, à travers des fonds dédiés ou d'autres mécanismes (participation indirecte) dont la gestion ne doit pas avoir d'incidence directe sur l'exploitation courante de la Banque Centrale.

Après les périodes de stagflation des années 70-80 et les différentes études qui ont montré que la politique monétaire ne pourrait suivre plusieurs objectifs à la fois, la maîtrise des prix est apparue comme la meilleure contribution de la politique monétaire à la croissance économique. Au cours des trois dernières décennies, la plupart des banques centrales sont parvenues à mettre en œuvre des stratégies de politique monétaire destinées à assurer la stabilité des prix à moyen terme. Depuis les réformes du cadre de gestion de la monnaie et du crédit entamés en 1989, le maintien de la stabilité des prix est également devenu l'objectif principal de la BCEAO. La réforme institutionnelle de la BCEAO, entrée en vigueur en avril 2010, est venue réaffirmer cette orientation.

Un objectif de stabilité des prix est explicitement assigné à la politique monétaire de la banque centrale. Sans préjudice de cet objectif, la banque centrale apporte son soutien aux politiques économiques de l'UMOA, en vue d'une croissance saine et durable. Il est clairement indiqué dans les Statuts de la BCEAO l'abandon de tout financement monétaire direct de la Banque Centrale aux Trésors publics, aux collectivités locales et à tout autre organisme public des États (suppression des concours monétaires directs aux États depuis 2002).

Sur le plan opérationnel, le Comité de Politique monétaire (CPM) a, lors de sa session de septembre 2010, défini la stabilité des prix comme un taux d'inflation (une valeur cible) de 2 % pouvant fluctuer dans une marge de plus ou moins (±) 1 point de pourcentage sur un horizon de 24 mois. Il convient de rappeler que cet objectif était déjà suivi par la BCEAO dans le cadre opérationnel de mise en œuvre de la politique monétaire depuis la réforme de 1989. Les critères de convergence dans l'Union retiennent depuis 2000 un objectif d'inflation inférieur ou égal à 3 %. Il a été retenu à partir de plusieurs travaux de recherche sur les déterminants de l'inflation dans l'UMOA et constitue le seuil adéquat pour assurer la stabilité du cadre macroéconomique.

Par ailleurs, l'ancrage de la monnaie commune à l'euro à travers une parité fixe impose le respect de certaines normes de gestion dans la conduite de la politique monétaire. En effet, selon les Statuts de la Banque Centrale, lorsque le taux de couverture de l'émission monétaire par les avoirs extérieurs bruts est inférieur à 20 % durant trois mois consécutifs, une réunion extraordinaire du Comité de Politique monétaire est convoquée aux fins d'examiner la situation et de prendre toutes les dispositions appropriées, y compris le réexamen des décisions prises précédemment qui auraient pu affecter la situation monétaire de l'Union.

La stratégie de politique monétaire de l'Union consiste, en l'absence de risques sur l'ancrage, autrement dit lorsque le taux de couverture de l'émission monétaire est supérieur ou égal à 20 %, à faire une analyse exhaustive des risques pesant à la fois sur la stabilité des prix et sur la croissance. La décision relative à l'orientation de la politique monétaire prend alors en compte l'écart entre l'inflation anticipée à moyen terme et l'objectif opérationnel d'inflation, en plus des autres indicateurs économiques.

I.3.- ORGANES DE DÉCISION DES BANQUES CENTRALES

Dans la plupart des banques centrales, une organisation est mise en place pour la prise de décisions. En général, elles sont prises d'une manière collégiale, notamment les décisions relatives à la politique monétaire. Le gouverneur reste toutefois le détenteur du pouvoir exécutif. Un comité d'audit ou organe chargé de la surveillance contrôle la régularité des actes administratifs de la banque centrale. En revanche, il est difficile de contrôler la régularité des décisions de politique monétaire.

C'est pourquoi il est important de rassembler autour de la même table des compétences et des expériences avérées pour analyser les données. Ce mode de partage de points de vue et de décision collective permet de renforcer leur crédibilité et leur légitimité. Les membres des organes disposent ainsi de plus d'arguments pour les justifier et faire face aux pressions des marchés et des pouvoirs publics. Ainsi, un équilibre permanent est recherché dans la composition des organes des banques centrales pour leur éviter d'être soumis à des intérêts particuliers.

Les comités de politique monétaire présentent des variantes dans leurs mandats, le nombre des membres, leur composition et leurs procédures opérationnelles. La majorité de ces comités assument plusieurs fonctions couvrant l'ensemble des objectifs assignés aux instituts d'émission concernés. Cette pratique est essentiellement observée dans les banques centrales nationales.

Dans d'autres banques centrales, il existe des conseils spécialisés qui sont soit chargés d'examiner les taux d'intérêt, soit affectés à la stabilité financière, soit encore chargés de la surveillance des systèmes de paiement. Cette séparation des fonctions pourrait présenter un avantage en termes de gouvernance des différentes missions confiées à la Banque Centrale. Toutefois, elle a aussi l'inconvénient de ne pas prendre en compte suffisamment les interrelations entre ces différentes fonctions, en particulier en situation de crise financière.

En général, les décisions des conseils sont prises d'une manière consensuelle même si les procédures prévoient la possibilité de vote. Il pourrait alors se poser la question de la responsabilité de la décision. Dans la pratique, la plupart des banques centrales ont une certaine forme de responsabilité collective, car les décisions sont présentées aux agents économiques d'une manière collective. Tous les membres des organes communiquent dans le sens d'une meilleure explication de la décision prise.

Le nombre de membres des organes de décision des banques centrales modernes varie de trois à une vingtaine, avec une moyenne de sept membres (*Banque des Règlements Internationaux [BRI], 2009*). Cette composition tient naturellement compte de la taille du pays et de sa structuration régionale. En particulier, les conseils monétaires de banques centrales des états fédéraux (États-Unis) et d'unions monétaires (zone euro, UMOA) sont de plus grande taille pour assurer une représentativité adéquate des États membres.

Concernant spécifiquement **le processus de décision au niveau de la BCEAO**, les textes réglementaires (Statuts de la BCEAO, 2010) rationalisent l'architecture institutionnelle de la Banque Centrale de manière à assurer une meilleure répartition des responsabilités entre les différents organes, conformément aux meilleurs standards internationaux. La rationalisation de l'architecture institutionnelle et la répartition des responsabilités entre les organes prennent en compte les deux dimensions de la Banque Centrale, à savoir les missions monétaires et « l'entreprise BCEAO ».

Sur cette base, des organes spécifiques dont le mode de fonctionnement est collégial, sont retenus respectivement pour la direction de la Banque centrale (gouverneur), la formulation de la politique monétaire et sa mise en œuvre (Comité de Politique monétaire), la gestion de la BCEAO en tant qu'entreprise (Conseil d'Administration), le contrôle de son fonctionnement (Comité d'Audit), ainsi que pour les concertations avec les différents groupes socioprofessionnels (Conseil National du Crédit). L'architecture institutionnelle est articulée autour des cinq organes suivants : le Gouverneur, le Comité de Politique monétaire, le Conseil d'Administration, le Comité d'Audit et les Conseils Nationaux du Crédit, à raison d'un Conseil par État (tableau 1, ci-après).

Le Gouverneur assure la mise en œuvre de la politique monétaire et la direction de la Banque Centrale. Il est assisté de Vice-Gouverneurs. Il dispose d'un pouvoir d'évocation devant le Conseil des ministres sur les politiques économiques de l'Union, notamment en matière budgétaire et d'endettement. Cette disposition s'appuie sur la nécessité, pour la BCEAO, de s'assurer de la qualité de la coordination entre la politique monétaire commune au niveau régional et les politiques budgétaires nationales élaborées dans chaque État membre.

Le Comité de Politique monétaire (CPM) est composé de 16 membres désignés par le Conseil des ministres de l'Union sur la base de leurs compétences professionnelles, tout en veillant à une représentation de tous les États membres de l'union monétaire. Le pays partenaire des Accords de coopération désigne également un représentant. Le mandat des membres du Comité de Politique monétaire est de cinq ans renouvelables une fois. Le CPM est chargé de la définition de la politique monétaire et du choix de ses instruments. La fixation de l'objectif d'inflation relève de la compétence de ce Comité. Enfin, le CPM est compétent pour la modification des dispositions des Statuts de la BCEAO relevant de la politique monétaire.

Le Conseil d'Administration, présidé par le Gouverneur, est composé de membres nommés par les Gouvernements des États membres de l'UMOA, actionnaires de la BCEAO, à raison d'un représentant par État. Ses attributions portent sur les questions relatives à l'administration de l'entreprise BCEAO et les modifications correspondantes des Statuts de la Banque Centrale. Il arrête les comptes de la Banque Centrale, qui sont ensuite approuvés par ses actionnaires représentés par le Conseil des ministres.

Le Comité d'Audit est composé d'Administrateurs choisis parmi les membres du Conseil d'Administration. Il est chargé d'apprécier, pour le compte dudit Conseil, la qualité de l'administration, du fonctionnement, de l'information financière et du système de contrôle interne et externe de la Banque Centrale.

Un Conseil National du Crédit (CNC) a été créé dans chaque État membre. C'est un organe consultatif. Présidé par le ministre chargé des Finances, il regroupe des représentants de l'administration publique et de différentes associations et groupes socioprofessionnels. Le CNC peut être consulté sur toute question monétaire ou de crédit, émettre des avis et faire procéder aux études qu'il juge nécessaires.

Tableau 1 :
L'architecture institutionnelle de la BCEAO issue de la réforme de 2010.

Instance	Composition	Rôle
Le Gouverneur	- le Gouverneur nommé par les chefs d'État et de gouvernement pour un mandat de six ans renouvelable ; - il est assisté de Vice-Gouverneurs nommé par le Conseil des ministres de l'Union pour un mandat de cinq ans renouvelable.	- met en œuvre la politique monétaire ; - exécute les décisions des organes ; - assure la gestion courante de la BCEAO.
Le Comité de Politique Monétaire (CPM)	**16 membres :** - un membre proposé par chacun des 8 États (nommé par le Conseil des ministres) et la France ; - le Gouverneur et les 2 Vice-Gouverneurs ; - 4 membres nommés intuitu personæ (sur proposition du Gouverneur) par le Conseil des ministres,	- définition de la politique monétaire ainsi que de ses instruments ; - règle de décision à la majorité simple (une personne, une voix) et recherche d'un consensus.
Le Conseil d'Administration	**10 membres :** - le Gouverneur de la BCEAO, - un membre nommé par chacun des 8 États membres et la France.	- chargé des questions budgétaires et relatives à la gestion de la BCEAO en tant qu'entreprise.
Le Comité d'Audit	**4 membres :** - l'administrateur de la BCEAO de l'État membre assurant la présidence du Conseil des ministres ; - trois administrateurs de la BCEAO ressortissants des autres États membres.	- chargé d'apprécier la qualité de l'administration, du fonctionnement, de l'information financière et du système de contrôle de la BCEAO.
Les Conseils Nationaux du Crédit (CNC), à raison d'un dans chacun des États membres.	21 membres par pays : présidé par le ministre chargé des Finances et comprenant des représentants de l'administration publique, des banques, des chambres consulaires, des consommateurs et des universités.	- étudie dans chaque pays les conditions de fonctionnement du système bancaire et financier, ainsi que de financement de l'activité économique ; - peut être consulté sur toute question monétaire ou de crédit.

Sources : Statuts de la BCEAO (2010) et organigramme disponible sur www.bceao.int.

I. 4.- RELATIONS ENTRE LA BANQUE CENTRALE ET LES AUTORITÉS PUBLIQUES

Dans le cadre de l'exécution de leurs activités, les banques centrales sont régulièrement en relation avec le pouvoir exécutif et législatif. Cela entre dans l'ordre normal des choses pour une meilleure gestion du policy-mix. Le gouverneur et le ministre chargé des Finances du pays ont des concertations régulières programmées ou improvisées en fonction des circonstances. Dans les pays en développement, il est observé plus souvent une participation de représentants de l'État aux réunions de la banque centrale et de ceux de la banque centrale au Conseil des ministres.

Au regard des fonctions importantes assumées par la banque centrale pour le pays, les rencontres sont plus fréquentes avec son haut management. Par ailleurs, les banques centrales ont dans leurs réglementations un rôle important de conseiller de l'État à assurer. Ce rôle se justifie par le fait qu'elles disposent relativement de plus de compétences et de ressources très qualifiées dans le domaine économique, monétaire et financier par rapport aux autres administrations publiques.

La plupart des banques centrales sont en relation avec le pouvoir législatif en faisant des rapports périodiques qui sont souvent examinés par les parlementaires dans un cadre réglementaire prédéfini. Cette procédure permet aux banques centrales de renforcer la communication en direction des marchés et des agents économiques.

Pour la Banque Centrale des États de l'Afrique de l'Ouest *(cf. Statuts de la BCEAO, 2010)*, **les relations avec les États membres** ont été codifiées dans les textes de base pour éviter les difficultés d'interprétation dans l'exécution de ses missions, car elle regroupe huit pays avec des contraintes et des exigences différentes.

Ainsi, la Banque centrale tient dans les places où elle est installée, les comptes des Trésors publics. Elle procède sans frais, à l'encaissement des sommes versées, au recouvrement des effets et chèques, au paiement des chèques et virements et aux transferts effectués sur ordre ou en faveur des Trésors publics.

À la demande du Gouvernement d'un État membre, elle assure gratuitement la gestion du portefeuille des effets souscrits à l'ordre des comptables publics sur les redevances d'impôts, de taxes et de droits, ainsi que la garde des valeurs de caisse appartenant aux Trésors publics. Elle réalise également l'émission, le placement ou la gestion, pour le compte des États membres, de bons à court terme et de titres à moyen et long terme souscrits par des titulaires de comptes dans les livres de la banque centrale, le paiement de coupons au porteur et le remboursement des valeurs des États membres présentées à ses guichets, tout placement de fonds demandé par les Trésors publics.

La banque centrale prête son concours à l'exécution des opérations financières extérieures des Gouvernements. À leur demande, elle peut assurer la gestion de la dette publique extérieure et intérieure. Elle peut aussi, à la requête du gouvernement, assister ce dernier dans la négociation de ses emprunts extérieurs ainsi que dans l'étude des conditions d'émission et de remboursement de ses emprunts intérieurs.

La banque centrale assiste les gouvernements dans leurs relations avec les institutions financières internationales (FMI, Banque mondiale) dans les négociations qu'ils entretiennent en vue de la conclusion d'accords financiers internationaux. Elle peut être chargée de l'exécution de ces accords dans les conditions fixées par le Conseil des ministres de l'Union. Dans le même cadre, la Banque centrale règle les quotes-parts des États membres de l'UMOA au FMI, exécute leurs opérations et transactions avec celui-ci et prend en compte les droits de tirage spéciaux qui leur sont alloués. Cette mission est très importante, car elle permet à la banque centrale de suivre les engagements des États avec le FMI et de les régler aux échéances convenues.

La Banque centrale propose aux gouvernements toute mesure propre à assurer l'uniformisation des législations et réglementations intéressant la monnaie et le fonctionnement de l'UMOA et leur prête son concours pour l'application de ces réglementations.

Pour le suivi et l'évaluation de l'exécution de ses missions, des rencontres périodiques sont prévues avec les administrations publiques et les autorités de l'Union. Ainsi, une conférence des Chefs d'État est tenue au moins une fois par an. Le Conseil des ministres de l'UMOA, comprenant deux ministres par État dont le ministre chargé des finances, se réunit au moins une fois par trimestre. Le Gouverneur de la BCEAO participe à ce Conseil. Au niveau de chaque pays, le ministre chargé des Finances préside le Conseil National du Crédit.

Les Directions nationales de la BCEAO organisent, dans chaque pays, des concertations régulières avec les administrations économiques et financières, les associations professionnelles des banques et des systèmes financiers décentralisés, ainsi que les organisations du secteur privé (chambres de commerce, patronat). Ainsi, les études économiques, les travaux de recherche, la balance des paiements et les analyses monétaires de la BCEAO font l'objet de publications et de partage avec les agents économiques et les administrations publiques de l'Union.

II.- DE L'INDÉPENDANCE À LA TRANSPARENCE DES BANQUES CENTRALES

Dans cette section, nous aborderons l'indépendance des banques centrales comme une réponse au biais inflationniste. En contrepartie de cette indépendance, les banques centrales sont soumises à une obligation accrue de transparence vis-à-vis du marché et d'information du public.

II.1.- JUSTIFICATION DE L'INDÉPENDANCE DES BANQUES CENTRALES

L'indépendance est justifiée d'un point de vue théorique par Rogoff (1985) comme une solution à un problème d'incohérence temporelle dont souffrirait la politique monétaire. Cette question a été soulevée en par Kydland et Prescott (1977) et développée ultérieurement par Barro et Gordon (1983). L'argumentation est la suivante : lorsqu'un gouvernement pratique une politique monétaire sans capacité de se pré-engager sur un taux d'inflation, les agents économiques privés ajustent en conséquence leurs anticipations et cela conduit à un biais inflationniste. Celui-ci est donc la conséquence d'un manque de crédibilité de la politique monétaire. Cette dernière doit donc tenir compte de l'existence du biais inflationniste. Dans la mesure où la banque centrale suit les préférences de la société pour un chômage plus faible que le taux naturel, le risque est très grand de voir émerger un équilibre sous-optimal avec une inflation supérieure à la cible.

Deux pistes ont été suggérées pour tenter d'éliminer le problème : la première consiste à adopter des règles de politique monétaire, car elles n'offrent plus la possibilité de tromper le public et de jouer avec ses anticipations. La seconde est plus explicitement institutionnelle, puisqu'elle concerne le statut de la banque centrale et ses relations avec les autorités de tutelle. Blinder (1997) affirme que : « si le biais inflationniste n'est plus nécessairement un problème, c'est parce que des mesures efficaces ont été prises pour le combattre ».

Parmi ces solutions, celle du « Banquier central conservateur », selon la terminologie de Rogoff, a été retenue dans de nombreux pays. En effet, les dirigeants des instituts d'émission ont été de plus en plus choisis au sein de la communauté financière, réputée pour être particulièrement hostile à l'inflation qui réduit les gains de l'épargne.

L'indépendance de la banque centrale a de multiples dimensions. Depuis Fischer (1995), il est d'usage de distinguer l'indépendance d'objectifs (objectifs déclarés) et l'indépendance d'instruments[2]. Une banque centrale sera d'autant plus indépendante qu'elle combinera un haut degré d'autonomie sur ces deux plans. C'est pour cette raison que l'Euro-système est considéré comme bénéficiant d'un degré d'indépendance élevé.

Il est important de noter qu'un écart sensible peut apparaître entre l'indépendance *de jure* (précisée dans les statuts) et l'indépendance *de facto* (observée dans la réalité des faits). Les Statuts d'une banque centrale peuvent faire référence à son indépendance, sans que celle-ci ne se reflète dans les pratiques effectives. Dans les pays en développement, nonobstant les textes en vigueur, l'expérience montre que l'indépendance de la banque centrale n'est parfois pas totale : ceci se traduit par de fortes pressions politiques sur les responsables de la banque centrale. En outre, les banques centrales dans ces pays sont parfois sollicitées pour des financements monétaires directs excessifs et la reprise directe des portefeuilles de créances douteuses des banques commerciales.

C'est pourquoi la problématique de l'indépendance a été posée dans les pays en développement dans le sens de son opportunité et de son utilité. Une forme donnée de gouvernance peut-elle convenir à la fois aux banques centrales des pays développés et à celles des pays en développement ? Au regard de la mondialisation des économies, un consensus s'est progressivement dégagé avec des tendances fortes vers

---

[2] Certains spécialistes distinguent même l'indépendance en matière d'objectifs (qualitatifs) de l'indépendance en termes de cibles (quantitative).

l'indépendance des banques centrales et une organisation qui renforce l'autonomie dans les prises de décisions. La différence de développement du système bancaire et financier et le caractère insuffisamment approfondi des canaux de transmission de la politique monétaire des pays en développement ne sauraient justifier des organisations différentes des banques centrales.

En effet, les travaux portant sur l'économie politique de l'indépendance des banques centrales (King 2001) montrent que les agents économiques sont favorables à cette indépendance à cause du rôle important que joue l'ancrage des anticipations.

La tendance vers l'indépendance constitue une forte exigence des acteurs des marchés, notamment les investisseurs internationaux. Des mesures renforçant l'indépendance de la banque centrale sont souvent perçues par les acteurs des marchés comme un gage de bonne gouvernance et le signal que le gouvernement souhaite s'engager véritablement dans des politiques anti-inflationnistes et dans des réformes structurelles (*cf. Kempf et Lanteri*).

Aussi, il ressort de plusieurs études empiriques que l'indice d'indépendance globale (0,47) des 29 banques centrales d'Afrique Subsaharienne (ASS) étudiées en 2003 n'est pas très éloigné de la moyenne des pays en développement (0,53). De même, leur indice d'indépendance globale est très proche en 2003 de celui des banques centrales des pays développés à la fin des années quatre-vingt (0,48). Cette autonomie croissante a pu faciliter la désinflation.

Certes, la démonstration empirique de cette causalité est l'objet d'études contradictoires dues à l'imprécision des données relatives à l'indépendance des banques centrales. Cependant, l'opinion majoritaire est bien que le mouvement vers une plus grande indépendance des banques centrales a facilité et probablement contribué à la grande modération de l'inflation. King (2001) a ainsi recensé sur un total de 21 études empiriques, une majorité d'études ayant établi une relation négative significative entre indépendance et inflation.

La corrélation entre l'autonomie légale et la baisse de l'inflation est plus faible dans les pays en développement que dans les pays développés (Cukierman, 1994). Fry (1998) a montré que la taille du déficit public et ses modes de financement prévalaient sur l'indépendance légale. En d'autres termes, l'indépendance *de jure* n'est pas suffisante pour couper les liens existant entre le déficit public et le financement monétaire, ainsi que ses conséquences inflationnistes dans des pays insuffisamment rigoureux en matière fiscale. Cette question est encore d'actualité dans beaucoup de pays. Cependant, Jacome et Vazquez (2005) obtiennent, après avoir contrôlé pour le régime de change, ainsi que pour les déficits publics, une corrélation négative entre l'autonomie de la banque centrale et l'inflation sur un échantillon de pays latino-américains et caribéens. Au total, la vue convergente est bien que l'indépendance de la banque centrale est favorable à un régime de moindre inflation aussi bien dans les pays de l'OCDE que dans les pays en développement.

II.2.- APPLICATION DES CRITÈRES D'INDÉPENDANCE À LA BCEAO

La BCEAO est un institut d'émission commun à huit États constituant l'Union Monétaire Ouest-Africaine (UMOA). Il s'agit de l'un des rares cas au monde, qui a précédé le modèle, différent du reste, du Système européen de Banques Centrales. Cette caractéristique communautaire confère à la BCEAO une certaine spécificité, voire un atout en matière d'indépendance. En effet, les plus hautes instances de décision de cette Union étant collégiales, elles écartent, de par leurs règles et pratiques, les possibilités d'immixtion, dans l'application de la politique monétaire commune, des États pris individuellement. Du fait de cette autonomie vis-à-vis de chaque pays membre, la banque centrale multinationale est en meilleure position qu'une banque centrale nationale pour faire respecter les dispositions statutaires relatives au financement monétaire des déficits budgétaires. La création de la Banque Centrale européenne par les pays membres de la zone euro est venue conforter cette analyse.

Medhora (1996) a appliqué à la BCEAO le modèle élaboré par Grilli et al (1991) pour évaluer le degré d'indépendance des banques centrales des pays de l'OCDE. Par référence à deux critères, politique et économique, traduisant le pouvoir qu'a l'institut d'émission de choisir la finalité de la politique monétaire et les instruments d'intervention, il a noté que la BCEAO était au-dessus de certaines banques de l'OCDE, en étant hors de portée des pressions des autorités budgétaires et protégées, par des limites statutaires, des emprunts des gouvernements.

Pour permettre de faire face aux évolutions et aux défis qui les interpellent pour les années à venir, une réforme institutionnelle de l'UMOA et de la BCEAO a été adoptée le 20 janvier 2007 par la 11e Conférence des Chefs d'État et de gouvernement de l'Union. La réforme confère aux organes de la BCEAO l'indépendance d'action requise dans la définition de l'objectif principal de stabilité des prix, le choix des instruments, des moyens et du type d'organisation interne permettant d'atteindre cet objectif.

L'octroi de l'indépendance aux organes de la Banque Centrale se manifeste par l'interdiction, pour les membres des organes et pour le personnel de la BCEAO, de recevoir des directives et instructions des Institutions ou Organes communautaires, des gouvernements des États membres de l'UMOA ou de tout autre organisme ou personne et par l'irrévocabilité de leur mandat. Elle a pour conséquence l'institution d'un régime d'incompatibilités de fonctions et l'obligation pour les membres des Organes et le personnel de l'Institut d'émission de respecter un Code d'éthique et de déontologie.

Nous avons procédé à une évaluation de l'indépendance de la BCEAO en nous appuyant sur le modèle de Grilli et *al.* (1991), utilisé en 1996 par R. Medhora (1996) pour évaluer le degré d'indépendance des banques centrales des pays de l'OCDE et de la BCEAO.

Les facteurs qui interviennent dans la définition de chacun des critères sont affectés d'un point permettant de construire un indice. Nous nous sommes donc appuyés sur les notes accordées par Medhora et les réformes institutionnelles enregistrées par les banques centrales.

Tableau 2 :
Critères d'indépendance des banques centrales (exemple de la BCEAO).

Indépendance politique (critères)	**BCEAO 1996**	**BCEAO 2012**
1. Le gouvernement ne nomme pas le gouverneur de la banque	1	1
2. Le mandat du gouverneur dure plus de cinq ans	1	1
3. Le gouvernement ne nomme pas tous les membres du Conseil de la banque centrale	1	1
4. Le mandat du Conseil dure plus de cinq ans	0,5	0,5
5. La participation du gouvernement au Conseil n'est pas obligatoire	0	0,5
6. Les mesures de politique monétaire ne sont pas obligatoirement approuvées par le gouvernement avant leur application	0	1
7. Les statuts de la banque centrale lui font obligation de garantir la stabilité des prix	1	1
8. Les dispositions légales sont prévues pour protéger la banque centrale dans tout conflit avec le gouvernement	0	1
Total points	**4,5 sur 8**	**7 sur 8**
Indépendance économique (critères)		
1. Le gouvernement n'a pas un accès automatique aux facilités directes de crédit de la banque centrale	0	1
2. Le gouvernement obtient des facilités directes de crédit au taux d'intérêt du marché.	1	1
3. Les facilités directes de crédit sont temporaires	1	1
4. Les facilités directes de crédit sont plafonnées	1	1
5. La banque centrale ne se voit attribuer aucun rôle sur le marché primaire des titres publics	0	0,5
6. La banque centrale fixe le taux d'escompte	1	1
7. La surveillance du système bancaire n'est pas confiée à la banque centrale — dans ce cas on donne deux points — ou n'est pas limitée à la banque centrale.	1	1
Total points	**5 sur 8**	**6,5 sur 8**

Source : Calculs de l'auteur, Medhora (1996).

Cette nouvelle évaluation prend en compte essentiellement les réformes institutionnelles des banques centrales concernées analysées notamment à travers leurs statuts. Pour les banques centrales qui ont connu des réformes, nous avons actualisé les notes sur les aspects concernés. Il faut noter que la création de la BCE s'est traduite par le regroupement de plusieurs banques centrales de la zone euro tirées toutes vers le modèle allemand qui constituait la banque centrale la plus indépendante de la zone dans l'étude de 1996. Pour la BCEAO, la réforme institutionnelle entrée en vigueur au cours de l'année 2010 a introduit plusieurs innovations pour conformer ses Statuts aux standards internationaux et aux bonnes pratiques recommandées par les institutions internationales.

Graphique 1 :
Degré d'indépendance des banques centrales

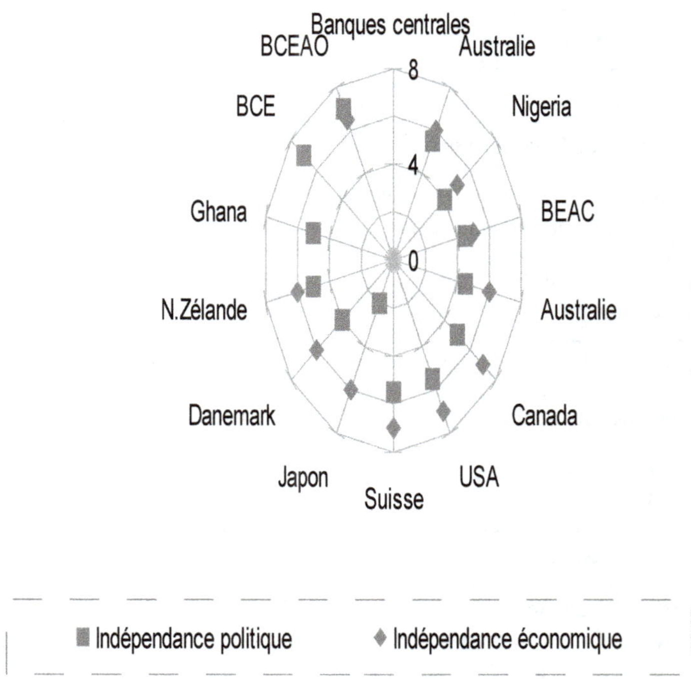

Sources : Medhora (1996), Bationo (2015), calculs de l'auteur.

Plus les points sont éloignés du centre, plus les banques centrales sont indépendantes. Les banques centrales ont accru d'une manière générale leur indépendance vis-à-vis des autorités publiques dans la mise en œuvre de la politique monétaire. Les résultats de notre évaluation montrent que la BCEAO a un degré d'indépendance élevé comparable aux banques centrales des pays développés.

Ces résultats confirment ceux de Medhora, qui tire de ses travaux la conclusion que la BCEAO jouit « d'un degré enviable d'indépendance et donc d'une certaine crédibilité ».

II.3.- LA TRANSPARENCE : UNE OBLIGATION DE COMPTE RENDU POUR LES BANQUES CENTRALES

II.3.1.- Dispositions prises par les banques centrales en matière de transparence

Du fait que les banques centrales ont acquis une plus grande indépendance, les mécanismes d'obligation de rendre des comptes ont été renforcés. Les difficultés suivantes ont été rencontrées dans la configuration de mécanismes adéquats :

- il peut être difficile de définir des objectifs clairs, mesurables et non contradictoires dans les domaines de la stratégie et de l'utilisation des ressources ;
- les effets ne sont observables qu'avec un délai temporel important et sont soumis à des influences externes ;
- il peut être difficile d'évaluer l'impact isolé de chaque décision prise dans un cadre global donné pour faciliter l'examen des choix stratégiques des responsables des banques centrales.

Conscients de ces difficultés, la plupart des pays ont choisi de moins s'en remettre aux mécanismes formels d'exigence de rendre des comptes a posteriori au profit d'une obligation de transparence des organes de décision quant au pourquoi de leur action, plus ou moins au moment de la prise de décision. Dans de nombreux cas, l'obligation de transparence est comprise et tacite plutôt qu'expressément imposée.

L'évolution vers une plus grande transparence fait partie d'un processus de mutation plus large de la gouvernance au sein du secteur public, qui comporte diverses lois permettant l'accès aux documents administratifs. Le plus souvent, de telles lois s'appliquent aussi en partie ou en totalité à la banque centrale, même si la plupart d'entre elles ont des dispositions spécifiques prescrivant la publication de certaines informations. La transparence est également un moyen de se protéger de pressions cachées, quelle que soit leur origine.

La transparence doit néanmoins être assortie d'un ou plusieurs mécanismes de surveillance.

- ***Les Comités législatifs***

La soumission de rapports au pouvoir législatif est un trait commun aux banques centrales modernes. Les rapports de ce type sont axés sur la conduite de la politique courante, même si le pouvoir législatif a accès aux états financiers de la banque centrale et peut les prendre en considération. En règle générale, le gouverneur ou d'autres hauts responsables présentent leur rapport au pouvoir législatif, souvent en vertu d'un mandat. La surveillance exercée par l'autorité législative vient compléter la mission du conseil de surveillance de la banque centrale, généralement davantage axée sur les questions administratives. Elle participe aussi au devoir de responsabilité de la banque centrale Vis-à-vis du public en favorisant la communication et la transparence. Elle garantit, en outre, une place à la banque centrale en marge du pouvoir exécutif et contribue ainsi à lui conférer un degré d'autonomie approprié.

- ***Le Conseil de surveillance ou Conseil d'administration***

La plupart des banques centrales ont un conseil de surveillance dont la principale fonction est de contrôler les actes de la direction. Celui-ci est composé essentiellement d'administrateurs ne faisant pas partie de la direction, qui veillent à la bonne gestion de la banque. En règle générale, le conseil approuve le budget de fonctionnement de la banque centrale ; il examine et approuve les comptes et surveille la procédure d'audit ; et il encourage l'utilisation de dispositifs de planification et de gestion structurés. Il joue souvent un rôle important dans les décisions de rémunération des principaux cadres et dans la conception des régimes de rémunération applicables au personnel.

Il convient de décider du pouvoir à donner au conseil d'administration pour superviser les responsables et leur demander de rendre des comptes. Toutefois, dans environ la moitié des cas, la loi stipule que le gouverneur préside le conseil de surveillance. Il est également indiqué de choisir entre un conseil d'experts et un conseil de généralistes dotés d'une vaste expérience dans divers domaines.

- ***La révision judiciaire***

La révision judiciaire participe de la protection des dirigeants des banques centrales et de la transparence dans les responsabilités assumées. La possibilité d'une révision judiciaire est particulièrement importante dans des domaines comme la surveillance (exemple de la lutte contre le blanchiment de capitaux), lorsqu'il est difficile de faire jouer d'autres mécanismes de responsabilité (comme un objectif clairement défini et la transparence). La révision judiciaire a généralement trait au processus de prise de décision et d'application de mesures et ne va pas jusqu'à une évaluation de l'efficacité de la politique choisie. C'est un contrôle de la conformité des actes et des procédures de décisions par rapport aux textes réglementaires en vigueur et aux bonnes pratiques. Il existe d'ordinaire une protection légale spécifique, quoique circonscrite, pour les responsables de banques centrales qui agissent de bonne foi dans l'exercice de leurs fonctions, ce qui est particulièrement important dans les pays où, en raison d'incitations financières et de la facilité des procédures judiciaires, les actions en justice se sont généralisées.

- ***Les examens ponctuels***

Des examens ponctuels des banques centrales sont parfois menés par des commissions gouvernementales, des groupes d'experts et des institutions financières internationales. Il existe de nombreux exemples importants de modification des structures de gouvernance suite à de tels examens.

En particulier, le FMI effectue des missions de sauvegardes des banques centrales pour renforcer leur gouvernance en matière d'audit et de contrôle interne et externe, de structures juridiques et d'autonomie de gestion, ainsi que d'information financière

II.3.2.- Cas spécifique de la BCEAO

Les codes de bonnes pratiques exigent d'une banque centrale moderne qu'elle fasse régulièrement un compte rendu de l'accomplissement de sa mission aux Autorités compétentes (Pouvoir exécutif et parlementaire) et qu'elle fasse preuve de transparence vis-à-vis du marché et assure l'information du public sur son activité. À cet effet, la BCEAO tient régulièrement informés les organes statutaires et les Autorités des États membres de la mise en œuvre de la politique monétaire et de l'évolution de sa situation financière. Elle informe le Comité interparlementaire de l'Union de son action, dans l'attente de la mise en place du Parlement de l'Union. Toutefois, il n'y a pas d'obligation d'information vis-à-vis du Parlement.

En effet, en contrepartie de l'indépendance de ses organes et à l'image des banques centrales des pays développés, la BCEAO est assujettie à une obligation accrue de responsabilité et de compte rendu à l'égard de la Conférence des Chefs d'État et de gouvernement et du Conseil des ministres de l'UMOA. Elle est également soumise à une obligation de transparence vis-à-vis du marché et d'information du public (Statuts de la BCEAO, 2010).

Conformément aux bonnes pratiques, un dispositif de gestion des risques et un audit interne ont été mis en place pour évaluer l'efficacité des contrôles mis en œuvre. En outre, la certification de la régularité et de la sincérité des comptes de résultats et des états financiers est assurée par un contrôle externe.

Le système de contrôle et d'audit de la banque centrale prévu dans les Statuts a été renforcé pour le rendre conforme aux meilleures pratiques consacrées au plan international. Pour le FMI (consultations régionales et sauvegardes), la transparence de l'information financière de la banque est assurée parce qu'elle publie des états financiers complets et qu'elle a adopté la plupart des normes internationales de diffusion des données économiques, monétaires et financières.

En outre, chaque réunion des Organes de la BCEAO fait l'objet d'un communiqué de presse à l'attention du marché et du public. Par ailleurs, le Gouverneur et les Directeurs nationaux animent des conférences de presse dans le cadre d'actions périodiques de communication. Enfin, la Banque utilise tous les canaux de communication disponibles (www.bceao.int) pour informer le public, à travers des publications sur l'économie, la monnaie et la finance.

Cette transparence accrue est-elle gage d'une bonne conduite de la politique monétaire ? C'est à cette question que nous tenterons de répondre dans la section suivante.

II.3.3.- La transparence est-elle toujours favorable à la conduite de la politique monétaire ?

Les économistes soutiennent généralement qu'une information abondante est toujours préférable. En ce sens, une banque centrale qui communique plus explicitement sur ses objectifs, son évaluation de la situation économique et les effets escomptés de ses actions améliore le bien-être, en permettant aux agents économiques de mieux harmoniser leurs décisions avec celles des Autorités monétaires, l'économie s'ajustant ensuite avec moins de difficultés. Woodford (2005) estime que la politique monétaire est plus efficace lorsqu'elle est prévisible, dans la mesure où les marchés financiers étant mieux renseignés sur les actions et les intentions de la banque centrale, des modifications beaucoup moins substantielles du taux directeur seront nécessaires pour obtenir les résultats escomptés si les taux anticipés évoluent de pair.

De même, Svensson (2005) remarque que si les banques centrales pratiquaient davantage de transparence à l'égard de leurs objectifs opérationnels (exprimés sous la forme d'une fonction de perte inter-temporelle explicite), ainsi que dans leurs prévisions et leurs communications, elles amélioreraient l'efficacité de la politique monétaire. En principe, les banques centrales les plus transparentes devraient afficher un meilleur bilan en matière d'inflation, toutes choses égales par ailleurs, étant donné qu'une plus grande transparence réduit l'incertitude des agents économiques vis-à-vis des décisions futures des Autorités monétaires. Demertzis et Hallet (2007) montrent que la variance de l'inflation augmente avec le manque de transparence que les agents perçoivent chez la banque centrale.

Cependant, une transparence accrue ne conduit pas toujours à un bien-être plus élevé. Ainsi, Morris et Shin (2002) estiment que lorsque le niveau d'une variable (par exemple la production potentielle ou la valeur fondamentale des actifs) est très incertain et qu'il est peu probable que la banque centrale soit mieux informée que le secteur privé, la publication du niveau estimé de cette variable risque d'amener les acteurs des marchés financiers à ne pas tenir compte de leurs propres sources d'informations et à agir plutôt en fonction de la valeur estimative annoncée, ce qui renforcera la volatilité.

De même, en utilisant un modèle intégrant des degrés de transparence réelle et perçue qui peuvent différer, Geraats (2007) démontre que les marchés financiers réagissent plus prudemment aux communications de la banque centrale s'ils perçoivent de l'opacité chez celle-ci ; une attitude qui est de nature à atténuer la volatilité des attentes du secteur privé.

Cukierman (2006) énumère des situations où un niveau de transparence intermédiaire serait probablement optimal. Par exemple, il pourrait être contre-productif pour une banque centrale de publier prématurément des indicateurs sur les difficultés potentielles de certains segments du système financier. La nouvelle pourrait en effet provoquer une ruée vers les banques ou d'autres réactions invisibles qui contraindraient la banque centrale à prendre des mesures plus expansionnistes qu'elle ne l'aurait fait si elle s'était temporairement abstenue de publier l'information (Gosselin, 2008). Il peut aussi être très important de préserver la confidentialité des discussions du Comité de Politique monétaire lorsque des désaccords importants existent entre ses membres.

Mishkin (2004) souligne que la divulgation de la fonction objective de la banque centrale peut compliquer le processus de communication et affaiblir l'appui donné à l'institution dans la poursuite de ses objectifs à long terme. Enfin, l'accroissement de la transparence s'avère impossible dans certaines situations. En effet, comme le fait remarquer Macklem (2005), une règle dépendant entièrement de l'état de l'économie est d'une complexité telle qu'aucune banque centrale n'acceptera de la déterminer et de la communiquer de sitôt.

Dans les études empiriques consacrées à la transparence des banques centrales, les auteurs s'attachent le plus souvent à déterminer l'effet que peut avoir sur certaines variables économiques et financières la modification d'un aspect précis des pratiques de communication d'une banque centrale. Parent, Munroe et Parker (2003) constatent par exemple que l'instauration d'un calendrier de dates préétablies pour l'annonce des taux directeurs a rendu les décisions de la banque du Canada plus prévisibles et permis aux marchés financiers de mieux comprendre la politique monétaire canadienne. Chortareas, Stasavage et Sterne (2002) montrent que la publication de prévisions plus détaillées par la banque centrale fait baisser le taux d'inflation moyen, selon des données transversales portant sur 82 pays. Si la plupart des travaux empiriques arrivent à la conclusion qu'une plus grande transparence est souhaitable, leur portée est cependant limitée. La raison tient au fait que les leçons tirées de cas individuels sont difficilement généralisables.

Par ailleurs, il n'est pas facile d'isoler l'effet d'un surcroît de transparence dans une série chronologique, dans le cas où les pratiques de communication peuvent n'avoir connu qu'un seul changement significatif durant la période étudiée. Dincer et Eichengreen (2007) surmontent ces problèmes en élaborant des indices de transparence variables dans le temps pour la majorité des banques centrales du monde. La transparence, observent-ils, a une incidence généralement favorable, bien qu'assez faible sur la volatilité de l'inflation et de la production.

Une question importante demeure : comment évaluer la transparence des banques centrales ? La transparence est un concept qualitatif pour lequel il existe peu de mesures précises. Elle est évaluée en règle générale pour un nombre très restreint de banques centrales ou de façon ponctuelle, en mettant l'accent sur trois critères : la rapidité avec laquelle la banque centrale explique ses décisions au public, la fréquence et la forme des analyses prospectives mises à la disposition du public et la périodicité des bulletins, des discours et des études publiées.

En partant de ce type d'informations, Ejiffinger et Geraats (2006) ont construit des indices complets qui retiennent cinq aspects de la transparence de la politique monétaire : les considérations politiques, les données économiques, les procédures, la stratégie politique et les opérations. Le classement qu'ils ont établi pour les neuf banques centrales représentées dans leurs indices montre que les banques centrales les plus transparentes sont respectivement celles de la Nouvelle-Zélande, de la Suède, du Royaume-Uni et du Canada.

Dincer et Eichengreen (2007) ont étoffé les indices d'Ejiffinger et de Geraats en exploitant des données annuelles sur 100 banques centrales sur la période 1999-2005. À l'instar de Eijiffinger et de Geraats, ils parviennent à établir que la Banque de Réserve de la Nouvelle-Zélande, la Banque de Suède et la Banque d'Angleterre ont été les plus transparentes en 2005. Ils relèvent par ailleurs que le mouvement vers une plus grande transparence est généralisé.

Aucune banque centrale n'a en effet cherché à réduire son degré de transparence au cours de la période considérée. Si ces indicateurs parviennent à quantifier le degré d'ouverture des banques centrales sur la base de l'information fournie, ils ne permettent pas nécessairement d'évaluer le niveau de compréhension du public à l'égard des actions des autorités monétaires et des signaux qu'elles envoient. Or, ainsi que le fait remarquer Gosselin (2008), la transparence n'est efficace que si elle peut être appréciée par le public et intégrée dans ses décisions économiques.

III.- LES BANQUES CENTRALES ET LA STABILITÉ FINANCIÈRE

Si la fonction de la banque centrale dans le domaine de la stabilité monétaire est facile à définir par référence à l'évolution des prix, il n'existe pas en revanche de définition concrète de la stabilité financière (Icard, 2007). Ce que l'on peut avancer, sans grand risque de se tromper, est que la stabilité financière d'un pays ne peut être atteinte sans le concours de la banque centrale, mais qu'inversement cette dernière ne peut assurer à elle seule cette stabilité, qui requiert aussi le concours d'autres institutions telles que le Trésor, les autorités de supervision, voire le système d'assurance des dépôts.

Toutefois, cette contribution de la banque centrale à la stabilité financière, nécessaire, mais pas suffisante, vise à la prévention du risque global, de système, et pas forcément à la stabilité de chaque institution financière, qui revient au superviseur. En d'autres termes, que la banque centrale soit responsable ou non de la supervision d'une partie du système financier, une compétence propre lui incombe de contribuer à la stabilité financière globale.

Avant d'aborder le rôle de la banque centrale en matière de stabilité globale, nous menons une réflexion, d'une part, sur la notion de stabilité et, d'autre part, sur la question de l'incompatibilité entre la fonction de stabilité monétaire et celle relative à la stabilité financière. Néanmoins, notons que cette problématique résulte de la fonction de prêteur en dernier ressort plus que de celle de supervision stricto sensu. Ensuite, nous évoquerons le rôle important que peuvent jouer les banques centrales dans le domaine de la supervision bancaire, dans les pays en développement.

III.1.- LA NOTION DE STABILITÉ FINANCIÈRE

La stabilité financière est un concept relativement récent lié à la mondialisation. Ce concept n'est pas aussi aisé à définir comme la stabilité des prix, car il ne se résume pas à un objectif chiffré. Il recouvre une notion multidimensionnelle, qu'on pourrait exprimer comme une situation dans laquelle le fonctionnement des différentes composantes du système financier et surtout leurs relations réciproques s'effectuent de manière saine et sans à-coups brutaux (Patat, 2000). Une composante notable de cette notion réside dans le rôle central des établissements de crédit, que ce soit dans le cadre de l'intermédiation classique, c'est-à-dire de leur activité de prêt et de dépôt avec une clientèle non financière, ou dans le cadre de leur implication, désormais majeure, sur les marchés de capitaux où les établissements jouent un rôle de plus en plus actif.

Dans la mesure où une part croissante de l'actif et du passif des établissements de crédit est maintenant constituée de titres négociables qui ne sont pas, souvent dans une large proportion, libellés dans la devise du pays dans lequel ces acteurs agissent à titre principal, leur saine gestion est cruciale pour la stabilité financière. Mais d'autres institutions financières, dont le fonctionnement interfère avec celui des établissements de crédit avec lesquels elles ont des liens étroits, jouent également un rôle important : les sociétés d'investissement à capital variable, les fonds de pension, les compagnies d'assurance ainsi que tous les fonds d'investissement, notamment ceux dits « à effet de levier » dont les plus représentatifs sont les *hedge funds*. Enfin, intervient également, dans la problématique de la stabilité financière, le comportement même des marchés, en particulier des marchés d'actions et de change. L'expérience a montré qu'ils pouvaient avoir leur propre dynamique, tout en étant propices à des mouvements de réaction ou à des « comportements moutonniers ».

Désormais, la question de la stabilité financière est devenue très largement internationale ; elle concerne aussi bien les systèmes financiers des pays développés que ceux des économies émergentes, avec des effets de contagion souvent massifs.

III.2.- LA FONCTION MONÉTAIRE ET CELLE DE SUPERVISION BANCAIRE SONT-ELLES INCOMPATIBLES ?

Cette question pourrait paraître paradoxale, car la raison d'être des banques centrales est historiquement d'assurer la stabilité financière, c'est-à-dire le bon fonctionnement des marchés financiers et des systèmes de paiement. Elles jouent, de ce fait, le rôle de fournisseur ultime de la liquidité ou, autrement dit, celui de prêteur en dernier ressort. Certains considèrent pourtant aujourd'hui que cette fonction est incompatible avec celle qui est devenue, entre-temps, la mission prioritaire et universellement partagée des banques centrales, à savoir assurer la stabilité des prix.

III.2.1.- Les incompatibilités possibles entre fonction monétaire et supervision bancaire

Plusieurs arguments sont habituellement avancés pour étayer cette thèse. Le premier est que les banques centrales n'ont à leur disposition qu'un seul instrument, le taux d'intérêt, et que cet instrument, en vertu du principe énoncé de Tinbergen, ne peut être alloué qu'à un seul objectif, la stabilité monétaire. Or, la crise actuelle démontre que les banques centrales ont en réalité plusieurs instruments à leur disposition.

Le deuxième argument est d'ordre stratégique et postule que la stabilité monétaire est une condition nécessaire et suffisante pour garantir la stabilité financière. Cette dernière serait ainsi une conséquence heureuse de la mise en œuvre d'une stratégie de ciblage de l'inflation. Là encore, l'argument ne résiste pas à l'épreuve des faits. En effet, la crise financière de 2008 s'est développée dans un environnement caractérisé par de bas taux d'intérêt et dans un contexte où la stabilité des prix semblait bien assurée.

Enfin, un dernier argument avancé consiste à affirmer que cumuler indépendance monétaire et supervision conduit à allouer un pouvoir exorbitant à une seule institution, la banque centrale. L'argument n'est pas sans valeur théorique, mais il relève plus de l'organisation administrative des États et de la mise en place de contre-pouvoirs que du domaine fonctionnel. Et si, au bout du compte, la banque centrale produit une bonne politique monétaire en même temps qu'une supervision efficace, faudrait-il brider sa satisfaction au prétexte que ce bon résultat est le fait d'une autorité trop puissante ?

En revanche, le risque d'inefficacité engendré par un conflit potentiel entre les objectifs de la politique monétaire et ceux de la supervision bancaire paraît plus convaincant, car il affecte la fonction monétaire elle-même. Par exemple, les effets d'une politique monétaire expansive pourraient être contrecarrés par une supervision bancaire trop stricte qui encouragerait au contraire les banques à durcir leur politique de sélection des emplois.

L'inverse est aussi possible. À titre d'illustration, durant la crise financière asiatique de 1997, le FMI avait recommandé de relever les taux d'intérêt pour permettre aux pays concernés de soutenir le taux de change de leurs devises. Plusieurs pays se sont montrés réticents à appliquer cette politique, ce qui a pu être interprété comme une volonté de maintenir à des niveaux artificiellement bas les coûts de refinancement de leur système bancaire alors que dans certains pays, notamment en Malaisie, l'objectif réel était de stabiliser la demande. Cet épisode a conduit plusieurs pays à confier la fonction de supervision à une autre entité que la banque centrale. La Malaisie n'a pas suivi cette tendance.

Il a été observé que les contradictions de cette nature ont autant de chances, voire plus, d'apparaître en cas de responsabilités séparées que si la banque centrale assure les deux fonctions. Dans cette dernière hypothèse, l'on peut espérer que la banque centrale saura comparer les avantages d'une politique économique déterminée et les coûts possibles en termes de solidité du système bancaire et trouver une solution équilibrée entre ces deux aspects. Un bon exemple de réponse aux possibles conflits d'intérêts est fourni par l'autorité monétaire de Hong Kong au travers de ses règles de transparence : transparence des règles concernant la politique monétaire rendue nécessaire par l'adoption d'un régime de *currency board*, transparence en ce qui concerne les conditions dans lesquelles les procédures de prêteur en dernier ressort pourraient être actionnées, claire séparation fonctionnelle entre services monétaires et services de supervision, seuls le Gouverneur et son collaborateur immédiat ayant une vue complète des deux fonctions.

III.2.2.- Les possibles avantages d'une intégration des deux fonctions

Le rôle des banques centrales dans la stabilité financière est légitime : exercer une responsabilité en matière de stabilité monétaire est, en soi, favorable à la stabilité financière. Mais les banques centrales ont aussi une responsabilité essentielle, qui s'exprime par des moyens variés dans deux domaines primordiaux pour la stabilité financière : la régulation et le contrôle bancaire, d'une part, la sécurité des systèmes de paiement, d'autre part (Patat, 2000).

Dans le domaine de la régulation et du contrôle bancaire, la légitimité des responsabilités des banques centrales peut trouver sa source dans un des principes évoqués précédemment, selon lequel le contrôle bancaire doit être exercé par un organisme indépendant. Or, l'indépendance des banques centrales vis-à-vis de tous les intérêts, qu'ils soient publics ou privés, est généralement incontestable. Leur légitimité provient également de leur connaissance en continu du système bancaire, de leur compétence dans ce domaine et de leur expertise technique pour l'analyse et les prévisions. Plus généralement, la banque centrale jouit, dans tous les pays, d'un capital de confiance que peu d'organismes ont réussi à susciter.

Les formes d'engagement d'une banque centrale dans le contrôle bancaire peuvent être variées. Si, dans de nombreux pays, elle exerce directement cette tâche, dans d'autres pays, la supervision peut être dévolue à un organisme indépendant ou partagée entre la banque centrale et d'autres entités (comme aux États-Unis). Mais, quelles que soient les modalités, il est absolument indispensable que la banque centrale soit fortement impliquée, d'une manière ou d'une autre, dans le contrôle bancaire, directement ou par des liens avec l'organisme en charge de ce contrôle à qui elle fournit, en général, des données et dont elle conforte les analyses. Cet engagement est l'un des axes incontournables de la stabilité financière. Cela ne signifie pas qu'il constitue une garantie permanente et absolue contre tout risque de mauvaise gestion ou de défaillance, mais que l'on ne peut se passer de l'apport de la banque centrale, en particulier de sa connaissance approfondie du fonctionnement des banques. Par ailleurs, dans la mesure où la banque centrale, seule pourvoyeuse de monnaie centrale, est par nature le prêteur en dernier ressort, il n'est pas envisageable qu'elle soit éloignée du suivi de la gestion d'établissements dont elle peut être amenée à renflouer la liquidité.

Les banques centrales ont également une responsabilité majeure dans la conception, la régulation et la surveillance des systèmes de paiement puisque le noyau central de ces derniers est, comme on l'a signalé précédemment, le vecteur des interventions sur le marché monétaire. La responsabilité en matière de contrôle bancaire implique donc une connaissance actualisée des situations individuelles des institutions financières, celles-ci contribuant à renforcer l'efficacité de la surveillance des systèmes de paiement. Les deux missions sont intimement liées et se renforcent l'une l'autre.

Les responsabilités des banques centrales vis-à-vis des marchés sont plus diversifiées. Celles-ci ont des responsabilités directes sur le marché monétaire et les marchés de taux, et indirectes sur les marchés d'actions. D'une façon générale, elles disposent d'une connaissance du fonctionnement global de l'ensemble des marchés que peu d'organismes possèdent, puisque celle-ci est inhérente à leur mission. Les différents segments des marchés sont, à des titres divers, des terrains sur lesquels se transmettent les signaux et les effets de la politique monétaire. Les banques centrales sont donc obligées, de par leur mission de préservation de la stabilité des prix, d'avoir une connaissance très large et précise du fonctionnement des marchés, même si leur responsabilité en tant que régulateur est très inégale selon les compartiments de ces marchés.

Les banques centrales ont donc, en quelque sorte, une responsabilité *sui generis* en matière de stabilité financière. Cette responsabilité s'exerce sous différentes formes, que ce soit dans la collecte et l'analyse des informations, la surveillance, la régulation, la supervision des intervenants, des systèmes de paiement et des risques macro-financiers ou encore par une contribution éventuelle à la résolution des crises.

Les systèmes de règlement brut en temps réel « Real Time Gross Settlement System (RTGS) », qui combinent sécurité et efficacité, ont été généralisés pour les opérations de paiement de gros montants. Leur fonctionnement satisfaisant est une condition-clé pour la stabilité financière, tout en conditionnant également une mise en œuvre efficace de la politique monétaire.

Ainsi, à l'échelle européenne, l'interconnexion des RTGS nationaux (le système Target) permet aux établissements participants au gigantesque marché monétaire de la zone euro d'être toujours irrigués en liquidités dans des conditions de taux identiques.

C'est donc une garantie d'efficacité de la politique monétaire, de bon fonctionnement du marché et, *in fine*, une protection contre les risques de crises systémiques. Il s'agit là d'un exemple clair de complémentarité entre la mise en œuvre efficiente d'une politique monétaire offrant les meilleures garanties pour le maintien de la stabilité des prix et les conditions nécessaires à la stabilité financière. Même si la réglementation et la supervision de l'ensemble du système financier se trouvent sous la responsabilité d'une autorité financière unique, la banque centrale conserve un rôle essentiel dans la recherche de la stabilité financière globale du système financier.

Sur le plan de la répartition des responsabilités, l'autorité financière unique aura l'entière maîtrise de la supervision des institutions financières prises individuellement, afin de s'assurer de la qualité de leur gestion et protéger les droits des consommateurs de services financiers, notamment les déposants. La banque centrale, pour sa part, ne peut que conserver un rôle important, voire exclusif, en matière de systèmes de paiements et, directement ou par extension, de systèmes de règlement des principaux marchés financiers : marché monétaire certainement, marché obligataire et marché des changes probablement, marché boursier peut-être (Goodhart, 2004).

En effet, elle seule peut fournir aux autres intervenants de la « monnaie banque centrale » et donc faire varier la liquidité au sein du système financier au gré des besoins. De même, quelle que soit l'organisation de la supervision, la banque centrale sera au cœur des interactions entre marchés, systèmes intérieurs et systèmes internationaux.

Cette fonction, intrinsèque au statut et au rôle d'une banque centrale, ajoutée à celle déjà évoquée précédemment de prêteur en dernier ressort implique, en tout état de cause, un accès à l'information, une capacité à l'analyser et à l'utiliser afin de prendre des décisions en toute connaissance de cause et une nécessaire coordination avec les autres acteurs de la stabilité financière. Dans certains cas, même en l'absence de responsabilité dans le domaine de la supervision, les banques centrales ont conservé un droit d'inspection sur les établissements bancaires. Ce droit, fondé sur le besoin d'une bonne appréciation des risques, est lié soit au fonctionnement des systèmes de paiements, soit aux opérations monétaires. Il est reconnu en particulier à la Deutsche Bundesbank, à la Banque du Japon et à la Bank of China (Taipei).

De surcroît, dans de très nombreux pays, la circulation de l'information et la coordination entre autorités de surveillance et banques centrales sont favorisées par l'existence d'arrangements institutionnels (comité de coordination, accords de coopération bilatéraux ou multilatéraux, présence croisée d'Administrateurs, etc.). La supervision des institutions financières est un élément essentiel, mais non exclusif, de la stabilité financière.

Quelle que soit l'organisation choisie pour cette supervision, la banque centrale conserve donc un rôle important, souvent reconnu par les textes législatifs, dans la recherche de la stabilité financière. Au-delà même de cette fonction technique incontournable dévolue à la banque centrale et des conséquences qui en découlent du point de vue de la coopération entre autorités, l'idée qu'il existe une approche « macro financière » de la stabilité, qui va au-delà de la surveillance « micro prudentielle » des institutions financières, et dans laquelle la banque centrale a un rôle primordial à jouer, est devenue une réalité.

L'objectif principal d'un dispositif de stabilité « macro-financière » est de favoriser une application aussi symétrique que possible sur le cycle financier, de la réglementation et de la politique monétaire. De même qu'il est recommandé de rechercher des excédents budgétaires en phase d'expansion afin de disposer d'une marge de manœuvre en phase de contraction, de même la réglementation macro-prudentielle pourrait imposer une accumulation de réserves en période favorable, freinant ainsi l'essor du crédit et consolidant la situation financière des banques avant le retournement du cycle. De la même manière, en phase de hausse excessive du crédit, la politique monétaire devrait être resserrée, ce qui permettrait de conserver une marge accrue de réaction monétaire lorsque la phase basse du cycle serait atteinte.

De telles orientations impliqueraient une plus grande attention des banques centrales aux évolutions des agrégats de crédit et aux prix des actifs. Elles supposeraient aussi une coopération accrue, sur des bases nouvelles, entre banques centrales et autorités prudentielles.

III.3.- BANQUES CENTRALES ET SUPERVISION BANCAIRE DANS LES PAYS EN DÉVELOPPEMENT

Dans les pays en développement, plusieurs raisons militent en faveur d'une intégration de la supervision bancaire au sein de la banque centrale, même si les situations peuvent différer grandement selon le degré de développement et l'organisation administrative en place. Il peut être avancé quatre arguments à ce propos (Goodhart, 2000).

Premièrement, les structures financières dans les pays en développement sont en général peu diversifiées en dehors des activités de banque commerciale classique, de sorte que le besoin de regrouper régulateurs et superviseurs est moins évident qu'ailleurs.

Deuxièmement, les crises financières sont proportionnellement plus fréquentes dans les pays émergents et en développement que dans les pays plus avancés, en particulier lors des phases de libéralisation financière. Ces crises risquent d'affecter non seulement un établissement particulier, mais également l'ensemble du système financier. L'aspect systémique de ces situations plaide en faveur d'une gestion par la banque centrale plutôt que par un superviseur qui n'a pas un accès direct à la liquidité lui permettant d'intervenir rapidement.

Troisièmement, dans bien des pays en développement, la Banque centrale apparaît comme l'organisme le plus indépendant des pouvoirs politiques et économiques et qui jouit en plus de l'autonomie financière, ou tout au moins d'une certaine marge de manœuvre dans ce domaine. Ces deux atouts mis au service de la supervision bancaire peuvent assurer à cette dernière à la fois l'indépendance et la qualité du recrutement et de la formation nécessaires à une supervision efficace, ainsi qu'il est rappelé dans les « principes fondamentaux » édités par le Comité de Bâle.

Quatrièmement, on observera que, dans bien des cas, les établissements bancaires opérant dans les pays en développement sont des filiales ou des succursales d'établissements internationaux dont les sièges sont établis dans les pays développés. La coordination de la supervision avec le siège est un aspect important. Une banque centrale par nature habituée aux relations internationales et bénéficiant d'un réseau de coopération avec ses homologues étrangers, en particulier au travers de la banque des règlements internationaux (BRI), bénéficiera de plus d'atouts dans ces domaines qu'un superviseur bancaire.

À la question posée « Faut-il une autorité financière unique pour assurer la stabilité financière ? », la réponse est qu'une autorité financière unique n'est pas indispensable pour assurer cette stabilité. D'autres solutions plus décentralisées peuvent donner pleinement satisfaction, encore que sous l'effet d'un dépérissement progressif des distinctions entre les différentes catégories d'agents financiers, une tendance nette est en œuvre dans le sens d'un regroupement des autorités de contrôle. Mais cette autorité unique, si elle est en place, ne saurait à elle seule assurer la stabilité financière : la banque centrale, même détachée de toute responsabilité dans les domaines de la réglementation et de la supervision des agents financiers reste, dans tous les cas de figure, un élément incontournable de la stabilité financière globale.

L'autorité financière unique, si elle peut apparaître pleinement justifiée dans certains cas, ne saurait donc constituer une alternative à la nécessité d'instaurer des procédures, voire des instances de coordination entre les organismes nationaux par nature multiples contribuant à la stabilité financière. Compte tenu de cette nécessité, l'idée qu'une banque centrale, en plus de sa fonction monétaire et de sa fonction « macro prudentielle », puisse efficacement assumer un rôle de réglementation et de supervision financière n'a donc en rien perdu de sa pertinence.

III.4.- LA STABILITÉ FINANCIÈRE DANS L'UMOA

La crise financière internationale de 2008 a souligné la nécessité de préserver la stabilité financière, sans laquelle un financement adéquat des économies n'est pas possible. Les réflexions menées par l'Institut d'émission, en concertation avec l'ensemble des régulateurs et superviseurs du système financier de l'UMOA, ont souligné la nécessité de la mise en place d'un cadre de concertation, de coopération et de coordination, susceptible de contribuer à une plus grande efficacité de la surveillance prudentielle dans l'Union.

Face au défi de la stabilité financière, la BCEAO s'est engagée dans un processus d'adaptation du cadre régional de politique prudentielle et de surveillance bancaire aux standards internationaux, en vue de renforcer sa résilience et son efficacité.

La révision du dispositif de contrôle et de supervision bancaire a été engagée avec comme cible, la migration vers les normes de Bâle 2 et Bâle 3, en vue de conforter la solidité des institutions financières. Le capital social minimum requis pour ouvrir une banque a été porté de 5 milliards de FCFA à 10 milliards de FCFA.

La supervision bancaire a été renforcée avec l'adoption de l'approche basée sur les risques ainsi que par la mise en place d'une cartographie des risques pour chaque segment du système financier en vue de circonscrire l'ensemble des vulnérabilités du système. Dans ce cadre, les moyens mis à la disposition de la Commission bancaire ont été accrus et ses pouvoirs ont été renforcés notamment en matière de délivrance et de retrait d'agrément. La Commission bancaire peut en outre ajuster les exigences réglementaires à la situation spécifique de chaque banque. Les réflexions ont été engagées pour la mise en place d'un dispositif de supervision des banques transfrontalières, qui ont une activité significative dans l'UMOA.

Pour répondre aux nouvelles exigences du système financier international, un cadre de surveillance macroprudentielle a été mis en place. Ainsi, depuis 2010, un cadre consultatif a été créé. Il s'agit du Comité de Stabilité financière dans l'Union, qui regroupe les superviseurs de l'ensemble des composantes du système financier (banques, assurances, bourse, sociétés de sécurité sociale). Son mandat est d'assurer une veille en matière de risque systémique et de proposer des mesures pour renforcer la résilience du secteur financier aux chocs internes et externes.

Dans ce cadre, les outils nécessaires à la surveillance macro-prudentielle ont été développés, à savoir la conduite, de façon régulière, des tests de résistance ou stress tests sur le système bancaire et le suivi des indicateurs de solidité financière. Les indicateurs devant servir d'outils d'aide à la surveillance macro-prudentielle dans l'Union sont organisés autour de six (6) familles de risques à savoir des risques de solvabilité, de concentration, de marché, de liquidité ainsi que des risques opérationnels et macroéconomiques. Les indicateurs retenus sont ceux qui permettraient d'appréhender les conditions d'une détérioration brutale de la stabilité financière, provoquée par une dégradation de tout ou partie du système financier et ayant un impact négatif généralisé sur le secteur financier et l'économie réelle.

Les indicateurs macro-prudentiels doivent servir de points de repère pour qualifier, quantifier et déterminer l'impact et le degré de criticité des risques dans le cadre de la cartographie.

Toutefois, des études approfondies sont en cours pour affiner les indicateurs et disposer d'un nombre limité de variables pour la constitution d'un dispositif d'alerte précoce des crises financières. Les pays de l'UMOA ont connu très peu d'épisodes de crise financière au cours de leur histoire, à l'exception notable de celle des années 1980, ce qui rend l'exercice de comparaison difficile.

Enfin, un mécanisme formel de résolution des crises bancaires dans l'UMOA a été mis en place, afin de traiter efficacement les défaillances éventuelles d'institutions bancaires d'importance systémique. En outre, un Fonds de Garantie des Dépôts dans l'UMOA a été mis en place en 2014, afin de renforcer la confiance de la clientèle à l'égard des établissements de crédit et des systèmes financiers décentralisés.

CONCLUSION

La gouvernance des banques centrales a connu des évolutions significatives. Ainsi, un large consensus s'est dégagé pour recentrer le rôle des banques centrales sur la stabilité des prix. La BCEAO s'est également inscrite dans cette dynamique en indiquant clairement dans ses Statuts un objectif prioritaire de stabilité des prix.

Pour atteindre cet objectif, des arbitrages importants sont faits sur les marchés impliquant de fait des agents économiques aux intérêts parfois divergents. C'est pourquoi les économistes ont approfondi les questions de transparence et d'indépendance des banques centrales qui ont un impact sur l'atteinte des objectifs. Ainsi, les banques centrales ont été incitées à introduire plus de transparence dans leurs actions en contrepartie de l'indépendance en vue de permettre aux agents économiques de mieux connaître leurs objectifs, les instruments utilisés, les outils d'évaluation et les prévisions économiques, financières et monétaires. Cette transparence permet d'évaluer la crédibilité de la banque centrale.

Nous avons donc examiné le cadre institutionnel de l'union monétaire ouest-africaine et les dispositions pratiques prises par la BCEAO pour assurer la transparence et l'indépendance de la banque centrale dans le choix des instruments et des moyens pour atteindre les objectifs de la politique monétaire. En utilisant les critères d'analyse de Grilli et al. (1991), il ressort que la BCEAO dispose d'un degré d'indépendance élevé, conforme à celui des banques centrales des pays développés.

Avec l'interconnexion des marchés financiers et l'importance des flux financiers dans le monde, la stabilité financière devient un défi pour les banques centrales et les superviseurs des marchés financiers. Une question centrale concerne le rôle des banques centrales dans la maîtrise des risques systémiques et la recherche de la stabilité financière. Cette question n'a pas encore trouvé de réponse définitive au regard des résultats des études réalisées. Au niveau de l'UMOA, un Comité de stabilité financière a été mis en place, qui regroupe toutes les composantes du système financier. Cependant, les études se poursuivent pour mieux cibler les indicateurs à suivre et les interrelations entre la politique monétaire et la stabilité financière.

CHAPITRE II

RÉGIME DE CHANGE DE L'UNION MONÉTAIRE OUEST-AFRICAINE (UMOA)

Le régime de change désigne l'ensemble des règles et procédures définissant la détermination de la valeur de la monnaie nationale, en particulier le mode de rattachement d'une monnaie à celle des pays partenaires. La monnaie commune de l'UMOA, le franc de la communauté financière africaine (FCFA), a été créée en 1962 par la signature d'un Traité entre les États membres nouvellement indépendants, après deux années de larges concertations pour définir son cadre de fonctionnement. C'est une monnaie commune à huit États membres (Bénin, Burkina Faso, Côte d'Ivoire, Guinée-Bissau, Mali, Niger, Sénégal et Togo). Le Mali a adhéré à l'UMOA en 1984, après en être sorti en 1962. La Guinée-Bissau, un État lusophone, a intégré l'union monétaire en 1997. En revanche, la Mauritanie qui faisait partie des pays fondateurs a quitté l'UMOA en 1972.

Cette monnaie est régie par un régime d'arrimage souple avec une parité fixe conventionnelle ajustable avec l'euro. L'ajustement du FCFA en 1994 en est l'illustration qui témoigne de la souplesse du dispositif qui régit la monnaie.

Le franc de la communauté financière africaine est une monnaie définie, émise, gérée et contrôlée entièrement par les pays de l'UMOA. C'est une monnaie entièrement africaine, gérée par des Africains et au bénéfice exclusif des Africains. Elle n'a rien à voir avec une quelconque monnaie coloniale, ni dans ses règles de fonctionnement, ni dans ses principes d'émission et d'entretien, ni dans ses procédures de retrait de circulation.

En outre, cette monnaie est distincte des monnaies de la zone CEMAC (Communauté Économique et Monétaire d'Afrique Centrale) et des Comores. Toutefois, ces monnaies disposent d'un mécanisme de coopération globalement similaire avec la France comme celui du

Cap-Vert avec le Portugal. Les accords de coopération monétaire sont également spécifiques à chaque zone.

La coopération maintenue dans le cadre de la zone franc constitue un cadre approprié de partage de bonnes pratiques et d'expérience dans la conduite des politiques économiques. La zone franc ne dispose pas de cadre institutionnel regroupant l'ensemble des parties prenantes. Les décisions de politiques économiques et financières relèvent toujours des organes et institutions communautaires de chacune des zones UEMOA ou CEMAC, prise individuellement.

Par ailleurs, dans une union monétaire, il existe de fait un même taux de change, unique, fixe et irrévocable entre les monnaies des pays membres de l'union remplacées par la monnaie commune, car tous les pays ont la même monnaie. Il n'y a donc pas de souveraineté monétaire nationale à revendiquer au sein d'une union monétaire. Ceci est valable dans toutes les unions monétaires.

Dans l'UMOA, l'intégration monétaire a toujours constitué un socle fondamental qui a progressivement fait de l'Union, la zone d'intégration économique, fiscale et monétaire la plus avancée dans le monde (FMI, Alexei Kireyev, 2014).

I.- LES DIFFÉRENTES CATÉGORIES DE RÉGIME DE CHANGE

La théorie économique met généralement l'accent sur deux types de régimes de change, à savoir le taux de change fixe et le taux de change flexible.

Tableau 3 :
Classement des régimes de change par le FMI

Régimes des changes	Nombre de pays en 2009	Nombre de pays en 2016
1. Dollarisation intégrale ou sans monnaie légale propre (***No separate legal tender***)	10	14
Régime de change fixe	**78**	**84**
2. Caisse d'émission (***Currency board***)	13	10
3. Régime d'ancrage conventionnel à parité fixe à une monnaie ou à un panier de monnaie avec marges inférieures à 1 % (***Conventional peg***)	42	42
4. Système de stabilisation avec marges inférieures à 1 % avec des exceptions (***Stabilized arrangement***)	13	18
5. Régime d'ancrage du taux de change à parité mobile (***Crawling peg***)	5	3
6. Régime de change assimilé à une parité mobile (***Crawl-like arrangements***)	1	10
7. Rattachement avec bandes horizontales avec marges supérieures à 2 % (***Pegged exchange rate with horizontal bands***)	4	1
Régime de change non déterminé	**21**	**20**
8. Autre arrimage dirigé (***Other Managed arrangement***)	21	20
Régime de change flottant	**79**	**71**
9. Flottement dirigé (***Floating***)	46	40
10. Flottement libre (***indépendant) (Free floating***)	33	31
Total pays classés	**188**	**189**

Sources : FMI, rapports annuels sur les régimes et les restrictions de change 2009 et 2016.

Toutefois, dans la pratique, il existe des nuances plus ou moins importantes dans la définition des régimes de change, Annual Report on échange arrangements du FMI (2016) et Finances & Développement (2008). Dans le classement des régimes de change du FMI, on distingue le régime d'arrimage ferme, le régime d'arrimage souple et le régime flexible de change. Les deux premiers peuvent être considérés comme un régime de change fixe tandis que le troisième constitue le régime de change flottant.

- ***Le régime d'arrimage ferme***

Le régime d'arrimage ferme comprend deux composantes à savoir la caisse d'émission et la dollarisation intégrale. Dans le cas de la *dollarisation*, le pays donne un cours légal sur son territoire à la monnaie d'un autre pays. Quatorze (14) pays relèvent de ce régime de change en 2016 (FMI, 2016). Il s'agit notamment des pays (8) où le dollar a complètement remplacé la monnaie nationale, tels que le Panama, l'Équateur, le Salvador et le Zimbabwe ainsi que de ceux (3 pays) où l'euro a cours légal tels que le Monténégro et le Kosovo. Il convient de noter que la *dollarisation partielle* existe aussi dans plusieurs pays, en raison des fortes fluctuations des monnaies nationales et des difficultés de gestion macroéconomique du régime de change national. Dans ce contexte, les agents économiques optent le plus souvent pour une devise internationale (dollar, euro...) dans le cadre des contrats d'affaires, des transactions commerciales et des règlements. En général, les pays qui traversent des crises sociopolitiques importantes connaissent la dollarisation partielle.

Dans les régimes correspondant aux *caisses d'émission* (10 pays en 2016), la marge de fluctuation de la monnaie nationale est très faible (inférieure à 0,5 %). Le volume d'avoirs extérieurs détenus détermine quasiment la quantité de monnaie nationale en circulation. Les avoirs extérieurs du pays sont toujours supérieurs à la monnaie nationale en circulation. La banque centrale ne peut donc pas avoir de politique monétaire propre, avec un corridor de taux directeurs. À titre d'exemple de caisses d'émission qui utilisent le dollar comme devise de référence, on peut citer des pays comme Hong Kong, l'Union Monétaire des Caraïbes Orientales (ECCU) et Djibouti. La Bulgarie et la Bosnie-Herzégovine ont opté pour une caisse d'émission avec l'euro comme devise de référence.

Il convient de préciser que le régime de change du franc de la communauté financière africaine (CFA) n'est pas un régime de caisse d'émission. Il ne satisfait pas aux critères définis pour le régime de dollarisation ni pour celui d'une *caisse d'émission.* On peut observer dans tous les pays de l'UMOA que le franc CFA a cours légal et demeure une monnaie fortement appréciée et exclusivement utilisée par les populations pour les échanges sur les marchés domestiques. Ni le dollar ni l'euro n'ont pu remplacer cette monnaie commune dans les transactions et les règlements intérieurs. De même, la banque centrale mène une politique monétaire avec un corridor pertinent de taux directeurs et une politique dynamique de refinancement des banques, avec des réserves officielles ne couvrant pas nécessairement toute la monnaie commune émise.

Ces deux régimes de change (caisse d'émission et dollarisation) ne seraient d'ailleurs pas appropriés pour les économies de l'Union, au regard des limites de refinancement qui les caractérisent, des faibles marges disponibles pour la politique monétaire et des fortes contraintes de réserves de change requises.

- ***Le régime d'arrimage souple***

Le régime d'arrimage souple regroupe *l'ancrage conventionnel* de la monnaie nationale (parité fixe conventionnelle) à une devise ou un panier de devises, le *système de stabilisation*, l'ancrage du taux de change à parité mobile, *l'ancrage assimilé* à une *parité mobile* et l'ancrage avec *bandes horizontales.*

L'ancrage conventionnel à une monnaie étrangère est le régime de change le plus utilisé dans le monde parmi les différents types d'arrimage, souple ou flottant. La marge de fluctuation du taux de change est de plus ou moins 1 %. La valeur de la monnaie nationale est ainsi exprimée par un taux de change quasi stable dans une devise de référence internationale, en général, le dollar des États-Unis ou l'euro. Ainsi, le cours de la monnaie nationale dans les autres devises découle de leurs cotations par rapport à la devise de référence. Dans ce cadre, les interventions de la banque centrale peuvent se faire pour maintenir une trajectoire de taux de change de la monnaie locale par rapport à la devise d'ancrage.

L'ancrage à un panier de devises permet de définir le taux de change comme un prix moyen de la monnaie nationale par rapport aux monnaies des principaux partenaires. Ces pays partenaires sont retenus en fonction de leur poids dans l'orientation géographique des échanges extérieurs du pays. La politique monétaire appropriée pour ce régime de change est génératrice de tensions inflationnistes pour soutenir les fluctuations du taux de change et par conséquent moins crédibles. En revanche, les agents économiques pourraient s'habituer à long terme à la variabilité du taux de change et à l'instabilité du niveau général des prix.

Il convient de préciser que le rattachement à un panier de devises a perdu de son intérêt à cause de sa complexité. En effet, c'est un régime complexe à mettre en œuvre, au regard des fluctuations permanentes du taux de change de la monnaie nationale par rapport aux grandes devises internationales. En 2016, seuls 9 pays sur 189 pays classés continuent de rattacher leurs monnaies à un panier de devises (non compris les cinq pays qui déclarent l'utiliser, mais dont le FMI juge leur régime de change indéterminé). Inutile de rajouter que ce ne serait donc pas opportun de proposer un tel régime de change aux pays de l'UMOA dont les économies bénéficient d'avantages nettement plus importants avec le rattachement conventionnel à une monnaie qui est en vigueur.

Les pays qui *stabilisent* leur monnaie sont au nombre de 18, avec une marge de fluctuation de plus ou moins 1 % de leur taux de change. C'est le régime de change utilisé par le Nigeria en 2016. Avec l'ampleur du choc sur les termes de l'échange (baisse des cours des produits pétroliers), certains pays exportateurs ont laissé leur taux de change se déprécier, afin d'absorber les pressions extérieures. En particulier, pour enrayer la baisse de leurs réserves de change, certains pays fortement affectés, comme le Nigeria, ont eu recours à des restrictions de change qui ont contribué à aggraver les incertitudes, créer de graves distorsions économiques et causer un creusement des écarts avec les taux pratiqués sur les marchés parallèles.

L'ancrage du taux de change à *parité mobile* ou quasi-système de parité mobile est utilisé par treize (13) pays en 2016. C'est un choix de régime le plus souvent justifié dans les pays enregistrant de fortes tensions inflationnistes et où la banque centrale a perdu sa crédibilité vis-à-vis des agents économiques. Le taux de change nominal du pays est indexé sur le niveau général des prix ou le volume des réserves officielles de change. Dans ce cadre, la dévaluation de la monnaie nationale interviendrait généralement plus tard pour stabiliser l'économie.

- ***Le régime de change flexible***

Le régime de change flexible intègre le flottement dirigé et le flottement libre (indépendant). Dans le *flottement dirigé* pratiqué par 40 pays (FMI, 2016), le marché détermine le taux de change et la banque centrale intervient à travers le marché pour influencer les fluctuations à court terme de la valeur de la monnaie. La contrainte de gestion de ce régime de change dans une union monétaire est surtout liée aux modalités de détermination des marges de fluctuations du taux de change et aux organes de décision appropriés. Car les décisions doivent être prises rapidement et dans un cadre restreint pour influencer les opérations sur le marché interbancaire de devises au jour le jour. Dans le cas de l'UMOA, cela exigerait un abandon supplémentaire de contrôle des États membres, avec une délégation de pouvoir de décision à la banque centrale, en lieu et place du Comité de change actuel qui comprend des ministres.

Dans le *flottement libre* (indépendant) appliqué par 31 pays (États-Unis, pays membres de la zone euro…), la banque centrale n'intervient pratiquement pas pour influencer la valeur de la monnaie, le taux de change résultant des forces du marché. Ce régime de change est réservé aux grandes économies diversifiées disposant d'importantes recettes d'exportations pour autoriser une liberté totale des mouvements de capitaux et organiser une gouvernance efficiente du marché des changes. Son application dans l'UMOA pourrait se traduire par une forte instabilité du taux de change et de la politique monétaire, annihilant tout effet positif escompté. D'ailleurs, ce régime de change n'est pratiquement pas en vigueur dans les pays en développement.

- ***Les autres régimes de change indéterminés***

La quatrième catégorie regroupe les autres régimes de change indéterminés qui allient des caractéristiques de l'arrimage souple et de l'arrimage flottant. Vingt (20) pays sont concernés. Certains pays ont ainsi déclaré officiellement appliquer un régime de change donné alors que les faits ne permettent pas de s'assurer la mise en œuvre effective de ce régime.

À titre d'illustration, le franc du Rwanda est lié à un panier de devises avec, toutefois, des interventions de la banque centrale pour essayer de stabiliser le taux de change. L'Algérie soutient également sa monnaie vis-à-vis d'un panier de devises. Dans le cadre de la normalisation progressive de son régime de change pour intégrer le panier du DTS, la Chine s'est également positionnée dans les régimes de change indéterminés en 2016.

II.- PRINCIPAUX CRITÈRES FONDANT LE CHOIX D'UN RÉGIME DE CHANGE

Le choix d'un régime de change est lié aux objectifs macroéconomiques et à la structure de l'économie concernée. En effet, le taux de change participe à l'atteinte des objectifs généraux de la politique économique d'un pays à savoir la croissance économique, le plein emploi des facteurs de production, l'équilibre extérieur de la balance des paiements et la stabilité des prix. Le choix d'un régime de change n'est donc pas suffisant en lui-même pour réaliser les objectifs visés. Les modalités de gestion du régime de change et les politiques économiques conduites dans les autres domaines sont aussi importantes et indispensables aux bonnes performances économiques.

Dans la théorie des zones monétaires, Mundel (1961) définit la zone monétaire comme « un domaine à l'intérieur duquel les taux de change sont fixes ». Il a également défini un certain nombre de critères pour qu'une zone monétaire soit optimale parmi lesquels on pourrait retenir.

Premièrement, *une forte mobilité des facteurs de production* entre deux pays A et B suggère un taux de change fixe, car, en cas de choc exogène, les facteurs sont susceptibles de se déplacer facilement. En revanche, si les facteurs ne se déplacent pas librement, un choc exogène négatif dans le pays A entraînerait un sous-emploi avec une hausse du chômage et un déficit de la balance courante. À l'inverse, le pays B enregistrerait une surcharge des capacités de production entraînant des tensions inflationnistes et un excédent de la balance des paiements.

Dans un régime de change flexible, la monnaie du pays A se déprécierait automatiquement pour corriger le déséquilibre induit par le choc.

Deuxièmement, *un degré élevé d'ouverture (*biens échangeables/PIB) constitue un critère de définition d'une zone monétaire optimale, avec un taux de change fixe, selon Mckinnon (1963). En effet, en économie ouverte, une correction du déficit de la balance des paiements par l'ajustement du taux de change engendre une forte modification et une instabilité des prix des biens échangeables. Dans l'hypothèse de stabilité des prix dans le monde, une modification de la parité fixe entraîne plus d'effets en termes d'instabilité des prix dans une économie ouverte que dans une économie fermée.

Troisièmement, *une diversification de la production et des exportations* permet de limiter les effets des chocs exogènes au sein d'une union monétaire. Pour Kenen (1969), une économie diversifiée devrait faire moins de recours à une modification du taux de change, car elle dispose des moyens pour compenser les effets néfastes des chocs sur l'inflation et le chômage. L'économie peut donc fonctionner avec des taux de change fixes.

Le succès de la théorie des zones monétaires optimales est lié notamment aux déterminants pratiques, simples, objectifs et facilement vérifiables qui permettent à un pays de choisir son régime de change. En se basant sur cette théorie, certains économistes classent systématiquement les unions monétaires dans les régimes de change fixe nonobstant le fait que la monnaie commune de l'union peut flotter vis-à-vis des autres devises. Reinhart et Rogoff (2002) classent ainsi les pays membres de la zone euro parmi ceux dont le régime est à parité fixe bien que l'euro soit une devise internationale flottante.

Les travaux théoriques et empiriques ont été élargis par les chercheurs à d'autres critères plus ou moins simples pour déterminer les régimes de change.

Ainsi, Ingram (1962) considère qu'un degré élevé d'intégration sur le marché de capitaux permet de ne pas adopter un taux de change flexible, car la variation du taux d'intérêt suffit pour réguler les flux de capitaux en régime de change fixe (Scitovsky, 1973).

La similarité des taux d'inflation entre des pays partenaires suggère également un taux de change fixe (Fleming, 1971), car les déséquilibres de balance des paiements sont souvent reliés aux divergences de taux d'inflation entre pays partenaires commerciaux.

La littérature théorique et empirique privilégie notamment la taille de l'économie, le niveau de développement économique, le degré d'ouverture sur l'extérieur, la diversification géographique du commerce extérieur et le niveau des réserves en devises pour déterminer le choix du régime de change d'un pays.

La taille de l'économie, appréciée à travers son importance, et non son étendue géographique, permet d'avoir une influence sur les prix des biens échangeables et de limiter les effets des fluctuations. Un régime de change flexible paraît donc plus approprié. En revanche, un régime fixe conviendrait mieux à une petite économie ouverte.

Tableau 4 :
Quelques déterminants du choix d'un régime de change

Caractéristiques de l'économie	**Implication pour la flexibilité souhaitée du taux de change**
Dimension de l'économie	Plus l'économie est puissante, plus un taux flexible se justifie.
Diversification de la production et des exportations	Plus l'économie est diversifiée, plus un taux flexible est approprié.
Concentration géographique des exportations	Plus la proportion des échanges d'une économie avec un grand pays est forte, plus il est intéressant de fixer le taux de change par rapport à la monnaie de ce pays pour garantir la compétitivité extérieure.
Mobilité de la main-d'œuvre	Plus la main-d'œuvre est mobile, lorsque les salaires et les prix sont rigides à la baisse, moins il est difficile (et coûteux) de s'ajuster à des chocs extérieurs à l'aide d'un taux fixe.
Mobilité du capital	Plus le capital est mobile, plus il est idéal de maintenir un taux de change fixe, mais ajustable
Chocs nominaux extérieurs	Plus les chocs nominaux extérieurs sont fréquents, plus il est intéressant d'appliquer un taux de change flexible
Chocs nominaux intérieurs	Plus les chocs nominaux intérieurs sont fréquents, plus il est intéressant d'appliquer un taux de change fixe
Crédibilité des autorités	Moins la politique anti-inflationniste des autorités est crédible, plus il est intéressant d'utiliser un taux de change fixe comme point d'ancrage nominal

Sources : Sur la base de quelques théories et des données du FMI, 1997, 2014, 2016.

Pour un solde de balance des paiements structurellement déficitaire, il convient de retenir un régime de change qui favorise la dépréciation de la monnaie domestique pour améliorer la compétitivité (rendre moins chers les prix des biens échangeables) et augmenter les exportations. Cette approche avait souvent justifié les dévaluations compétitives menées dans certains pays. Les résultats ont été le plus souvent décevants, car la structure des économies et leurs capacités de production ne leur ont pas permis d'adapter efficacement leurs offres aux demandes fluctuantes des marchés des biens échangeables.

En effet, les élasticités de demande d'importations sont relativement faibles et les substituts aux importations presque inexistantes dans la plupart des pays en développement. Dans ces conditions, un régime de change fixe paraît plus approprié, car le processus d'ajustement monétaire automatique ne permet pas, à lui seul, de stimuler les exportations.

En revanche, un régime de change flexible paraît plus adapté pour les pays développés aux économies diversifiées. Le niveau des réserves internationales est déterminant dans le choix du régime de change. En particulier, le choix d'un régime de change fixe exige un niveau suffisant et adéquat de réserves en devises. La nature des chocs et de leurs origines joue aussi un rôle majeur et déterminant dans le processus du choix du régime de change. En effet, les chocs affectent le choix de régime de change optimal qui doit être caractérisé par la stabilité des résultats macroéconomiques à savoir réduire les fluctuations de la production, des prix et des autres variables macroéconomiques (variables monétaires et budgétaires). Le choix du régime de change se fait en fonction de la nature des chocs réels, nominaux, extérieurs ou intérieurs.

III.- LE RÉGIME DE CHANGE DE LA MONNAIE DE L'UMOA, LE FCFA

Selon l'article 18 du Traité de l'UMOA, le Conseil des ministres de l'Union définit la politique de change, en concertation avec le Gouverneur de la BCEAO et sous réserve de respecter les engagements internationaux contractés par les États membres de l'UMOA. Il met en place un Comité de change qui l'assiste à cet effet. La composition et les modalités du Comité de change sont définies par le Conseil des ministres. Sous ces considérations, le régime de change de l'UMOA n'est donc pas déterminé par la banque centrale.

Le régime de change du FCFA est un régime d'ancrage conventionnel, avec une parité fixe par rapport à l'euro, à l'instar des monnaies du Cap-Vert, des Comores, de Sao Tomé et Principes, ainsi que de la couronne danoise. Dans le même cadre, nous pouvons relever certains pays dont les monnaies sont arrimées au dollar US comme l'Érythrée, l'Arabie Saoudite, la Jordanie, les Émirats arabes unis et des îles (Bahamas, Barbade, Saint-Martin). En outre, il convient de situer dans le même régime d'arrimage souple les pays disposant d'un arrimage à une unité monétaire composite (panier de devises) comme le Maroc, la Namibie, le Swaziland, le Lesotho et la Libye. Le Maroc a adopté en 2017 une stratégie permettant de faire évoluer de manière progressive son régime de change vers un régime flottant sur un horizon maximum de dix ans.

En 2016, 98 pays (y compris ceux pratiquant la dollarisation intégrale) disposent d'un régime de change fixe sur un total de 189 pays recensés par le FMI, soit environ 52 % contre 37,5 % pour les régimes de change flottant.

Plus de la moitié des pays du continent africain ont en 2016 un taux de change fixe (FMI, 2016). Douze pays pratiquent un flottement dirigé avec une intervention de leurs banques centrales. Il s'agit du Ghana, du Kenya, de Madagascar, du Malawi, de l'île Maurice, du Mozambique, des Seychelles, de Sierra Leone, de l'Afrique du Sud, de la Tanzanie, de l'Ouganda et de la Zambie. Le régime de change de huit pays reste indéterminé, à savoir l'Algérie, l'Angola, l'Égypte, la Gambie, la Guinée, le Liberia, le Rwanda et le Soudan du Sud.

À titre d'illustration, l'Angola maintient des restrictions de change et d'accès aux devises. Une liste prioritaire est définie pour l'achat de devises au taux officiel, une taxe spéciale sur le paiement des services et la limitation plus stricte du montant de devises autorisé pour les voyages, mesures toutes mises en place en 2015. À cause de la pénurie de devises qui en a résulté, l'écart de taux avec le marché parallèle s'est creusé de 5 à 10 % au milieu de 2014 à près de 130 % à la fin mars 2017 selon le FMI.

La crise financière mondiale de 2008 a entraîné un recul des régimes flexibles indépendants (Free floating). En 2016, aucun pays de l'Afrique n'appliquerait le régime de flottement indépendant, sans intervention de la banque centrale.

Tableau 5 :
Évolution des régimes de change des États membres du FMI (en %).

Régime de change	2009	2010	2011	2012	2013	2014	2015	2016
1. Régimes de change fixe (yc dollarisation)	46,8 %	52,9 %	56,4 %	52,8 %	56,0 %	56,6 %	59,1 %	51,9 %
1.1. Arrimage ferme	12,2 %	13,2 %	13,2 %	13,2 %	13,1 %	13,1 %	12,2 %	12,7 %
1.2. Arrimage souple	34,6 %	39,7 %	43,2 %	39,6 %	42,9 %	43,5 %	46,9 %	39,2 %
Ancrage conventionnel	22,3 %	22,3 %	22,6 %	22,6 %	23,6 %	23,0 %	22,4 %	22,2 %
2. Régimes de change flexible	41,1 %	36,0 %	34,7 %	34,7 %	34,0 %	34,0 %	35,6 %	37,5 %
Flottement libre	17,6 %	17,6 %	16,5 %	16,5 %	16,4 %	16,4 %	16,4 %	16,4 %
3. Régimes indéterminés	12,1 %	11,1 %	8,9 %	12,5 %	10,0 %	9,4 %	5,3 %	10,6 %

Sources : FMI, Annual report on exchange arrangements and exchange restrictions (2009–2016).

Le régime de change du FCFA est donc le régime de change le plus courant et le plus dominant dans le monde. Ce n'est pas une spécificité des États membres de l'UMOA. En effet, le rattachement à une devise internationale (euro, dollar…) permet d'assurer une stabilité monétaire, à travers une cotation stable et une réduction du risque de change dans les transactions internationales. C'est également un moyen efficace pour conforter la confiance des agents économiques dans le régime de change et mieux ancrer les anticipations inflationnistes, pour une activité économique plus soutenue.

Tableau 6 :
Orientation géographique des échanges extérieurs de l'UMOA (en %)

	2015			2016		
	Total Échanges extérieurs	**Exports**	**Imports**	**Total Échanges extérieurs**	**Exports**	**Imports**
Europe	42,2	43,8	40,9	42,7	45,2	40,7
- Union européenne	33,1	28,5	36,7	32,8	28,9	35,8
- Zone euro	29,8	25,6	33,1	29,3	25,8	32,1
- France	11,2	6,0	15,3	10,6	5,8	14,5
- Grande-Bretagne (livre)	1,9	1,8	2,0	1,8	2,2	1,5
AMÉRIQUE	7,5	7,3	7,6	8,4	8,5	8,3
- États-Unis (dollar)	4,8	5,6	4,2	4,9	5,6	4,3
ASIE	27,4	17,4	35,3	29,6	19,6	37,5
- Chine (yuan)	9,0	1,8	14,6	9,9	1,8	16,4
- Japon (yen)	1,3	0,2	2,1	1,6	0,3	2,6
Afrique	21,2	30,1	14,3	18,4	25,6	12,7
- CEDEAO	12,6	14,7	10,9	10,8	12,7	9,4
- CEMAC (FCFA)	1,0	1,8	0,3	0,4	0,7	0,1
Autres pays	1,7	1,4	1,9	0,9	1,1	0,8

Sources : Statistiques douanières des États, BCEAO.

Il convient de préciser que toutes les monnaies dans le monde sont cotées par rapport à une monnaie forte. En 2016, les monnaies de réserves internationales qui sont convertibles et fortes constituent également le panier de devises du droit de tirage spécial (DTS) du FMI. Ce sont les mêmes monnaies qui ont un poids important dans les transactions internationales, à savoir le dollar des États-Unis, l'euro, le yen japonais, le yuan chinois et la livre sterling. Même les monnaies non rattachées à une devise sont cotées par rapport à ces grandes devises internationales.

Le régime de change fixe est plus pratique pour les économies peu diversifiées dont les échanges extérieurs sont essentiellement orientés vers une zone géographique donnée. C'est une stratégie qui permet de stabiliser aussi bien les transactions commerciales que les revenus et les investissements issus de la zone géographique de la monnaie de rattachement.

Pour les États membres de l'UMOA, en se référant aux critères fondamentaux de détermination du régime de change aussi théoriques qu'empiriques, le choix de l'UMOA de rattacher sa monnaie à l'euro se justifie à plusieurs titres. La structure des échanges extérieurs de l'Union permet de déduire les principales devises vis-à-vis desquelles le taux de change de la monnaie commune être stabilisé pour réduire les coûts des transactions, assurer la stabilité des revenus des exportations et atténuer les fluctuations des prix des produits importés.

Sur la base des données du tableau ci-dessous, plus de la moitié des échanges extérieurs des pays de l'UMOA sont à destination de zones utilisant l'euro comme devise de référence, en y intégrant l'essentiel des transactions opérées avec les pays membres de la CEDEAO en franc CFA à travers des circuits de réexportations. Les échanges extérieurs vers la Chine représentent 10 %, avec une prépondérance dans les importations (part de 16,4 %).

Un autre argument de poids le plus souvent évoqué par les économistes et les chercheurs pour justifier le choix d'une monnaie de référence est l'orientation des investissements directs et de portefeuille. En effet, les investisseurs ont besoin de visibilité et de stabilité pour apprécier la rentabilité future des investissements à réaliser.

Tableau 7 :
Orientation géographique du stock d'IDE reçu dans l'UMOA (en %).

	2009	**2010**	**2011**	**2012**	**2013**	**2014**	**2015**	**2016***
Zone euro	*46,4*	*44,5*	*43,0*	*41,9*	*39,5*	*39,4*	*39,1*	*38,5*
Autres pays d'Europe	13,7	13,6	13,4	13,2	13,1	13,2	13,2	13,3
Afrique hors UEMOA	15,7	15,3	14,8	14,6	13,5	13,6	13,9	14,2
UEMOA	*4,9*	*4,9*	*4,8*	*4,7*	*4,7*	*4,7*	*4,9*	*5,1*
Asie	13,2	15,9	18,4	20,0	23,5	23,4	22,8	22,6
Amérique	6,1	5,8	5,6	5,6	5,6	5,7	6,1	6,3
TOTAL	100,0	100,0	100,0	100,0	100,0	100,0	100,0	100,0

**estimations.*
Source : BCEAO.

Les données financières des économies de l'UMOA justifient également le choix de l'euro comme monnaie de rattachement. Le stock d'investissements directs de l'UMOA provient à plus de 55 % de zones ayant l'euro comme monnaie de référence.

En outre, la position extérieure globale de l'UMOA en 2015 laisse apparaître que le stock de crédits commerciaux reçus par les pays vient essentiellement de la zone euro. Il représentait 40 % du montant total reçu à fin 2015. Le stock d'investissements de portefeuille provenant de la zone euro se chiffrait à 34 % du volume total reçu en 2015.

IV.- LA MONNAIE COMMUNE DE L'UMOA, LE FCFA, EST EN LIGNE AVEC LES FONDAMENTAUX

La monnaie commune de l'UMOA est en ligne avec les fondamentaux économiques, ni surévaluée ni sous-évaluée. Cela veut dire que le taux de change se situe à un bon niveau pour permettre aux économies de l'Union de réaliser de bonnes performances économiques (FMI, consultations régionales 2013, 2014, 2015, 2016, 2017). Car le taux de change est un instrument de politique économique qui doit contribuer à l'atteinte des objectifs généraux de politique économique.

L'évaluation de l'alignement du taux de change est faite à travers trois méthodes différentes. La méthodologie la plus courante est celle du taux de change réel d'équilibre (TCRE) qui consiste à estimer une relation d'équilibre entre le taux de change effectif réel (TCER), les termes de l'échange, la consommation publique, le différentiel de productivité, l'investissement et l'ouverture.

La deuxième méthode est celle de l'équilibre macroéconomique, basée sur les normes du compte courant. La norme dépend de fondamentaux sous-jacents tels que le solde budgétaire ou la démographie. Enfin, la troisième méthode est celle de la viabilité extérieure qui table également sur les normes du compte courant. Dans ce cas, la norme du compte courant stabilise la position des avoirs extérieurs nets à un niveau donné (jugé adéquat).

Ces trois méthodes sont complétées et approfondies par une nouvelle génération de méthodes, basée sur la méthodologie *EBA (External*

Balance Assessment). Celle-ci prend appui sur trois catégories de facteurs, à savoir :

- des variables macroéconomiques, qui peuvent être directement affectées par les mesures de politique économique (déficit budgétaire, variation des réserves de change, crédit au secteur privé, contrôle de capitaux...) ;

- des variables dites de « fondamentaux non-politiques » dont l'évolution, souvent tributaire de réformes structurelles, est plus lente (position extérieure globale nette, productivité, exportations de pétrole et de gaz, variables démographiques, prévisions de croissance économique, risque pays, qualité de centre financier international, envoi de fonds des travailleurs migrants...) ;

- des facteurs cycliques, affectant l'évolution du compte courant (écart de production, termes de l'échange…).

L'application des trois méthodes susmentionnées (équilibre macroéconomique, taux de change réel d'équilibre et soutenabilité extérieure) aux économies de l'UMOA montre clairement que le niveau du taux de change réel de l'Union est en accord avec les fondamentaux économiques. En effet, depuis la dévaluation du FCFA en 1994, les économies de l'Union ont enregistré des progrès notables en termes de compétitivité-prix (avec des taux d'inflation relativement faibles), dans la conduite des réformes structurelles (avec un assainissement des finances publiques) et dans l'environnement des affaires (avec les réformes conduites dans le cadre du « Doing business » de la Banque mondiale). L'accroissement de la productivité dans l'UMOA a permis d'avoir des taux de croissance élevés (au moins 6,5 %) depuis 2012, renforçant ainsi la qualité et le niveau de vie des populations.

Graphique 2 :
Évolution du taux de change réel d'équilibre et du taux de change effectif réel.

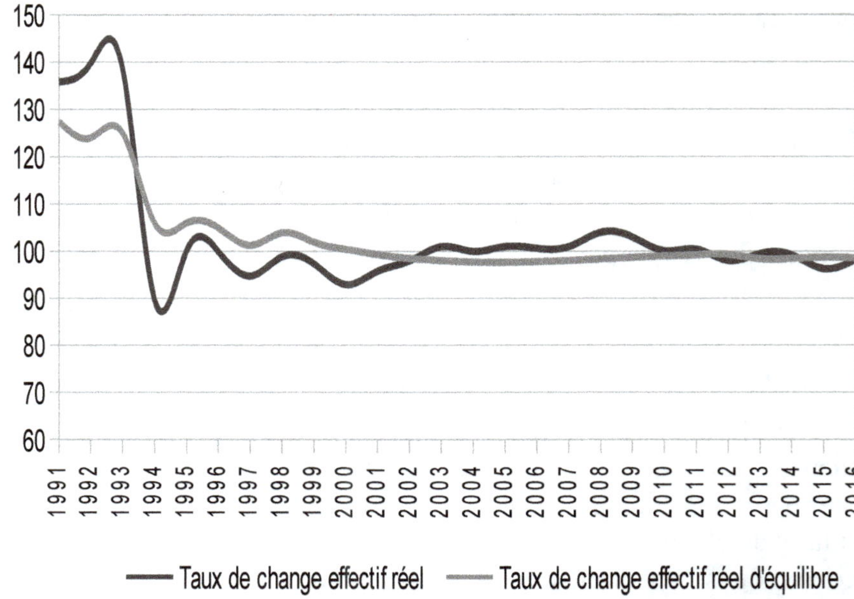

Sources : Données FMI, BCEAO.

Les craintes souvent évoquées suite à l'appréciation de l'euro par rapport au dollar n'ont pas entamé la compétitivité des économies de l'Union. Elles sont plus facilement gérées par la politique monétaire commune dans un contexte de stabilité du taux de change.

L'Union a ainsi conservé l'essentiel des acquis du changement de parité intervenu en janvier 1994. En effet, par rapport au niveau atteint en 1994, l'Union a conservé un gain net de compétitivité prix de 30,7 %, vis-à-vis de l'ensemble de ses partenaires commerciaux contre 35,3 % au moment du changement de parité intervenu en janvier 1994.

Le cumul de gains de compétitivité le plus important (58,6 %) est observé vis-à-vis des États environnants de l'Union, en dépit notamment de la dévaluation du naira, la monnaie nigériane, en 1995 et 2016. En effet, le taux de change naira/dollar est passé de 20 à 80 en 1995, puis à environ 300 en 2016, soit une dépréciation du naira de 93 %, en raison du manque de devises lié à la baisse des cours du pétrole.

Ce gain de compétitivité est également observé pour les États membres de l'Union pris individuellement. Les écarts de performance entre les pays reflètent essentiellement leurs performances respectives en termes d'inflation et de réformes économiques, au regard de l'orientation géographique des échanges extérieurs de chacun d'entre eux.

Tableau 8 :
Cumul des gains de compétitivité de l'Union en 2016 par rapport à 1994

	Bénin	Burkina	Côte d'Ivoire	Mali	Niger	Sénégal	Togo	Union
Pays industrialisés	- 6,5	-24,8	-16,9	-27,8	-15,9	-32,4	- 6,9	-20,1
Zone euro	- 4,5	-25,4	-15,2	-25,5	-17,1	-32,1	-5,2	-18,9
Partenaires Environnants	-54,5	- 44,6	-54,8	-51,5	- 64,2	- 64,5	-27,1	-58,6
Pays asiatiques	-33,2	-47,8	-36,9	-39,4	- 41,4	- 49,9	-17,3	- 40,8
Pays émergents	-32,2	- 43,7	-29,5	-33,0	-25,8	-37,7	-11,5	-33,5
Pays africains de la Zone franc	11,7	-12,4	18,0	- 4,0	- 4,2	-17,7	9,8	-5,7
Ensemble des partenaires	-29,5	-26,1	-23,2	-29,3	-31,3	-36,7	-10,8	-30,7

(-) pour le gain et (+) pour la perte de compétitivité

Sources : FMI, BCEAO.

- ***L'illusion de la dévaluation compétitive***

Une dévaluation de la monnaie affecte la balance courante d'une économie à court terme et à long terme. Elle a généralement un effet prix immédiat à savoir un renchérissement des importations (qui engendre de l'inflation), mais elle induit également un repli des prix des biens et services exportés dans des économies ne partageant pas la même monnaie.

Ensuite, la dévaluation a un effet volume à long terme, car les agents économiques sont sensés s'adapter à cette variation de prix en réduisant le volume de leurs importations et en accroissant leurs exportations, relançant ainsi la croissance économique.

Le succès des dévaluations compétitives n'est pas toujours assuré, et ceci pour deux raisons. Premièrement, cette stratégie ne fonctionne que si vos partenaires commerciaux ne réagissent pas. Il suffit que les partenaires ajustent également leur taux de change pour annuler l'effet de la dévaluation. Deuxièmement, le gain de compétitivité à l'exportation n'est observé que si les coûts de production des entreprises nationales sont peu affectés par la dévaluation (sous-utilisation, facteurs de production disponible à moindre coût...).

Dans le cas d'économies peu diversifiées comme celles des pays africains et en particulier celles de l'UMOA, l'efficacité d'une dévaluation compétitive est incertaine. En effet, du fait de l'importance des importations, les tensions inflationnistes sont immédiates après la dévaluation. En revanche, la hausse attendue des exportations est contrainte par la faible diversification des économies et par leur statut de *price taker*. Les prix des produits exportés, généralement des matières premières non transformées, restent libellés en devises (euro, dollar). De ce fait, la plupart des entreprises exportatrices peuvent ne pas tirer un avantage significatif de cette politique de dévaluation. Ainsi, il est fort probable que les effets négatifs de la dévaluation sont plus importants que les effets positifs.

Par ailleurs, il convient de rappeler que les économies de l'UMOA connaissent une forte croissance (6,5 %) depuis 2012 qui a contribué à une réduction significative de la pauvreté dans la zone, nonobstant certaines inégalités observées dans la répartition du fruit de la croissance. Or, on ajuste en général le taux de change pour rechercher une amélioration de la productivité, en vue d'avoir une croissance soutenue.

Tableau 9 :
Part des principaux produits dans les exportations de l'UMOA (en %).

Nature des produits	2012	2013	2014	2015	2016
Cultures de rente	30,5	32,3	33,7	37,1	39,5
- Produits du cacao	14,5	15,5	17,1	20,7	20,7
- Produits du coton	5,2	5,9	6,0	4,9	5,3
- Anacardes	2,3	2,4	3,9	4,4	5,4
- Caoutchouc	3,4	3,0	2,2	2,0	2,5
Or et métaux précieux	19,3	17,5	16,4	18,7	22,1
Produits pétroliers	20,2	18,0	15,0	10,2	8,7
Uranium	2,8	2,4	1,8	1,6	1,3
Phosphates	0,5	0,1	0,2	0,6	0,5
Produits chimiques	4,3	3,6	3,4	3,4	4,1
Réexportations	6,2	7,7	8,8	6,1	4,9

Sources : BCEAO, statistiques douanières.

Les avantages attendus d'une dévaluation concernent l'ajustement de la structure des prix relatifs qui induirait à court terme un rétablissement des équilibres financiers et à long terme l'augmentation de la part des biens échangeables (exportés ou produits localement pour substitution aux importations) et l'attrait des investissements directs étrangers, avec le savoir-faire et les innovations technologiques inhérents.

Dans l'UMOA, les équilibres financiers sont globalement maintenus en 2016. Nous allons procéder à une analyse de la structure des biens échangeables à travers celle des exportations et le taux de pénétration étrangère qui est le rapport entre les importations et la demande intérieure (ou absorption). Il traduit le degré de concurrence entre les producteurs nationaux et étrangers sur le marché domestique.

La structure des exportations de l'UMOA montre qu'en 2016, les cultures de rente (cacao, coton, anacardes...), dont le cycle de production est généralement annuel et dépend le plus souvent des conditions pluviométriques, représentent 39 %. Les produits miniers arrivent en deuxième position, avec plus de 31 % des exportations de l'Union. Les exportations de produits manufacturés demeurent relativement faibles.

Les pays de l'UMOA ne disposent pratiquement pas de marges pour la fixation des cours internationaux des produits exportés. En effet, pour l'essentiel des produits exportés par l'Union, les cours sont déterminés sur les marchés financiers internationaux. Par conséquent, un ajustement du taux de change ne devrait pas avoir d'impact significatif sur la production locale.

En revanche, la stabilité du taux de change permet aux États de fixer des prix rémunérateurs minimums pour les producteurs des cultures de rente. Ainsi, les populations rurales bénéficient d'une garantie de revenu, importante pour la réduction de la pauvreté et la stimulation des perspectives de production.

Tableau 10 :
Taux de pénétration étrangère des économies de l'UMOA.

(en pourcentage)	1998	2005	2010	2014	2015	2016
Bénin	29,8	23,5	30,5	38,7	31,5	26,6
Burkina	25,0	27,2	31,9	32,4	31,3	30,6
Côte d'Ivoire	92,7	46,9	47,3	36,5	36,2	32,4
Guinée-Bissau	46,7	43,9	42,1	28,3	32,0	31,2
Mali	29,6	27,3	32,2	35,2	34,4	31,6
Niger	27,0	34,9	32,1	33,3	33,3	27,6
Sénégal	30,3	37,1	34,8	35,3	35,3	34,9
Togo	32,0	46,5	46,4	46,9	47	47,2
UMOA	37,0	35,4	37,9	36,7	35,7	32,8

Source : BCEAO

Par ailleurs, la baisse du taux de pénétration étrangère des économies de l'Union traduit une amélioration de la compétitivité sur le marché intérieur. Sa faiblesse indique une position concurrentielle favorable du pays, acquise sur son propre marché domestique. Les États membres de l'UMOA ont ainsi globalement préservé leur compétitivité sur le marché intérieur.

V. – LES GRANDS PRINCIPES DE LA COOPÉRATION MONÉTAIRE DANS LES PAYS DE L'UMOA

Un Accord de coopération est signé entre la République française et les États membres de l'UMOA, représentés par leurs ministres chargés des Finances (BCEAO, Histoire de l'UMOA en 2000). Les échanges et les discussions entre les États membres ont duré presque deux ans pour arriver à un consensus dans la rédaction des accords de coopération. Certaines préoccupations évoquées à l'encontre de ces accords par certains commentaires ont déjà fait l'objet d'une analyse approfondie et d'un arbitrage par les chefs d'État avant la signature des accords.

En application des dispositions de l'Accord de coopération, la Convention de Compte d'opérations, signée également par les Autorités des deux parties prenantes, détermine les conditions de gestion des disponibilités extérieures de l'Union. Il convient d'indiquer que ces accords ont connu des adaptations successives en fonction de l'évolution des économies de l'Union et de l'environnement international. Ils consacrent quatre (4) principes majeurs.

- ***La parité fixe conventionnelle avec l'euro***

Le premier principe est relatif à la parité fixe conventionnelle de la monnaie de l'UMOA, le franc CFA, par rapport à l'euro (1 euro = 655,957 FCFA). Initialement, la parité fixe était établie par rapport au franc français avant l'avènement de l'euro en 1999. Cette parité fixe a été ajustée en 1994. C'est donc une parité fixe conventionnelle qui peut être réexaminée à tout moment, en fonction des intérêts mutuels des parties prenantes. Cette parité fixe conventionnelle est classée dans les régimes d'arrimage souple (FMI, 2016), car elle est ajustable et diffère fondamentalement des deux régimes de change que sont la caisse d'émission et la dollarisation intégrale.

- ***La centralisation des réserves de change de la Banque Centrale***

Le deuxième principe concerne la centralisation des avoirs en devises des États membres de l'Union dans un compte courant (dépôt à vue) dénommé « compte d'opérations », ouvert dans les livres du Trésor français. Les avoirs en devises sont constitués par les avoirs détenus dans toute autre monnaie étrangère (excepté en monnaie nationale).

Les réserves de change ou avoirs extérieurs bruts de la Banque Centrale comprennent le stock d'or monétaire acquis par l'Institut d'émission, les avoirs en devises détenus à l'extérieur, notamment en compte d'opérations, et les avoirs détenus auprès de correspondants bancaires hors de l'Union ou placés en titres de première qualité auprès d'institutions ou organismes étrangers.

La centralisation des réserves dans un compte permet à l'autre partie prenante de suivre l'évolution des réserves pour pouvoir, en cas de nécessité, y ajouter le montant exigible pour la couverture des règlements des opérations et des transactions. La BCEAO utilise les réserves ainsi détenues au bénéfice des États membres de l'Union notamment pour couvrir leurs paiements extérieurs.

Il convient de préciser que ce montant détenu dans le compte d'opérations appartient exclusivement à la Banque centrale qui continue à l'utiliser au jour le jour pour assurer ses règlements internationaux, selon ses besoins et sans aucune restriction. C'est juste un compte qui fonctionne comme un compte courant dans une banque, qui appartient toujours à son propriétaire, la BCEAO, et qui ne peut être mouvementé (utilisé) que par la BCEAO. Elle est donc la seule institution habilitée à y faire passer des écritures.

En plus, ces réserves sont rémunérées conformément aux standards internationaux et aux meilleures pratiques des banques centrales dans le respect des principes et des pratiques de prudence communément admis en la matière. La centralisation des réserves de change constitue ainsi le premier maillon de cette chaîne de valorisation des devises.

Il est très important de préciser que les réserves de change seront toujours gardées en dehors de l'UMOA comme pour toutes les autres banques centrales. Aux termes de la Convention en vigueur (révision 2005), la banque centrale dépose dans le compte d'opérations une fraction de ses avoirs extérieurs bruts (réserves de change) à hauteur de 50 % contre un niveau précédent de 65 %. À titre d'illustration, les 50 % de réserves non exigibles dans le compte d'opérations sont également placés sur des produits financiers en dehors de l'Union. Le compte d'opérations présente l'avantage d'offrir, en plus de la rémunération, une garantie de la convertibilité de la monnaie commune.

- ***La garantie de la libre convertibilité de la monnaie commune de l'UMOA***

La convertibilité désigne la possibilité que nous avons d'échanger une monnaie nationale contre une devise (une monnaie étrangère) ou contre de l'or à tout moment. Tout agent économique de l'UMOA peut ainsi convertir à tout moment du FCFA contre n'importe quelle monnaie convertible à travers le monde pour assurer ses opérations et ses transactions.

La centralisation des réserves de change de l'Union constitue le socle fondamental sur lequel repose la libre convertibilité du franc CFA, garantie par la France, sur la base d'une parité fixe avec l'euro. Cette garantie, qui constitue le troisième principe, est une source supplémentaire de crédibilité qui renforce la confiance de l'ensemble des acteurs du monde économique et financier en la monnaie commune, le franc CFA.

Elle permet ainsi aux opérateurs économiques de l'Union de réaliser des affaires dans le monde entier, sans se soucier des questions de change. En conséquence, elle permet une réduction des coûts de transactions, une stabilité des recettes d'exportation et une meilleure performance économique.

Certains se demandent parfois pourquoi les billets FCFA ne sont pas échangés en dehors de l'Union malgré leur convertibilité illimitée. Cette situation résulte d'un choix souverain des autorités de l'UMOA. En effet, les billets FCFA ont fait l'objet de change manuel dans le monde entier jusqu'en 1993. C'est à partir de cette année qu'il a été décidé de suspendre le rachat des billets FCFA par la banque centrale. La décision est motivée par le fait que les opérations de change manuelles des billets FCFA en dehors de la zone d'émission (UMOA) généraient des difficultés de traçabilité des fonds sortis et des coûts importants de manutention et de rapatriement desdits billets (interview du Gouverneur de la BCEAO accordée à Radio France Internationale le 1er octobre 2017). Le FCFA était également utilisé à grande échelle à travers les marchés parallèles comme monnaie refuge et de transactions internationales par certains agents économiques de pays limitrophes à monnaie non convertible.

- ***La garantie de la valeur des avoirs détenus en compte d'opérations***

Le quatrième principe constitue la garantie de la valeur des avoirs détenus en compte d'opérations contre une modification de la parité de l'euro par rapport à une unité de compte agréée d'accord parties (le droit de tirage spécial du FMI : DTS), communément appelée « garantie de change ». Elle permet ainsi de préserver constamment la valeur des devises détenues dans le compte d'opérations.

En d'autres termes, la fluctuation de l'euro par rapport au DTS au-delà d'un seuil prédéterminé déclenche automatiquement une compensation pour permettre aux réserves détenues dans le compte d'opérations de maintenir constante leur valeur de paiements dans les autres grandes devises de référence internationale.

VI- L'UTILISATION DES RÉSERVES DE CHANGE ET LE PRINCIPE DE SOLIDARITÉ DANS L'UNION

La fonction principale des réserves de change consiste à satisfaire les besoins en devises de l'économie, à honorer les engagements et obligations liés aux transactions avec l'extérieur notamment la dette extérieure et à conserver des réserves de précaution pour faire face aux situations de catastrophes et d'urgences. La gestion des réserves de change participe de ce fait au maintien de la confiance à l'égard des politiques de change et monétaires.

La détention d'un niveau important de réserves de change vise principalement à assurer la crédibilité du régime de change fixe ainsi que celle de la politique monétaire. La préoccupation fondamentale de la banque centrale est d'assurer à tout moment la disponibilité d'un volume adéquat d'avoirs en devises pour le règlement des transactions entre l'Union et le reste du monde. Il convient de rappeler que, sur la période allant de 1980 à 1993 où les économies de l'Union étaient en crise (BCEAO, Histoire de l'UMOA en 2000), la faiblesse des avoirs extérieurs bruts de la banque centrale avait constitué une forte contrainte pour la conduite de la politique monétaire commune.

Des voix s'élèvent fréquemment pour demander à la banque centrale de puiser sur les réserves de change de l'Union pour financer le développement des économies. À ce titre, il est important de rappeler que, par définition, une devise est une monnaie étrangère. En dehors des billets détenus pour faciliter le change manuel dans le cadre des voyages et du tourisme, toutes les banques centrales détiennent leurs devises à l'extérieur, le plus souvent sous forme de titres de placements et de comptes courants chez les correspondants bancaires à travers le monde pour assurer les règlements des transactions économiques.

Les réserves des banques centrales sont donc souvent placées dans des instruments financiers appropriés tout en privilégiant un arbitrage permanent entre leur sécurité, leur liquidité et leur rentabilité. La BCEAO agit aussi conformément à ce principe et aux bonnes pratiques internationales qui en découlent. Elle dispose d'une politique moderne de placement des réserves de change régie par des considérations d'optimisation du couple risque/rendement, en prenant en compte les enjeux fondamentaux de la gestion de réserves officielles de change, à savoir les impératifs de sécurité, de liquidité et de rendement.

L'utilisation des réserves de change de la BCEAO est régie par *le principe de solidarité* entre les États membres de l'UMOA. À cet égard, indépendamment des ressources constituées par chaque État, la Banque Centrale est chargée d'exécuter les transferts qui lui sont demandés par les Trésors publics, les établissements de crédit et les autres titulaires de comptes dans ses livres.

Cette solidarité est une innovation majeure et moderne dans le dispositif d'intégration monétaire et financière de l'UMOA qui n'existe nulle part ailleurs. Elle permet la continuité et la stabilité de l'activité économique, quelles que soient les difficultés particulières rencontrées par un pays de l'Union.

Il convient de rappeler que sans cette solidarité, certains pays de l'Union pourraient se retrouver dans l'impossibilité de faire face au règlement de leurs transactions avec l'extérieur. Cette situation est d'ailleurs observée dans certains pays voisins de l'Union où des rationnements de devises sont imposés aux agents économiques, avec pour conséquence une rupture dans l'approvisionnement de biens intermédiaires et d'équipement.

VII.- LE NIVEAU OPTIMAL DE RÉSERVES DE CHANGE À DÉTENIR PAR LA BANQUE CENTRALE

La problématique de niveau optimal de réserves de change à détenir par les banques centrales se pose au plan international. Beaucoup d'études ont été réalisées à ce sujet : Triffin (1960), Brown (1964), Machlup (1966), Wijnholds et Kapteyn (2001), FMI (2005) et Ameganvi (2016). Ce qui pourrait être retenu, c'est que le niveau adéquat de réserves de change est fondamentalement dépendant des structures économiques concernées, de la capacité de l'économie à résister aux chocs extérieurs et de sa capacité à reconstituer des réserves dans des délais plus ou moins courts pour faire face à ses engagements extérieurs.

Le niveau adéquat des réserves de change pour les pays à régime de change fixe comme l'UMOA est généralement apprécié en fonction de trois principaux critères (FMI, 2005).

Le premier critère, le plus courant, situe le niveau minimum de réserves de change à 3 mois d'importations de biens et services. Ce délai est jugé comme raisonnable pour permettre à la banque centrale de faire face aux règlements des transactions commerciales avec l'extérieur dans l'hypothèse d'une cessation complète des flux de capitaux à l'entrée et à la sortie. Il convient toutefois de relativiser le niveau des importations de trois mois pour tenir compte notamment d'autres facteurs de vulnérabilité propres aux économies. En effet, le profil des échanges extérieurs et la sensibilité des économies de l'Union aux chocs exogènes pourraient justifier la détention d'une proportion plus importante de réserves en devises rapidement mobilisables.

Un deuxième critère lie les réserves en devises à la masse monétaire de l'économie pour exprimer la capacité de la banque centrale à faire face à une défiance des agents économiques vis-à-vis de sa propre monnaie, qui se traduirait par une fuite de capitaux. En effet, en cas de ruée pour acquérir des devises à la place de la monnaie nationale, seuls les agents économiques disposant de monnaie nationale pourraient procéder à l'échange, d'où l'intérêt pour la banque centrale de disposer de réserves adéquates en cas de nécessité pour couvrir la monnaie en circulation, particulièrement détenue par le secteur privé.

Un troisième critère, applicable aux pays enregistrant des flux de capitaux privés importants, rapporte les réserves de change au montant de la dette extérieure à court terme pour faire ressortir le degré d'exposition à une défiance éventuelle des investisseurs étrangers vis-à-vis de l'économie. En effet, les investissements en portefeuille sont importants pour développer le marché financier, mais ils sont les plus volatils. La banque centrale doit donc disposer de réserves suffisantes pour faire face à un éventuel rapatriement de ce type d'investissements.

Au total, le maintien d'une parité fixe sur fond de chocs significatifs des termes de l'échange exige un important amortisseur sous la forme de réserves de change. C'est pourquoi le critère le plus pertinent pour l'UMOA pourrait être celui relatif aux mois d'importations. Exprimées en mois d'importations de biens et services, les réserves de change de l'UMOA sont passées de 3,8 mois en 1998 à 5,7 mois en 2012 avant de baisser à 4,3 mois en 2016. Elles représentent environ 5 mois d'importations en 2017.

Les réserves de change de l'UMOA apparaissent donc sensibles aux chocs exogènes, induisant ainsi une volatilité importante de leur volume et une fragilité des acquis associés à la consolidation des disponibilités extérieures intervenue après le changement de parité du franc CFA en 1994.

Aussi, la bonne gouvernance et la prudence militent en faveur du maintien d'un niveau suffisant de réserves de change dans l'UMOA. En tout état de cause, la limite conventionnelle de taux de couverture de l'émission monétaire de 20 % constitue un seuil de déclenchement d'un processus de gestion de crise de change dans les États membres de l'Union.

La gestion d'une telle crise se traduirait par des rapatriements obligatoires de toute ressource détenue à l'extérieur par un résident de l'Union et des rationnements de devises pour certaines opérations financières. La détention d'un niveau de réserves adéquat est donc indispensable pour éviter toute situation de crise de paiements et de change.

VIII.- FINANCEMENT DE L'ÉCONOMIE ET CAPACITÉ DE RECONSTITUTION DES RÉSERVES DE CHANGE

Les réserves de change sont principalement alimentées par les rapatriements des recettes d'exportation, conformément au principe de centralisation des réserves de change et à la réglementation des relations financières avec l'extérieur. Elles sont également abondées par les ressources extérieures mobilisées par les États et le secteur privé, ainsi que par le produit des placements en devises effectués par la banque centrale hors de la zone UMOA.

Il convient de préciser que toute cession de devises à la banque centrale se traduit automatiquement par la mise à disposition de l'agent économique concerné d'un montant équivalent en monnaie locale, à savoir en francs CFA. En d'autres termes, la cession des recettes d'exportations et des ressources extérieures mobilisées se traduit par la mise à disposition des exportateurs et des États de la même valeur en moyens de paiements libellés en francs CFA. Aucune ressource d'un agent économique n'est donc gardée par la Banque centrale pour alimenter le pool de réserves de change, sans qu'il ne bénéficie de la contrepartie en monnaie locale, en franc CFA.

Ainsi, les réserves de change trouvent déjà leur contrepartie dans l'économie, sous forme de dépôts bancaires, ainsi que de billets et pièces en circulation. Leur utilisation pour les règlements des échanges extérieurs du secteur privé et le remboursement des échéances de la dette des États se traduit donc par un prélèvement sur les dépôts dans les banques (diminution des dépôts) ou un retrait de la circulation de billets en franc CFA (diminution de la circulation fiduciaire). C'est dire que les réserves de change ne constituent pas de nouvelles ressources accumulées ex nihilo qui pourraient être réinjectées dans l'économie.

Par ailleurs, nous avons essayé d'exploiter l'approche monétaire de la balance des paiements ou modèle Polak (1957), utilisé comme base théorique dans les programmes d'ajustement du FMI, pour déterminer l'impact du crédit intérieur sur les avoirs extérieurs nets. Elle suppose que tout rétablissement de l'équilibre de la balance des paiements implique une réduction du crédit intérieur, à travers ses deux composantes : crédit à l'État et crédit au secteur privé.

Le coefficient de POLAK (1957) permet ainsi d'évaluer la perte (ou le gain) de devises occasionnée par l'expansion (ou la réduction) du crédit intérieur. La perte des réserves serait d'autant plus importante que l'économie serait ouverte sur l'extérieur et faiblement monétisée. Nous avons indiqué dans le tableau ci-dessous les formules simplifiées de calcul et les résultats moyens obtenus pour l'UMOA sur la période 1971-2016.

Tableau 11 :
Coefficient de Polak dans l'UMOA, moyenne sur la période 1971-2016.

Degré d'ouverture (h = IMP /PIB)	Vitesse de circulation de la monnaie (v = PIB/M2)	Coefficient de Polak (p = hv/[1 + hv])
h = 0,30	v = 3,86	p = 0,532

Source : calculs de l'auteur.

Dans l'UMOA, une augmentation du crédit intérieur d'un milliard de francs CFA entraînerait en 2016 une perte de devises de l'ordre de 376 millions de francs CFA. Cette perte de devises était encore très importante au cours des années 1980. Elle s'est toutefois atténuée progressivement comme l'illustre le graphique ci-dessous, en raison essentiellement de la forte monétisation des économies de l'Union (masse monétaire/PIB) qui a plus que doublé, en passant de 17 % en 1971 à 42 % en 2016.

La mobilisation de réserves de change permet en premier lieu le financement de l'économie en augmentant la liquidité bancaire et la capacité financière de l'économie nationale. La perte de réserves de change se traduit ainsi par des contraintes dans la mise en place de nouveaux encours de crédits, ces derniers n'étant plus suffisamment couverts par des devises.

Graphique 3 :
Évolution du coefficient de Polak

Source : Calculs de l'auteur.

Les réserves sont donc très importantes aussi bien pour augmenter le financement de l'activité économique que pour assurer la couverture de la monnaie nationale. C'est pourquoi la BCEAO a mis en place un dispositif spécifique pour assurer le suivi du rapatriement des recettes d'exportations dans les États membres de l'UMOA. En outre, le respect de la réglementation des changes devrait permettre de limiter les autorisations d'ouverture de compte en devises à l'étranger au profit des entreprises exportatrices notamment d'or, de pétrole, de cacao, de coton...

IX.- RÉGIME DE CHANGE ET AUTONOMIE DE LA POLITIQUE MONÉTAIRE DE L'UMOA

La BCEAO dispose d'une autonomie pour conduire la politique monétaire, voir Kireyev (2014), Bationo (2015), Nenovsky (2002, 2014) et Veyryne (2007). Les arguments théoriques et empiriques en faveur de cette autonomie sont relatifs à la non-libéralisation du compte de capital, à la faible intégration du système financier dans les marchés financiers mondiaux et à la dimension des économies de l'Union.

En effet, selon *le triangle d'incompatibilité de Mundell* (Mundell, 1960), il y a incompatibilité entre une libre circulation internationale des capitaux, une politique monétaire autonome et un taux de change fixe. Les pays sont ainsi soumis à un choix entre deux des trois options disponibles : liberté de circulation des capitaux, taux de change fixe et politique monétaire autonome. Les pays de l'UMOA ont choisi le taux de change fixe et la politique monétaire autonome. Après le choix, les États se sont donné les moyens pour atteindre les objectifs visés.

Ainsi, le compte de capital n'est pas libéralisé dans les pays de l'Union. La réglementation des changes en vigueur limite les sorties de capitaux vers tous les pays n'appartenant pas à l'Union. Elle définit les procédures et les conditions dans lesquelles les mouvements de capitaux devraient être réalisés dans le cadre du compte de capital. En effet, le règlement R09 relatif aux relations financières extérieures des États membres de l'UEMOA restreint la liberté de mouvement de capitaux y compris pour les autres pays membres de la Zone franc, pour les opérations de domiciliation des exportations et de rapatriement du produit de leurs recettes, l'émission et la mise en vente de valeurs mobilières étrangères, l'importation et l'exportation d'or, ainsi que les opérations d'investissement et d'emprunt. Tous les transferts de fonds réalisés dans ce cadre sont soumis à des autorisations préalables sur la base de pièces justificatives bien définies. En outre, les recettes d'exportations devraient être obligatoirement rapatriées.

En revanche, le compte des transactions courantes est libéralisé, les pays de l'Union ayant adhéré à l'article VIII des statuts du FMI. Il n'y a donc pas de restrictions permanentes aux paiements ni de pratiques discriminatoires avec des accords de privilèges et des pratiques de taux de change multiples.

Le respect de ces dispositions n'exclut pas la justification des transferts de fonds notamment pour des questions de traçabilité et de dispositif anti-blanchiment.

Sur la base de la théorie du triangle d'incompatibilité (Mundell, 1960), la BCEAO mène une politique monétaire autonome. En considérant les critères directs relatifs aux instruments de politique monétaire (Veyrane, 2005 ; Nenovosky, 2013/2014), Nenovosky, Hritov et Mihaylov (2002)), elle dispose également d'une autonomie. En effet, la BCEAO fixe ses taux directeurs et les gère à travers un corridor sur le marché interbancaire. Elle décide des taux directeurs à partir de sa propre analyse de la conjoncture économique et des perspectives économiques de l'Union. La BCEAO mène ainsi depuis une longue période une politique monétaire autonome, accommodante qui permet à l'Union de maîtriser l'inflation et d'avoir de bons taux de croissance (d'au moins 6,5 %) depuis 2012.

À court terme, la BCEAO dispose d'une large autonomie dans la fixation de ses taux directeurs qui peuvent être inférieurs à ceux de la BCE. Certains crédits sont mis en place dans l'UEMOA à des taux effectifs globaux (TEB) inférieurs à ceux en vigueur dans la zone euro.

Toutefois, le maintien des taux directeurs de la BCEAO dans un horizon de long terme à un niveau inférieur à ceux de la BCE pourrait entraîner des fuites de devises à travers la liberté de mouvement de capitaux avec la zone euro dans le cadre des transactions courantes en vigueur dans l'UEMOA.

Par ailleurs, il convient d'indiquer qu'avec l'ampleur des capitaux flottants dans le monde, la théorie du triangle d'incompatibilité de Mundell (1960) est de plus en plus contestée. En effet, il n'y a pas de hiérarchie dans la classification des régimes de change, en termes d'appréciation de l'efficacité de la conduite de la politique monétaire dans un environnement de libre circulation des capitaux (Hélène Rey, 2014, 2015). L'afflux important des mouvements de capitaux internationaux limite l'autonomie monétaire dans les régions qui utilisent des taux de change flottants. Cette analyse est basée sur l'existence d'un cycle financier mondial de plus en plus influencé par les changements de politique monétaire de la Réserve fédérale des États-Unis (FED).

Lorsque la FED réduit ses taux d'intérêt, cela rend moins cher d'emprunter en dollars et les conditions mondiales de crédit s'assouplissent. En revanche, une hausse des taux d'intérêt de la FED entraîne une hausse des primes de risque. La politique monétaire de la FED affecte les conditions de crédit dans les pays qui ont des taux de change flexibles. Pour s'ajuster aux mouvements de capitaux, les devises flottantes sont tenues de procéder à une modification des conditions monétaires domestiques. Ces modifications ne proviennent pas de la conduite de leur propre politique monétaire, mais de l'action de la FED, ce qui limite l'autonomie théorique que leur concède le triangle d'incompatibilité de Mundell-Fleming.

CONCLUSION

Le régime de change du FCFA, monnaie commune de l'UMOA, est un arrimage conventionnel à parité fixe avec l'euro. La stabilité du taux de change a consolidé la confiance des agents économiques dans la volonté de la banque centrale de défendre la valeur de la monnaie commune. La BCEAO a ainsi assuré une gestion efficace de la politique monétaire, avec une compétence avérée et une discipline monétaire très rigoureuse, permettant ainsi aux économies de l'UMOA d'enregistrer une stabilité monétaire nonobstant les nombreux chocs exogènes.

La stabilité des prix dans l'Union a permis de renforcer la compétitivité des économies et de préserver l'alignement du taux de change sur les fondamentaux économiques.

La convertibilité du FCFA donne de la visibilité économique et attire les investissements étrangers. Cet attrait est renforcé par la garantie de convertibilité qui renforce la crédibilité de la politique monétaire et son efficacité. Les coûts de transactions sont fortement réduits et les revenus des exportations sont largement stabilisés. Une gestion plus facile de la dette extérieure libellée en euro est assurée sans risque de change.

Enfin, les économies de l'UMOA réalisent depuis 2012 des performances parmi les meilleures dans le monde grâce à leur stabilité monétaire. Une revue de la littérature théorique et empirique montre les effets positifs et bienfaisants de la stabilité monétaire pour la croissance et la réduction de la pauvreté. Cette forte croissance économique de l'UMOA est soutenue par la banque centrale à travers une politique monétaire accommodante (crédit à l'économie moins cher) et une politique de refinancement très favorable.

CHAPITRE III

POLITIQUE MONÉTAIRE DANS L'UMOA : OBJECTIFS, INSTRUMENTS, STRATÉGIE ET EFFICACITÉ

La monnaie a trois fonctions principales qu'il convient toujours d'avoir à l'esprit pour apprécier l'efficacité de la politique monétaire d'une banque centrale. Elle constitue premièrement un intermédiaire des échanges, à savoir une valeur échangeable contre tous les biens et services et un moyen de paiement servant d'intermédiaire comme moyen d'échange immédiat. Deuxièmement, la monnaie est une réserve de valeur ou d'épargne, car elle dispose d'une capacité de transfert du pouvoir d'achat dans le temps, garantie à court terme. C'est pourquoi la thésaurisation de la monnaie constitue le placement le plus liquide. Troisièmement, la monnaie est une unité de compte, à savoir un moyen standardisé d'expression de la valeur des flux et des stocks.

La stratégie de politique monétaire mise en œuvre par la BCEAO repose de nos jours sur l'utilisation des instruments indirects, en particulier les opérations d'open market, qui permettent notamment le pilotage des taux d'intérêt et la gestion de la liquidité bancaire.

Dans ce contexte de libéralisation des conditions de banque, la propagation des chocs de politique monétaire dépend fortement des structures financières. Le niveau de développement de celles-ci et leur rôle dans la diffusion des impulsions de politique monétaire sont déterminants dans l'évaluation des effets de la politique monétaire.

Dans l'UMOA, l'architecture institutionnelle du système financier est dominée par les banques commerciales. Quant au marché financier, il est en forte expansion et son rôle dans le financement de l'économie est en progression.

Nous présentons dans ce chapitre les faits saillants concernant la conduite de la politique monétaire, l'évolution des structures financières de l'Union et les principaux résultats obtenus sur le plan économique et financier.

I.- LES MUTATIONS DE L'ENVIRONNEMENT ET CONDUITE DE LA POLITIQUE MONÉTAIRE

Dans cette section, il s'agit de présenter les différentes étapes de l'évolution de la politique monétaire dans l'UMOA, les objectifs de la politique monétaire et les stratégies mises en œuvre par les autorités monétaires pour atteindre les objectifs visés.

I.1.- LES GRANDES ÉTAPES DE L'ÉVOLUTION MONÉTAIRE DE L'UMOA

L'évolution de la politique monétaire au cours de ces dernières décennies peut être découpée en plusieurs étapes.

- ***La gestion de la liquidité par des instruments directs***

De 1962 à 1975, la politique monétaire de la BCEAO était axée principalement sur des limites individuelles (montants de crédit fixés par entreprise), des autorisations de réescomptes en faveur des entreprises et des plafonds globaux de réescompte en faveur des banques. Ainsi, des limites quantitatives de crédit étaient appliquées pour les entreprises et les banques, avec des taux d'intérêt bas pour les secteurs d'activité prioritaires. Après plus d'une décennie de fonctionnement, il est apparu que les instruments en vigueur depuis 1962 ne pouvaient pas assurer le contrôle optimal de la liquidité et l'orientation sectorielle des crédits, afin de répondre aux impératifs de développement des États.

En outre, le maintien des taux d'intérêt à des niveaux bas par rapport à ceux qui prévalaient sur les marchés extérieurs avait eu des effets négatifs sur la collecte et la mobilisation de l'épargne intérieure. Ces insuffisances, conjuguées aux mutations du système monétaire international qui ont marqué le début des années 70, ont conduit à une profonde adaptation des instruments de politique monétaire et des règles d'intervention de la BCEAO pour tenir compte des bouleversements de l'environnement mondial.

- ***Le dispositif de politique monétaire de 1975***

La réforme de 1975 a été marquée par une gestion macroéconomique de la politique monétaire en remplacement de l'approche microéconomique prévalant jusqu'alors. Désormais, l'action monétaire visait essentiellement à ajuster la liquidité globale de l'économie, en fonction aussi bien de l'évolution de la conjoncture dans chaque État et dans l'Union, que des besoins de développement. Dans ces conditions, l'intervention de la BCEAO dans la régulation de la liquidité, par le volume de ses concours, se voulait plus flexible et plus active. La politique de la monnaie et du crédit visait également à favoriser l'intégration économique des États membres et à assurer une meilleure utilisation des ressources à l'intérieur de l'Union.

Pour assurer le contrôle de la liquidité de l'économie, l'Institut d'émission a été doté de deux instruments : le concours global et les réserves obligatoires. Cependant, la régulation du volume de la liquidité a été assurée jusqu'en octobre 1993 uniquement par l'instrument *concours global*. Cet instrument avait pour vocation d'assurer la cohérence entre l'évolution globale des sphères réelle et financière et celle des agrégats monétaires. En effet, il consistait à déterminer les niveaux des concours de la banque centrale et des banques commerciales aux économies en fonction notamment des évolutions attendues des secteurs réels : production des biens et services, prix, finances publiques et balance de paiements. Ainsi, la réforme de 1975 a permis de prendre en compte non seulement les évolutions attendues de la trésorerie des entreprises et des banques, mais également celle de l'ensemble de l'économie.

Par ailleurs, il a été mis en œuvre une politique sélective de crédit, dans l'objectif d'orienter les financements bancaires vers les secteurs jugés prioritaires au moyen d'un système d'autorisation préalable qui était exigée à partir d'un certain seuil, variable selon les pays. C'est ainsi que les schémas de commercialisation des produits agricoles de rente ont été mis en place pour faciliter le financement de la commercialisation (achats aux producteurs, stockage, égrenage) et l'achat des intrants (engrais, pesticides…). Enfin, pour assurer le maintien et une meilleure allocation des ressources intérieures de l'Union, il a été mis en place un marché interbancaire géré en partie par la banque centrale, afin de recycler les excédents de trésoreries dégagés par certains établissements de crédit vers ceux en déficit de ressources.

La politique des taux d'intérêt était marquée par l'institution d'un taux d'escompte normal dont le niveau devait être proche de celui en vigueur à l'étranger, et d'un taux d'escompte préférentiel dont le champ d'application était plus restreint. La mise en œuvre de cette politique s'est effectuée, dans une première étape, dans un environnement favorable, notamment jusqu'en 1978, période au cours de laquelle les orientations données à l'action monétaire étaient de concourir au financement des besoins du développement économique. Toutefois, à compter du début des années 1980, les évolutions défavorables de l'environnement n'ont pas permis de poursuivre cette phase d'expansion monétaire.

En outre, pour enrayer la détérioration sensible de la position extérieure de l'Union, les autorités monétaires ont été amenées à mettre en place une politique monétaire plus prudente. L'encadrement du crédit mis en œuvre, à cet effet, a permis de contenir l'évolution défavorable de la position extérieure. La situation du système bancaire a également été affectée par la dégradation de l'environnement économique et financier. Il en a résulté une forte détérioration des portefeuilles des établissements de crédit, qui s'est traduite par l'apparition et l'aggravation des soldes débiteurs des banques dans les livres de l'Institut d'émission. Cette situation qui a fortement entamé la confiance des opérateurs économiques dans le système bancaire a conduit la banque centrale à rechercher des solutions pour rétablir les bases d'une intermédiation financière saine au sein de la zone.

Dans ce cadre, les autorités monétaires ont mis en œuvre, à partir de l'année 1986, un important programme de restructuration du secteur, qui a impliqué les États, l'Institut d'émission, les établissements bancaires et financiers ainsi que les bailleurs de fonds. L'application de ce programme s'est traduite par une contribution importante de l'Institut d'émission, notamment dans le financement des besoins d'apurement des bilans bancaires.

- ***La réforme du dispositif de politique monétaire de 1989***

La fin des années 80 constitue un autre tournant dans la politique monétaire au sein de l'UMOA. En effet, le renforcement des mesures d'ajustement entrepris par les États s'est traduit par une libéralisation croissante des économies et la mise en œuvre de réformes structurelles qui ont rendu nécessaire une adaptation des instruments de la politique de la monnaie et du crédit aux évolutions de l'environnement.

À cet effet, des réflexions ont été menées avec la participation de l'ensemble des partenaires. Elles ont abouti à un réaménagement complet du dispositif de gestion de la monnaie et du crédit. Appliqué de façon graduelle depuis octobre 1989, le nouveau dispositif s'articule autour de trois exigences majeures :

- la réduction du rôle de la monnaie centrale (financement monétaire direct) au profit d'une mobilisation accrue de l'épargne intérieure à travers le marché financier ;
- l'abandon des mécanismes administratifs au profit de moyens d'action plus souples et plus incitatifs ;
- le renforcement de la surveillance bancaire avec notamment l'institution d'une structure supranationale de contrôle, la Commission bancaire de l'UMOA.

Après la mise en application de ce dispositif pendant une phase transitoire, les Autorités ont décidé de l'application à compter d'octobre 1993 du nouveau dispositif de gestion monétaire qui marque l'abandon total, par la banque centrale, des instruments de contrôle administratif. Désormais, seuls les mécanismes de marché sont mis en œuvre. Ce dispositif se compose des deux volets, à savoir le marché monétaire par adjudication d'enchères régionales et le système des réserves obligatoires.

Un régime des accords de classement (un système de notation financière simplifiée des entreprises pour apprécier la qualité de la signature) a été mis en place pour évaluer les titres privés admissibles aux guichets de la banque centrale en contrepartie des injections de liquidités.

La mise en œuvre depuis octobre 1993 de ce dispositif a permis d'atteindre des résultats probants. Elle a entraîné en particulier la restauration de la liquidité et de la solvabilité des établissements de crédit, induites par les mesures prises dans le cadre des programmes de restructuration du système bancaire.

La politique monétaire de la BCEAO a donc été l'objet d'une adaptation permanente, tenant compte de l'environnement économique et financier des États membres de l'UMOA.

I.2.- LA STRATÉGIE MONÉTAIRE DES BANQUES CENTRALES

Depuis la réforme de 1989, le dispositif de gestion de la monnaie et du crédit dans l'UMOA est basé sur des procédures de régulation de la liquidité privilégiant les mécanismes et instruments du marché. L'objectif final de cette politique monétaire demeure la stabilité des prix, en vue de sauvegarder la valeur interne et externe de la monnaie. La poursuite de cet objectif est en accord avec le souci de créer les conditions saines d'une croissance économique durable, favorisant le plein emploi et l'équilibre extérieur. Pour ce faire, la politique monétaire vise essentiellement à assurer un ajustement efficace de la liquidité bancaire ainsi que la promotion de l'épargne et son allocation optimale à l'intérieur de l'Union.

La réalisation d'un objectif de stabilité des prix requiert l'adoption d'une stratégie clairement définie, articulée autour de l'analyse globale des risques pesant sur la stabilité des prix, ainsi que de la fixation d'objectifs monétaires et d'une cible de taux de change.

La mise en œuvre de la stratégie de politique monétaire recouvre ainsi l'ensemble des instruments et procédures avec lesquels la banque centrale met en œuvre ses décisions de politique monétaire, en assurant le pilotage des taux sur le marché monétaire. Il s'agit surtout de la fixation des taux directeurs (taux minimum de soumission aux appels d'offres et taux du guichet de prêt marginal) et de coefficients des réserves obligatoires compatibles avec l'objectif de stabilité des prix. De manière pratique, le cadre comprend, à l'instar de la plupart des banques centrales, deux volets essentiels à savoir les taux d'intérêt et le dispositif des réserves obligatoires.

Ces instruments ont connu de profonds changements depuis bientôt quatre décennies, reflétant les modifications apportées aux orientations de la politique monétaire. Celle-ci tend désormais à s'appuyer principalement dans la régulation de la liquidité bancaire sur un maniement des taux d'intérêt, avec le soutien d'un système de réserves obligatoires.

En général, la stratégie monétaire des banques centrales comporte trois dimensions importantes, à savoir la fixation d'un niveau quantitatif de l'objectif d'inflation, le suivi de la conjoncture économique notamment d'indicateurs avancés et l'analyse monétaire basée principalement sur les agrégats de monnaie et les taux d'intérêt.

I.2.1.- La fixation des objectifs de la politique monétaire

La politique monétaire désigne l'ensemble des moyens mis en œuvre par une banque centrale pour agir sur l'activité économique par la régulation de sa monnaie. Elle contribue à atteindre les quatre principaux objectifs de la politique économique que sont la croissance économique, le plein emploi des facteurs de production, l'équilibre extérieur et la stabilité des prix.

Au plan théorique, un consensus se dégage de plus en plus pour attribuer à la politique monétaire un objectif principal de stabilité des prix et/ou de stimulation de la croissance économique. En effet, les instruments de la politique monétaire apparaissent plus efficaces pour atteindre ces deux objectifs, car la stabilité des prix est nécessaire à une croissance économique soutenue.

Les objectifs finaux n'étant pas directement sous le contrôle de la banque centrale, des objectifs intermédiaires contrôlables, rapidement observables et en forte corrélation avec les buts, sont ciblés, à savoir les agrégats de monnaie, les taux d'intérêt de court terme et les taux de change.

Pour les pays de l'UMOA, l'objectif principal de la politique monétaire de la banque centrale est d'assurer la stabilité des prix. Sans préjudice de cet objectif, la banque centrale apporte son soutien aux politiques économiques de l'UMOA, en vue d'une croissance saine et durable. À cet effet, il revient au Comité de Politique monétaire (CPM) de définir le niveau quantitatif de l'objectif d'inflation. Il apparaît clairement que la politique monétaire privilégie la croissance économique lorsque l'objectif d'inflation est atteint.

Pour assurer un policy-mix efficace, les objectifs de la politique monétaire s'inscrivent aussi dans le cadre de la convergence des performances et des politiques économiques des États membres par l'institution d'une procédure de surveillance multilatérale (Statuts de la BCEAO, 2010) et doivent soutenir l'intégration économique de l'Union, sans préjudice des objectifs qui lui sont assignés.

Par ailleurs, sur trois mois consécutifs, le rapport entre le montant moyen des avoirs extérieurs de la Banque et le montant moyen de ses engagements à vue (billets en circulation et dépôts des banques, des États et autres organismes dans les livres de la Banque) doit être supérieur à 20 %. Dans le cas contraire, le comité de politique monétaire de la BCEAO doit prendre toutes les dispositions appropriées pour le rétablir. Le taux de couverture de l'émission monétaire devrait donc être constamment au-dessus du seuil minimum de 20 % qui correspond plus à un seuil de déclenchement d'un processus de gestion de crise.

Au plan pratique, la définition du niveau quantitatif de l'inflation à viser en termes d'objectifs de la politique monétaire a nécessité des affinements. Les recherches et les études conduites au niveau de l'UMOA ont permis de situer le seuil de tolérance de l'inflation aux environs de 3 %. Au niveau de ce seuil de 3 %, la stabilité des prix est préservée et le taux d'inflation n'a pas d'impact négatif sur la croissance économique. Les agents économiques disposent de plus de lisibilité pour prendre leurs décisions pour investir ou consommer. La compétitivité extérieure des économies est préservée ainsi que le pouvoir d'achat des populations. Au regard de toutes ces considérations, le Comité de Politique monétaire de la BCEAO a décidé de fixer une cible de taux d'inflation de 2 %, avec une marge de plus ou moins 1 %, soit une plage de 1 % à 3 %.

Certains commentaires ont laissé croire que l'objectif d'inflation de la politique monétaire pourrait être porté à 8 % ou plus. Les études réalisées et les faits stylisés des économies de l'Union montrent que ce niveau d'inflation, loin du contexte et des réalités de la zone, se traduirait par des conséquences néfastes pour l'activité économique avec des distorsions importantes. Lors de la crise financière internationale en 2008, la montée des cours des produits alimentaires au plan mondial a eu des répercussions dans l'Union qui a enregistré un taux d'inflation de 7 %. Cette hausse des prix a eu une répercussion immédiate sur le pouvoir d'achat des populations entraînant des manifestations spontanées contre la vie chère et une tension sociale dans pratiquement tous les pays de l'Union. La définition de la stabilité des prix doit donc tenir aussi compte de la finalité de la politique monétaire qui demeure le bien-être des populations bénéficiaires.

I.2.2.- L'analyse économique dans la prise de décision

L'analyse économique évalue les facteurs déterminants à court et à moyen terme de l'évolution des prix. L'accent est mis sur les activités réelles et les conditions financières de l'économie. L'analyse économique tient compte du fait que l'évolution des prix à un horizon donné est largement influencée par l'interaction entre l'offre et la demande sur les marchés des biens, des services et des facteurs de production.

À cet effet, la BCE examine régulièrement les évolutions globales de la production, de la demande et de la situation sur le marché du travail. Une large gamme d'indicateurs de prix et de coûts des biens et services est aussi analysée ainsi que la politique budgétaire et la balance des paiements (BCE, 2016). À la Réserve fédérale des États-Unis, un accent particulier est mis sur les indicateurs du marché de travail notamment l'analyse de la productivité, des coûts salariaux, du nombre d'emplois créés et du taux de chômage (Beige book, 2016). Les données sur l'offre et la demande sont également examinées.

Dans plusieurs pays en développement (Nigeria, Afrique du Sud, Russie, BEAC...) où les matières premières agricoles, les produits miniers et les produits pétroliers sont prépondérants dans la structure économique, les banques centrales procèdent à une analyse des marchés de ces produits notamment l'orientation des prix à terme, les prévisions de la demande et de l'offre, ainsi que leur impact probable sur l'économie nationale (Central Bank of Nigeria, CBN, 2016).

La BCEAO s'inscrit aussi dans la dynamique des bonnes pratiques internationales. L'analyse économique est faite à travers des indicateurs avancés pour mieux apprécier les perspectives de croissances, les échanges extérieurs, les opérations financières des États membres de l'Union et les prévisions d'inflation (BCEAO, rapport trimestriel sur la politique monétaire, 2016).

I.2.3.- L'analyse monétaire dans la prise de décision

L'analyse monétaire s'appuie sur le lien à long terme entre la quantité de monnaie en circulation et les prix. Elle sert principalement à vérifier par recoupement les indications à court et à moyen terme pour la politique monétaire provenant de l'analyse économique. L'analyse monétaire consiste en une analyse détaillée des prix des actifs financiers, ainsi que des évolutions des agrégats de monnaie et du crédit, en vue d'évaluer leurs implications sur les perspectives d'inflation et de croissance économique.

Les prix des actifs financiers sont analysés pour mieux apprécier la courbe des taux d'intérêt sur le court, le moyen et le long terme. Ils donnent également des indications importantes sur les anticipations des agents économiques. Quant aux agrégats de monnaie, ils sont analysés en détail pour déterminer l'orientation sectorielle du crédit à l'économie, le niveau d'endettement des entreprises et des ménages ainsi que les risques potentiels. Les banques centrales examinent également l'impact prévisible des agrégats de monnaie et des taux d'intérêt sur l'atteinte des objectifs intermédiaires visés.

Il convient de préciser que les banques centrales disposent de plusieurs outils statistiques et économétriques (modèles DSGE, modèles macro-économétriques, modèles comptables avec des équations de comportement...) pour procéder aux prévisions et simulations économiques, en vue d'anticiper les comportements des agents économiques et l'évolution des marchés et de l'activité.

I.3.- MISE EN ŒUVRE DE LA POLITIQUE MONÉTAIRE : LES INSTRUMENTS ET LES PROCÉDURES

Les banques centrales disposent de deux principaux instruments pour la mise en œuvre de la politique monétaire. Il s'agit premièrement du coefficient des réserves obligatoires dont la modification permet d'agir sur la liquidité disponible au niveau des banques commerciales. Deuxièmement, c'est l'action sur les taux d'intérêt directeurs de la banque centrale qui lui permet de jouer sur les trois taux directeurs, à savoir le taux des opérations d'*open market*, le taux de facilité de prêt marginal et le taux de facilité de dépôt.

Le taux de facilité de dépôt est le taux d'intérêt auquel la banque centrale rémunère les réserves excédentaires des banques dans ses livres. Il reflète le taux d'intérêt débiteur le plus faible (moins cher) de la ressource sur le marché monétaire. Quand les réserves excédentaires ne sont pas rémunérées, le taux minimum de soumission aux appels d'offres ou le taux marginal de soumission aux appels d'offres (en cas d'absence de taux minimum) devient le taux d'intérêt débiteur le plus faible du marché monétaire.

La banque centrale privilégie un taux d'intérêt à court terme comme instrument de politique monétaire, car elle peut le contrôler avec plus de précision à travers l'offre de liquidité. Les autres taux d'intérêt du marché prennent en compte les anticipations des agents, au fur et à mesure que la maturité augmente.

I.3.1.- Les taux directeurs de la banque centrale

Les taux directeurs sont des taux d'intérêt à court terme déterminés par les banques centrales pour piloter la politique monétaire, à savoir contrôler la masse monétaire et réguler l'activité économique.

La politique des taux d'intérêt, outre son apport dans la mobilisation de l'épargne, contribue à l'allocation optimale des ressources financières à l'intérieur de l'Union. Elle s'appuie sur l'open market, la promotion du marché interbancaire et la libéralisation des conditions de banque.

L'évolution des taux d'intérêt tient compte des mutations intervenues dans l'environnement économique interne des États membres de l'Union et de la conjoncture financière internationale, notamment les innovations financières, la mondialisation accrue des marchés financiers et la vague de déréglementation des années 80 qui a conduit à un courant quasi général d'abandon des procédés de contrôle monétaire direct en faveur de politiques axées sur les mécanismes indirects de marché. Dans les pays industrialisés, toutes les banques centrales ont renoncé à l'utilisation d'instruments directs de contrôle de la monnaie ou du crédit du type encadrement de crédit, par exemple. Au demeurant, ces techniques sont inefficaces si la liberté des mouvements des capitaux est totale.

Le mode d'action est essentiellement l'intervention de la Banque Centrale sur le marché monétaire pour influencer le niveau du taux d'intérêt nominal à court terme et le volume de la liquidité bancaire. La politique des taux d'intérêt vise le pilotage des taux de court terme sur le marché monétaire. Ce pilotage des taux permet à l'Institut d'émission de viser la réalisation de l'objectif de stabilité des prix à travers l'utilisation des instruments de gestion de la liquidité. Il est assuré à travers les opérations d'open-market aux guichets de la banque centrale et le marché interbancaire, lieu de recyclage de la liquidité à court terme entre intervenants éligibles.

Le guichet de prêt marginal complète le dispositif en permettant aux banques (en conformité avec la réglementation prudentielle) d'avoir des ressources à leur propre initiative auprès de la banque centrale, mais au taux d'intérêt le plus élevé du marché monétaire.

À cet égard, la cible visée par le pilotage de la BCEAO concerne les taux d'intérêt interbancaires, qui conditionnent, par ricochet, le coût des ressources bancaires et celui du crédit à la clientèle bancaire. En effet, le marché interbancaire, par la souplesse de son fonctionnement, a vocation à être le volet privilégié du marché monétaire[3] sur lequel les établissements de crédit s'échangent les liquidités. Il est ainsi suivi, de manière rapprochée, par la Banque Centrale sur ses différents compartiments, en termes de volumes, de taux et de contreparties.

Les réformes mises en place en 1993 puis en 1996 (réforme de la procédure d'adjudication) ont visé à conférer aux taux d'intérêt un rôle central comme instrument de la régulation monétaire. La réalisation de cet objectif suppose un développement suffisant du marché interbancaire pour que ce dernier puisse jouer le rôle de premier maillon du canal de transmission des signaux de l'Institut d'émission en matière de taux d'intérêt.

Les taux directeurs de la BCEAO sont actuellement au nombre de deux :

- le taux minimum de soumission aux appels d'offres. Le taux des opérations d'open market (taux des appels d'offres) est un taux de refinancement qui représente le taux d'intérêt des liquidités empruntées par les banques commerciales auprès de la banque centrale. Il se décline suivant trois méthodes de calcul à savoir le taux minimum fixé par la banque centrale, le taux moyen pondéré et le taux marginal des soumissions. Le taux des appels d'offres est le principal outil de la politique monétaire pour influencer le volume des crédits dédié à l'économie.

En effet, les banques commerciales qui souhaitent augmenter leurs crédits à destination des entreprises, de l'administration publique et des

[3] / Le marché monétaire au sens large comprend les guichets de la Banque Centrale, le marché interbancaire et le marché des titres de créances négociables (TCN).

ménages deviennent emprunteuses aux taux d'intérêt des appels d'offres. Elles prêtent à leur tour à leurs clients à un taux plus élevé que celui de leur emprunt auprès de la Banque centrale ;

- le taux de prêt marginal (taux des prises en pension) ou taux d'escompte dans le système de la réserve fédérale des États-Unis. C'est le taux d'intérêt auquel les banques commerciales empruntent des liquidités, en apportant, en garantie, des créances (titres publics, billets de trésorerie, certificat de dépôts, etc.) qu'elles détiennent. Il s'agit là d'une facilité permanente, à la discrétion des banques, contrairement au taux des appels d'offres qui est appliqué à des opérations qui sont à l'initiative de la Banque centrale. La modification du taux de prêt marginal influence l'offre de crédit des banques commerciales et la demande de crédit de leurs clients, affectant ainsi la masse monétaire.

De façon opérationnelle, le pilotage des taux de la BCEAO est réalisé dans le cadre de la gestion active de la liquidité bancaire, à travers l'utilisation de guichets d'intervention de la Banque centrale : les guichets des opérations d'*open market* et les guichets permanents de refinancement (guichet de prêt marginal et guichet spécial de refinancement).

- ***Les opérations d'open market***

Les opérations d'*open market* permettent à la BCEAO d'effectuer régulièrement des opérations d'injection ou de ponction de liquidité. Elles servent à ajuster l'évolution à court terme de la liquidité bancaire et celle des taux d'intérêt suivant les impératifs de la politique monétaire. Leur finalité est de maintenir le taux interbancaire autour d'une valeur cible (Marston, 1996 et Laurens, 1997).

Les opérations principales d'*open market* de la BCEAO, effectuées sous forme d'enchères régionales par voie d'appels d'offres à taux variables, sont de fréquence hebdomadaire et d'une maturité de sept jours. La Banque centrale a également ouvert un guichet de fréquence mensuelle et d'une maturité de 28 jours pour le financement des besoins de plus long terme des banques.

Un taux minimum de soumission aux appels d'offres, fixé à 100 points de base en dessous du taux de prêt marginal (taux de pension) a été institué le 16 août 2008. Cet écart a été porté à 200 points de base à partir du 16 décembre 2016. Un taux marginal de chaque appel d'offres est déterminé par une procédure d'adjudication régionale à taux multiples.

La Banque centrale détermine le montant des ressources à mettre en adjudication, en fonction des variations prévisionnelles des facteurs autonomes de la liquidité (circulation fiduciaire, position nette du gouvernement, avoirs extérieurs nets).

Elle peut, en cas de besoin, organiser des adjudications périodiques à un taux fixe, annoncé à l'avance. Pour le retrait de liquidités, elle peut recourir à l'émission de bons BCEAO par voie d'adjudication ou effectuer des reprises en blanc (sans support).

- ***Les facilités permanentes de refinancement***

La Banque centrale a des guichets permanents de refinancement, susceptibles d'être utilisés à l'initiative des établissements de crédit. Il s'agit principalement du guichet de prêt marginal, qui porte sur une durée variant entre un (1) et sept (7) jours, et du guichet spécial pour une durée de trois (3) à douze (12) mois.

Sur ce dernier guichet, les refinancements sous forme de mise en pension sont adossés à des titres publics ou privés ayant une maturité plus longue, comprise entre cinq (5) ans et vingt (20) ans maximum. Ce guichet est mis en place pour accompagner les investissements qui nécessitent le plus souvent l'émission de titres à long terme.

Le taux applicable aux opérations sur les facilités permanentes est le taux du guichet de prêt marginal. En effet, ces opérations sont à l'initiative propre des banques en dehors des appels d'offres d'injection de liquidité de la Banque centrale (Marston, 1996, Laurens, 1997 et Hardy, 1997a). Au cours de la réunion de son Comité de Politique monétaire de décembre 2016, la BCEAO a augmenté d'un point de pourcentage à 4,5 % le taux du guichet de prêt marginal.

- ***Le corridor d'évolution des taux directeurs***

Le guichet des opérations d'*open market*, qui permettent à l'institut d'émission de réguler la liquidité bancaire à court terme, constitue par essence un guichet préférentiel pour les banques avec les taux d'intérêt les plus bas. En conséquence, les taux interbancaires, dans les conditions normales (la liquidité bancaire n'est pas fortement excédentaire), devraient être positionnés au-dessus du taux marginal des adjudications. Quant au taux de prêt marginal, il devrait se situer au-dessus des taux du marché interbancaire, car ce guichet a pour vocation de fournir des ressources aux banques remplissant les conditions requises, indépendamment de la régulation globale de la liquidité bancaire à l'initiative de la Banque centrale.

Toutefois, une marge étroite entre les taux débiteur et créditeur (un corridor étroit) limite les fluctuations du taux du marché monétaire et permet à la Banque centrale de bien piloter les taux du marché. Toutefois, une telle politique a plusieurs inconvénients.

Premièrement, la liquidité est injectée ou retirée du marché, plus à l'initiative des banques que de celle de la Banque centrale. Deuxièmement, un écart trop restreint entre les taux débiteur et créditeur peut décourager les opérations interbancaires et avoir des conséquences négatives sur le développement de ce marché.

Troisièmement, un écart trop faible entre les taux créditeur et débiteur réduit la capacité de la Banque centrale à extraire l'information sur les conditions de liquidité et les anticipations des activités sur le marché interbancaire.

Il en découle ce qu'il est convenu d'appeler une hiérarchie des taux que la gestion adéquate des opérations d'open market permet à la Banque centrale de maintenir, avec pour finalité de faire évoluer les taux du marché interbancaire à l'intérieur d'un corridor formé par une limite haute (taux de prêt marginal) et un plancher (taux marginal des adjudications ou facilité de dépôt). Cette articulation des taux d'intérêt suppose qu'une banque rationnelle ne peut détenir des liquidités excédentaires non rémunérées ni faire recours au marché interbancaire à des taux d'intérêt plus élevés que ceux offerts par la Banque centrale à son guichet de prêt marginal. Selon les pratiques observées, la plupart des banques centrales qui ciblent des taux d'intérêt effectuent leurs principales opérations au moyen d'un instrument qui leur laisse l'initiative et visent une marge de taux d'intérêt qui soit assez large pour encourager les transactions interbancaires (Hardy, 1997a ; Schaechter, 2000).

Le taux de référence retenu actuellement par la BCEAO comme premier maillon de la chaîne de transmission de la politique monétaire est le taux moyen pondéré des opérations de prêts interbancaires sur le compartiment à une semaine qui est le plus actif du marché interbancaire de l'Union. Ce compartiment totalise, en général, entre 40 % à 55 % du volume des opérations interbancaires. Cette périodicité hebdomadaire est également utilisée pour les opérations d'open market de la BCEAO.

Graphique 4 :
Corridor des taux directeurs de la Banque centrale

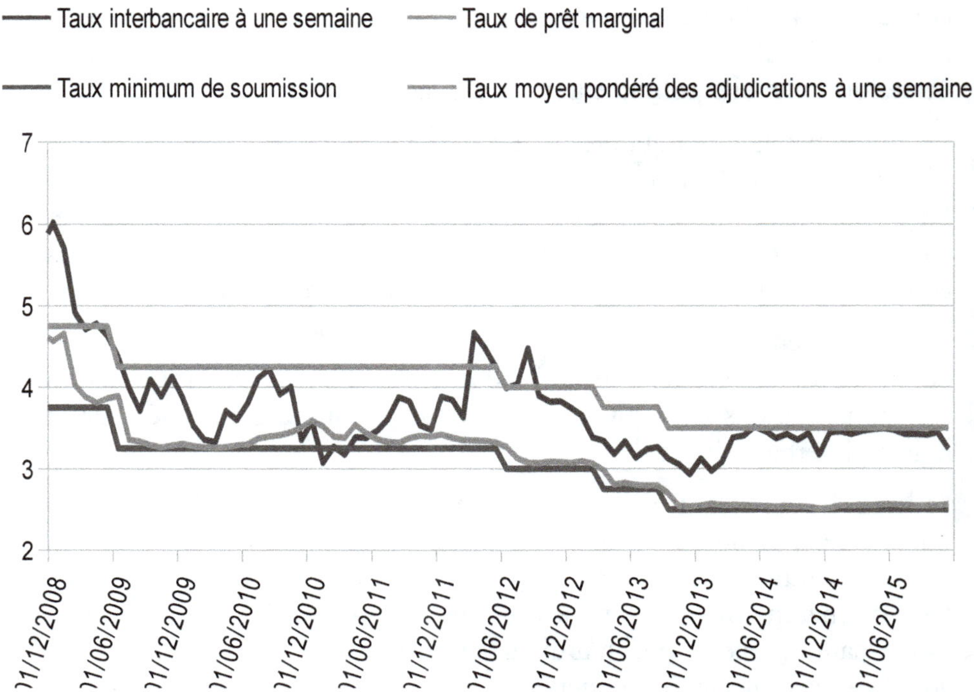

Source : BCEAO

I.3.2.- Les réserves obligatoires

Les réserves obligatoires sont des réserves financières que les banques centrales obligent les établissements de crédit à déposer auprès d'elles. Le système de réserves obligatoires a deux fonctions principales en vue de faciliter la régulation du marché monétaire, à savoir :

- contribuer à la stabilisation des taux d'intérêt du marché monétaire, les réserves étant constituées en moyenne sur une période donnée ;
- élargir la demande de monnaie de la Banque centrale, en créant ou accentuant un déficit structurel de liquidités sur le marché.

Il est donc destiné à compléter le dispositif de contrôle de la liquidité bancaire (Marston, 1996 et Laurens, 1997).

Traditionnellement, les réserves obligatoires proportionnelles, assises sur les dépôts, ont constitué un moyen de pression permanent sur la liquidité en Europe, notamment dans l'Union européenne, freinant le développement des crédits et facilitant la gestion journalière de la liquidité bancaire. Toutefois, au début des années 90, le mouvement s'est inversé.

En effet, la libéralisation progressive des mouvements de capitaux et l'intégration des marchés ont exercé une pression à la baisse sur le coefficient de réserves obligatoires dans les pays industrialisés. Les banques ont en effet entrepris de délocaliser certains de leurs dépôts vers des places financières soumises à des taux de réserves obligatoires plus faibles ou nuls.

Dans l'UMOA, la situation en a été tout autre. Pendant plusieurs années, la sous-liquidité du système bancaire, la précarité des bilans et comptes d'exploitation de plusieurs banques ont freiné l'utilisation active des réserves obligatoires comme instrument de politique monétaire. La modification de plusieurs facteurs, vers la fin des années 1980 et au début des années 1990, a rendu possible une utilisation active des réserves obligatoires en vue d'une meilleure régulation monétaire.

Le système de réserves obligatoires a été activé à la BCEAO à compter du 1er octobre 1993 pour compléter le dispositif de contrôle de la liquidité bancaire et d'expansion des crédits bancaires. Il s'applique aux banques et aux établissements financiers.

Dans la pratique, les coefficients de réserves obligatoires ont été initialement fixés de manière différenciée par pays en fonction de l'évolution de la conjoncture. Ils ont été progressivement uniformisés, en ligne avec la dynamique d'intégration du marché monétaire de l'Union. L'assiette a toujours été définie de manière uniforme, en considération des impératifs de la politique monétaire commune.

Les coefficients de réserves obligatoires appliqués ont été faibles et les réserves effectives ont nettement excédé pendant une certaine période les montants exigés, en raison de la surliquidité temporaire qui caractérisait le système bancaire après la dévaluation du franc CFA en 1994.

Toutefois, l'augmentation des emplois des banques et l'ajustement progressif des coefficients de réserves obligatoires ont permis d'absorber la surliquidité bancaire. Les banques sont donc devenues globalement déficitaires en liquidité, renforçant ainsi l'efficacité des instruments de politique monétaire.

Dans l'Union, l'assiette de calcul des réserves à constituer par les banques est composée :

- des dépôts à vue qu'elles ont collectés ;
- des crédits à court, moyen et long terme qu'elles ont octroyés. Certains coefficients comme ceux appliqués aux crédits à moyen et long terme sont nuls pour encourager les banques à la mise en place de ce type de crédit ;
- de leurs créances brutes sur l'extérieur.

S'agissant des établissements financiers assujettis, c'est-à-dire ceux distributeurs de crédit, autorisés à recevoir des dépôts du public et des établissements de financement de ventes à crédit, l'assiette est constituée de l'encours des crédits octroyés, déduction faite des concours obtenus auprès du système bancaire.

Les réserves obligatoires sont constituées par les banques sur une période mensuelle, allant du seize (16) de chaque mois au quinze (15) du mois suivant. Pour les établissements financiers assujettis, elles sont déterminées sur la base du trimestre civil. Pour permettre aux établissements assujettis d'assurer une gestion souple de leur trésorerie, la constitution des réserves est appréciée sur la base de la moyenne de leurs soldes en comptes ordinaires et de règlement sur la période définie. Il n'est pas fait obligation aux établissements concernés de maintenir chaque jour, un solde minimal en compte auprès de l'Institut d'émission. Chaque établissement s'organise en vue de détenir, sur une base moyenne durant la période définie, le minimum de réserves obligatoires requis.

Conformément à l'article 43 de la décision n° 397/12/2010 du CPM susmentionnée (BCEAO, 2010), en cas d'absence ou d'insuffisance de constitution des réserves obligatoires, des pénalités sont calculées sur la part non constituée des réserves exigées, au taux d'intérêt du guichet de prêt marginal en vigueur au début de la période de constitution, majorée de cinq (5) points de pourcentage.

En fonction des objectifs recherchés, la Banque centrale peut ajuster le niveau des réserves obligatoires, en agissant sur leur champ d'application (établissements assujettis), sur l'assiette de calcul ou sur les coefficients, de manière uniforme ou différenciée par pays.

À la pratique, le mode d'utilisation du dispositif des réserves obligatoires a consisté à différencier et moduler les coefficients (certaines rubriques peuvent avoir des coefficients nuls, à l'instar de la situation actuelle pour les crédits à moyen terme et long terme) des réserves exigées selon les États membres de l'Union, dans le but d'influencer les capacités d'octroi de crédit des banques, en fonction des chocs asymétriques localisés dans un ou plusieurs États, au regard notamment de l'évolution de la liquidité globale.

Les efforts d'uniformisation des coefficients de réserves obligatoires par la Banque centrale ont permis de ramener au taux unique de 5 % le coefficient de réserves obligatoires applicable à l'ensemble des banques de l'Union depuis le 16 mars 2012 et à 3 % à compter du 16 mars 2017. Cette uniformisation vise à assurer une égalité de traitement des banques dans un marché régional de plus en plus intégré et concurrentiel.

I.3.3.- Les politiques monétaires non conventionnelles

Avec la multiplication des crises financières, les banques centrales ont innové avec de nouveaux instruments « non conventionnels » pour faire face aux diverses difficultés financières.

Dans ce cadre, nous pouvons relever l'assouplissement quantitatif (*quantitative easing*) qui consiste à la création de monnaie par la Banque centrale pour acheter des titres de dette publique ou privée sur les marchés financiers. Cette approche a été utilisée par la réserve fédérale (FED) des États-Unis et la Banque centrale européenne (BCE) pour renflouer les banques commerciales en liquidité. Pour assurer une injection de liquidité de plus en plus importante sur le marché sans créer une trappe à liquidité, la Fed a décidé de rémunérer les réserves excédentaires des banques commerciales dans ses livres pour créer un taux d'intérêt minimum (plancher) du marché monétaire. Ce qui assure à toute liquidité supplémentaire une rémunération qui justifie l'intérêt des banques à y recourir. Toutefois, la courbe des taux d'intérêt à long terme s'aplatit rendant ainsi moins chères les ressources financières pour les investisseurs privés et l'État (Economist.com, 12 avril 2017).

L'assouplissement des conditions de crédit *(credit easing)* consiste au rachat directement par la Banque centrale des titres de dette privée (des crédits hypothécaires, des obligations d'entreprises, etc.). L'objectif principal visé est la relance de l'activité économique, en favorisant l'accès au financement des entreprises à des coûts moindres. La BCE a ainsi étendu son programme d'achats de titres à des obligations d'entreprises installées dans la zone euro (BCE, 2016).

Les taux d'intérêt négatifs ont également été utilisés. Ils consistent à l'application par la Banque centrale d'une politique de taux d'intérêt négatif sur les surplus de dépôts des banques commerciales (dépôts hors réserves obligatoires) auprès de la Banque centrale pour les inciter à utiliser ces dépôts pour financer l'activité économique. Elle se traduit de fait par une taxe sur les excédents de réserves des banques. Elle ne peut fonctionner qu'en cas de liquidités excédentaires des banques commerciales pour relancer le crédit à l'économie. C'est une mesure de politique monétaire de portée générale qui cible le taux d'intérêt de rémunération des dépôts des banques à la Banque centrale. Il convient de la distinguer des mesures réglementaires spécifiques prises par la Banque centrale pour pénaliser individuellement les dépôts excédentaires de certaines banques dans le cadre d'un meilleur fonctionnement du marché interbancaire.

Les banques centrales essaient de plus en plus d'exploiter les anticipations des agents économiques à travers les marchés financiers. Le forward guidance est le fait d'indiquer par avance sa future politique monétaire afin d'amplifier l'effet de sa politique sur les anticipations des marchés. Elle a des effets plus significatifs dans les pays où les marchés financiers ont un rôle important dans le financement de l'économie. C'est essentiellement une politique de communication des grandes banques centrales comme la réserve fédérale des États-Unis.

Enfin, la création de monnaie permanente (*helicopter money*) consiste à injecter de la monnaie Banque centrale directement dans l'économie, sans actif en contrepartie du bilan (à blanc ou des actifs dits fictifs tels que des dettes perpétuelles). Cette création monétaire pourrait être directement distribuée à la population ou transférée sur le compte du gouvernement. Dans la pratique, sa mise en œuvre ne s'est pas encore avérée opérationnelle. Toutefois, cette problématique correspond à un imaginaire collectif qui pourrait se demander pourquoi on ne fabrique pas assez de monnaie pour distribuer à tout le monde. Bien que la question trouve en partie sa réponse dans les mécanismes de transmission de la politique monétaire, les récentes politiques d'injection massive de liquidités monétaires dans l'économie mondiale militent pour une poursuite des réflexions.

Quant à la BCEAO, elle utilise essentiellement les deux instruments conventionnels pour la mise en œuvre de la politique monétaire : les taux d'intérêt directeurs et les réserves obligatoires. Les instruments non conventionnels de politique monétaire ne sont pas encore mis en œuvre.

I.4.- L'IMPORTANCE DE LA GESTION DE LA LIQUIDITÉ BANCAIRE

La liquidité bancaire se définit comme le cumul des avoirs des établissements de crédit détenu auprès de la Banque centrale. Il s'agit notamment des institutions financières qui ont accès au crédit de la Banque centrale ou disposent d'un compte auprès d'elle (Banque de France [1998], Banque centrale européenne [1999], Fry [Maxwell dans Bank of England Quarterly Bulletin de février 1999], Schaechter [2000] et BCEAO [2012]).

Les objectifs visés à travers une bonne gestion de la liquidité bancaire sont notamment :

- le pilotage du taux d'intérêt du marché interbancaire : les besoins de liquidités du marché doivent être correctement évalués et satisfaits par les autorités monétaires qui ont ainsi la possibilité d'influer sur l'évolution du taux du marché interbancaire pour l'établir à un niveau compatible avec le(s) taux directeur(s) ;
- la diminution des risques de crédit, de marché et de liquidité qui pourraient affecter le bilan des banques centrales. En effet, la précision des prévisions et des injections de la liquidité favorise un bon fonctionnement du marché monétaire et réduit, de ce fait, les risques bancaires ;
- le renforcement de la crédibilité de la Banque centrale dans la mise en œuvre de sa politique monétaire, dans la mesure où, par ses opérations d'*open market*, elle assure une régulation de la liquidité qui facilite le bon fonctionnement des opérations du système bancaire.

Ainsi, une bonne gestion de la liquidité bancaire consiste à assurer, avant tout, une projection précise, sur un horizon donné, de l'offre autonome de liquidité, en vue de bien satisfaire la demande de liquidité bancaire. La demande de liquidité des banques et l'offre autonome de liquidité (c'est-à-dire tous les facteurs de l'offre qui échappent à court terme au contrôle de la Banque centrale) peuvent être déterminées à partir du bilan de la Banque centrale.

Sur la base de l'écart prévu entre la demande et l'offre autonome de liquidité, la Banque centrale peut décider du niveau de liquidité à injecter sur le marché ou à en retirer. Le montant de liquidité à injecter sur le marché est donc toujours le résultat d'une décision de l'autorité monétaire et non celui d'une simple prévision.

En regroupant certains postes, le bilan simplifié de la Banque centrale se présente comme suit :

Actif	**Passif**
- Avoirs extérieurs nets (AEN)	- Circulation fiduciaire (CF)
- Position nette du Gouvernement (PNG)	- Réserves des banques (RB)
- Prêts aux banques/opérations d'open market (CB)	- Autres postes nets (APN)

Les facteurs autonomes de l'offre de liquidité sont les avoirs extérieurs nets, la position nette du gouvernement, la circulation fiduciaire et les autres postes nets. La demande de liquidité des banques recouvre la demande de réserves obligatoires (exigées par la Banque centrale) et celle de réserves excédentaires (pour des motifs de paiement et de précaution), (voir David Marston [1996] et Laurens [1997]). La prévision de la liquidité sert donc à consolider l'information sur la situation de liquidité escomptée et à éviter une instabilité excessive que rien ne justifie. La publication des prévisions de liquidité n'est pas conseillée lorsque les marchés monétaires interbancaires sont inefficients et compartimentés.

Généralement, une Banque centrale est créancière nette du système bancaire. Elle contrôle un taux de refinancement auquel les banques lui empruntent des liquidités. Une manipulation de ce taux affecte directement le volume de refinancement des banques à la baisse en cas de hausse de ce taux et inversement dans le cas contraire. Simultanément, dans un univers concurrentiel, ceci amène les banques à modifier les taux sur les crédits offerts et les dépôts collectés.

Toutefois, en présence d'une surliquidité bancaire (lorsque le système bancaire dispose globalement de liquidité suffisante pour assurer ses opérations et les réserves obligatoires), les taux directeurs cessent de représenter le coût marginal de la liquidité centrale et commencent plutôt à jouer le rôle de taux marginal de rendement. Dans cette situation, les opérations de mise en pension et d'émissions de titres de la Banque centrale deviennent théoriquement une forme de placement parmi d'autres, sans aucune obligation pour les banques commerciales de souscrire.

Aussi, en situation d'une liquidité excédentaire des banques, la sensibilité de leur offre de crédit par rapport au taux d'intervention de la Banque centrale devient plus hypothétique. Les tentatives de la Banque centrale pour influencer l'expansion du crédit à travers des ponctions (ou injections) de liquidité, des relèvements du taux directeur ou l'augmentation des coefficients de réserves obligatoires ne produiront pas tous les effets escomptés.

Dans le cas des pays de l'UMOA, les politiques d'assainissement, de privatisation et du changement de la parité de la monnaie en 1994 ont conduit à une surliquidité temporaire des banques, c'est-à-dire à une situation d'endettement net de la Banque centrale à l'égard des banques commerciales, Pinto N. (1998). Une étude du FMI (Alexander, Balino et Enoch, 1995) montre que le problème de la surliquidité bancaire a été un point commun d'un grand nombre de pays en développement notamment au début d'une période de réforme monétaire. Ce « syndrome d'excès de liquidité » tiendrait, selon Nissanke et Aryeetey (1997), à trois raisons :

- les facteurs conjoncturels tels que les dévaluations ou les chocs sur les termes de l'échange ;
- le manque d'opportunités d'investissements qui freine le développement du marché financier ;
- les coûts élevés de l'intermédiation financière qui ne sont pas couverts par un spread normal de taux d'intérêt et qui contribuent à un comportement passif des banques.

La solution apportée par la BCEAO à la problématique de la surliquidité bancaire a été très efficace, au regard de l'ampleur du déficit actuel de liquidité du système bancaire de l'UEMOA (environ 3.000 milliards). Elle a utilisé un système d'adjudication des bons au cours des années 1995 et 1996 après le changement de parité, renforcé par un relèvement des coefficients de réserves obligatoires. Les nouvelles mises en place de crédit en faveur du secteur privé et de l'État ont également joué un rôle fondamental. Le développement des emplois des banques a été plus important que leurs ressources, entraînant un déficit structurel de liquidité. Ainsi, la surliquidité a été résorbée et les banques sont revenues « en banque », c'est-à-dire qu'elles sont structurellement en situation de déficit global de liquidité.

Graphique 5 :
Évolution de la position structurelle de liquidité des banques

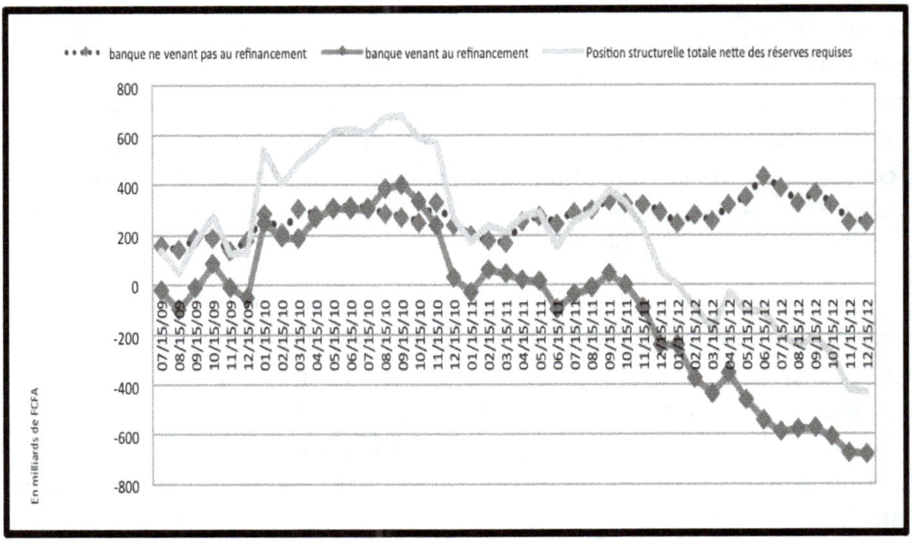

Sources : Rapports CPM, www.bceao.int.

Le recours des banques commerciales au refinancement de la Banque centrale pour faire face à leurs besoins de liquidité a atteint des montants d'environ 13,4 % des emplois des banques en 2017, niveau comparable à celui d'autres pays de rang similaire.

Les banques de l'UMOA sont donc en banque. Une segmentation du marché bancaire laisse apparaître un déficit de liquidité plus prononcé notamment pour les banques ayant recours au refinancement de la Banque centrale. Cette évolution de la liquidité bancaire améliore l'efficacité des instruments de politique monétaire.

II.- L'ARCHITECTURE DU SYSTÈME FINANCIER DANS LES PAYS DE L'UMOA

L'architecture financière dans l'Union Monétaire Ouest-Africaine (UMOA), semblable à celle de nombreux pays en développement, est composée d'établissements bancaires et financiers, d'un marché financier régional et d'un réseau d'institutions de microcrédits et d'épargne appelées Structures de financement décentralisées (SFD). Les services financiers numériques connaissent également une forte progression. Le système bancaire demeure le principal acteur de par le volume comparatif des ressources financières qui y sont exploitées.

II.1.- LE SYSTÈME BANCAIRE DE L'UMOA

Le système bancaire[4] des États membres de l'UMOA, à l'image du système monétaire contemporain, est caractérisé par une hiérarchisation faisant apparaître au sommet de la pyramide la Banque centrale (ou banque de premier rang) en dessous de laquelle figure le Trésor public qui joue le rôle de banquier de l'État. Ensuite viennent les banques commerciales parfois appelées banques de second rang. Ces différents organismes bancaires contribuent à un titre ou à un autre à la création de la monnaie.

II.1.1.- La Banque Centrale des États de l'Afrique de l'Ouest (BCEAO)

De façon générale, et au moins statutairement, une Banque centrale assure une triple fonction permettant de la distinguer des autres organismes bancaires. Tout d'abord en tant qu'institut d'émission, elle émet une monnaie appelée monnaie centrale (ou monnaie légale) qui peut se présenter sous diverses formes concrètes : billets et pièces détenus par le public et les autres banques (commerciales), dépôts de ces banques. De ce fait, elle est à l'origine de la circulation fiduciaire.

---

[4] Par système bancaire, il est fait allusion à l'ensemble des banques et des établissements financiers.

Ensuite, elle assure la fonction de banque des banques et, dans ce cadre, réglemente, supervise leurs opérations et veille à leur solvabilité de concert avec le gouvernement. Elle ouvre un compte à chacune des autres banques et leur sert ainsi de chambre de compensation.

Par ailleurs, elle assure le refinancement des banques commerciales, surveille l'évolution de la distribution du crédit intérieur, régule l'usage de la monnaie par le biais du taux directeur et centralise un certain nombre d'informations sur les agents économiques. Elle est à l'origine de la politique monétaire.

La Banque centrale se charge aussi de la gestion des réserves de change (devises, or et Droits de Tirages Spéciaux) du pays. Elle assume essentiellement une mission d'intérêt général non soumise à la recherche systématique du profit commercial. De ce fait, elle tient fondamentalement compte, dans l'ensemble de ses interventions, des conséquences macroéconomiques de la politique monétaire.

- ***Principale fonction de la Banque Centrale des États de l'Afrique de l'Ouest (BCEAO)***

Établissement public de droit international, la BCEAO exerce le pouvoir de l'émission monétaire, met en œuvre la politique monétaire commune, joue le rôle de banque des banques commerciales et des trésors nationaux, organise la surveillance de l'activité bancaire et enfin gère les relations monétaires avec le Trésor français et le Système européen de Banques Centrales dans le cadre de la parité fixe conventionnelle qui lie le franc CFA à l'euro (BCEAO, 2010).

Concernant la première fonction, la BCEAO émet des signes monétaires, billets et pièces de monnaie, qui ont cours légal et pouvoir libératoire dans l'ensemble des États membres de l'Union. La création, l'émission et le retrait des signes monétaires sont décidés par le Conseil des ministres de l'UMOA.

En outre, de par ses statuts, la BCEAO consent des concours en faveur des banques et établissements financiers autorisés à exercer dans les États membres de l'Union. Ces concours peuvent prendre les formes suivantes :

- achat, vente, prise en pension ou en gage, prêt ou emprunt d'effets ou valeurs éligibles à ses opérations de refinancement ;
- crédits directs accordés aux établissements assujettis éligibles.

Outre ces concours, les autres interventions de la BCEAO en faveur du système bancaire portent essentiellement sur les opérations ci-après :

- organisation du marché monétaire ;
- prise de participation au capital d'organismes ou d'établissements dont l'activité présente un intérêt général pour un ou plusieurs États de l'Union. Toutefois, la tendance est à la sortie du capital des banques pour des questions de transparence et de gouvernance ;
- exécution des transferts scripturaux pour le compte des trésors et des établissements de crédit ;
- centralisation des incidents de paiements recensés par les établissements de crédit ;
- organisation et gestion des chambres de compensation du système bancaire ;
- organisation et surveillance de l'activité bancaire.

II.1.2.- Le Trésor public

Le Trésor public ou banque de l'État est un service du ministère des finances chargé de la gestion des ressources financières de l'État (Bationo, 2015). À ce titre, il exerce les fonctions majeures ci-après :

- en tant que caissier de l'État, le Trésor public reçoit les recettes et exécute les dépenses dans le cadre du budget national ;
- en tant que banquier de l'État, il émet la monnaie scripturale des comptes des chèques postaux (CCP) ; ainsi, crée-t-il de la monnaie comme toute autre banque et collecte les dépôts des particuliers ;
- en tant que préteur et emprunteur au nom de l'État, le Trésor peut accorder des prêts aux entreprises publiques (et parfois privées, sous certaines conditions) en vue de faciliter leurs investissements ou encore pour les renflouer en cas de difficultés. En cas de déficit du budget de l'État, le Trésor peut emprunter (bons et obligations), soit auprès du marché intérieur, soit auprès de sources extérieures de financement ;
- enfin, il gère la dette publique et procède aux remboursements échus.

La plupart des États membres de l'UMOA en disposent et la situation de chacun de ces Trésors nationaux reflète la situation budgétaire intérieure, elle-même largement tributaire de l'évolution économique très fluctuante des différents pays. Pour une union monétaire comme l'UMOA, il est nécessaire de disposer d'outils de coordination de l'activité budgétaire des Trésors nationaux, en vue de renforcer le police-mix entre la politique monétaire commune et les politiques budgétaires nationales.

II.1.3.- Les banques commerciales

Les banques ont pour fonction principale la collecte de l'épargne et la mise en place des crédits pour financer les agents économiques. Elles jouent un rôle d'intermédiation financière entre les emprunteurs (en besoin de ressources) et les prêteurs (en disponibilité de ressources), en exploitant leur connaissance du marché et leur relation privilégiée avec les agents économiques. Pour ce faire, les banques assument le risque de transformation des dépôts pour rendre leurs termes compatibles avec les délais des agents en besoin de financement. Les banques ont donc un rôle déterminant dans l'allocation des ressources financières et la sélection des projets à financer. Elles participent également à la création monétaire.

Le secteur bancaire est la composante clé du système financier dans l'UMOA. Par conséquent, il est susceptible de jouer un rôle important dans le processus de transmission de la politique monétaire. Les banques de l'Union ont connu une évolution marquée surtout par la crise économique et financière des années 80. Cette crise a nécessité l'intervention de l'État et de la Banque centrale pour sauvegarder la stabilité du système. Ceci a permis un retour à une intermédiation bancaire plus saine et une privatisation des banques avec une participation croissante des investisseurs étrangers. En outre, depuis la dévaluation de 1994, on a assisté à une forte reconstitution de la liquidité des banques. Les banques sont donc un acteur important dans la transmission des impulsions monétaires. C'est pourquoi nous présentons les principales transformations du secteur.

- ***Les réformes du système bancaire à la fin des années 1980 dans l'UMOA***

Le système bancaire était caractérisé dans les années 70 par une forte présence de l'État et de la propriété étatique (banques nationales de développement). Plus généralement, le secteur bancaire de l'Union présentait les traits caractéristiques suivants : une prédominance de l'État, un encadrement du crédit et des critères administratifs pour l'octroi des crédits. C'est le lieu de rappeler que les grands projets d'investissement bénéficiaient d'importants crédits à des taux d'intérêt faibles pour faciliter la diversification et la transformation structurelle des économies (BCEAO, 2016). Ce rappel est important pour ceux qui préconisent de nos jours un recours systématique aux banques nationales de développement avec une prépondérance de capitaux publics pour le financement des économies de l'Union. Cette approche a déjà été pratiquée dans l'Union sans obtenir les résultats escomptés.

Dans les années 70, le système financier comprenait les banques commerciales privées avec 53 % du capital social du système financier, les banques de développement avec 31 % et les établissements financiers avec 16 % (BCEAO, 2000). Suite à la crise bancaire des années 80, liée essentiellement à l'importance des crédits en souffrance, la privatisation du système financier a été engagée avec notamment la cession des parts de l'État. Globalement, les banques commerciales, dominées dans l'ensemble des États par les grandes banques internationales, se sont renforcées pour représenter près de 85 % du capital du système financier au début des années 90.

Les banques nationales de développement, avec l'État comme actionnaire largement majoritaire, ont été le plus souvent victimes des ambitions des États de vouloir financer certains secteurs d'activité « dits stratégiques », mais à haut risque ou à rendement faible ou différé, sans garanties suffisantes comme les campagnes de production et de commercialisation agricoles, soumises aux aléas climatiques. C'est ainsi que l'ensemble des pays de l'UMOA ont vu leurs banques nationales de développement (B.N.D) disparaître progressivement. La crise bancaire et les réformes qui ont été mises en œuvre ont entraîné la rétrocession au secteur privé ou la liquidation de la plupart des banques sous le contrôle des pouvoirs publics.

- ***Les transformations récentes du secteur bancaire***

La restructuration bancaire de la fin des années 80 a entraîné de nombreux changements (Meisel et Mvogo, 2007). Au niveau des changements structurels, il est constaté, premièrement, le renforcement de la supervision et la création d'un cadre réglementaire approprié. Les activités du système bancaire de l'UMOA sont désormais régies par un ensemble de recueils de textes et de règlements, au nombre desquels la Loi bancaire de l'Union, entrés en vigueur le 1er octobre 1990[5]. Ces textes distinguent deux catégories d'établissements de crédit (les banques et les établissements financiers) et précisent leurs modalités d'organisation.

Aussi, existe-t-il un principe dit d'agrément unique (janvier 1999) qui autorise un établissement de crédit dûment agréé dans l'un des États membres de l'UMOA, à exercer ses activités dans les autres États membres sans avoir à solliciter un nouvel agrément. Ce qui constitue une innovation majeure pour favoriser le développement du système financier et une bonne couverture de l'espace communautaire par les banques. Toutefois, cette facilité offerte aux banques ne devrait pas être détournée de son objectif initial à savoir contourner l'indispensable nécessité de renforcer les fonds propres des filiales des groupes bancaires installés dans les différents pays membres de l'Union.

Deuxièmement, en raison de leur rôle, les grandes banques commerciales ont été recapitalisées. Le plan de renflouement des principaux établissements assujettis a été efficace. Pour permettre l'assainissement des bilans bancaires, les autorités de l'Union ont lancé le processus de privatisation après le renflouement du secteur à la fin des années 80. Ce processus s'est soldé par un accroissement dynamique de la participation étrangère dans le capital des banques commerciales favorisant ainsi l'implantation de grands groupes internationaux dans le système bancaire et financier.

Troisièmement, la réforme institutionnelle de l'UMOA de l'année 2010 a permis la révision de l'ensemble des textes réglementaires régissant le système bancaire et financier de l'Union en vue de le consolider et d'améliorer sa gouvernance. Le dispositif prudentiel est désormais conforme aux normes internationales et la supervision est basée sur les risques. Le capital social de base des banques a été relevé pour le porter à 10 milliards de francs au 30 juin 2017 après une phase intermédiaire de 5 milliards. Cette

---

[5] Il y a notamment : le dispositif de supervision prudentielle, le dispositif de régulation de la liquidité, la réglementation des titres de créances négociables, le suivi du crédit et des risques, la réglementation des relations financières extérieures, la réglementation des instruments et moyens de paiement et les textes relatifs à la lutte contre le blanchiment de capitaux et le financement du terrorisme. Pour plus de détails, voir le site internet de la BCEAO : *http://www.bceao.int/*

opération a favorisé un apport important d'investissements directs étrangers dans le secteur financier qui s'est placé en troisième position après les secteurs des mines et des télécommunications (BCEAO, 2013).

La Commission bancaire de l'UMOA, présidée par le Gouverneur de la BCEAO, assure la supervision des banques et établissements financiers depuis 1991. Cette approche de supervision régionale, très efficace, vient d'être adoptée par les États membres de la zone euro pour gérer les conséquences de la crise financière internationale de 2008, notamment la supervision des banques de taille systémique par la Banque centrale européenne (BCE).

Le système bancaire de l'Union compte cent trente-sept (137) établissements de crédit agréés (122 banques et 15 établissements financiers) au 31 décembre 2015. Les emplois et les ressources des banques ont fortement augmenté et l'activité bancaire demeure fortement bénéficiaire dans l'Union.

Tableau 12 :
Indicateurs d'approfondissement financier de l'UMOA (% PIB)

Années	**1991**	**1993**	**1995**	**2000**	**2006**	**2012**	**2014**	**2015**
Total du bilan des Établissements de crédit (Actif)	25,6	25,0	27,0	28,3	33,5	41,2	48	52,9
Crédits à la clientèle	28,9	27,5	21,4	19,6	18,5	27	26,1	28
Dépôts et emprunts	16,4	15,8	16,6	16,3	18,9	29,3	32,2	35,3
Masse monétaire (M2)	25,7	24,9	23,8	22,6	27	35,5	38,4	40,6
Taux d'investissement	13,0	11,7	17,1	16,0	16,9	22,3	24,4	24,9
Nombre de banques	66	59	55	64	95	106	118	122
Nombre d'établissements financiers	27	26	25	28	21	13	14	15
Nombre de guichets permanents	516	476	412	532	652	2010	2306	2430

Sources : Rapports de la Commission bancaire et rapports annuels de la BCEAO, www.bceao.int.

Le marché du crédit joue un rôle très important dans le financement de l'activité courante et de l'investissement des entreprises. D'après les données disponibles, 88 % des entreprises formelles sont partiellement ou entièrement dépendantes du crédit bancaire pour l'activité courante et 93 % pour l'activité d'investissement en 2015. Par ailleurs, le pourcentage des entreprises formelles recourant au crédit bancaire s'est accru, passant de 80 % en 1995 à plus de 96 % en 2015. Le crédit à moins de deux ans demeure prépondérant avec plus de 60 % des nouveaux concours mis en place, en relation avec les importants besoins de trésorerie des entreprises.

II.2.- LE MARCHÉ FINANCIER RÉGIONAL

Le marché financier est une institution sous-régionale à laquelle participent les huit pays membres de l'UMOA. Il a été mis en place en 1996 à Abidjan. C'est un projet conduit par la BCEAO. Le marché financier régional comprend un pôle public et un pôle privé. Le pôle public concerne le Conseil régional de l'épargne publique et des marchés financiers (CREPMF) qui assure la supervision et la régulation du marché. Le pôle privé est composé des structures centrales du marché (Bourse régionale des valeurs mobilières [BRVM], Dépositaire central/Banque de règlement) et des acteurs agréés (Sociétés de Gestion et d'Intermédiation [SGI], Sociétés de Gestion de Patrimoine, Sociétés de Gestion d'OPCVM [Organismes de Placement collectif en valeurs mobilières], les garants, les agences de notation...).

II.2.1.- L'activité de la bourse régionale des valeurs mobilières

La BRVM a commencé ses activités en 1998 pour répondre de façon transparente, efficiente et harmonisée aux nombreux besoins de financement des économies de l'Union, notamment ceux des États et des entreprises privées.

Tableau 13 :
Principaux indicateurs de la BRVM

	2007	2008	2009	2010	2011	2012	2013	2014	2015	2016
Indice BRVM 10	224,9	192,1	143,6	183	158,5	184	246,3	267,5	290,4	262
Indice BRVM Composite	199,5	178,2	132,1	159,1	138,9	166,6	232	258,1	303,9	292,2
Capitalisation totale (milliards FCFA)	4304	3852	3331	3929	3875	4863	6076	7459	9079	10215
Capitalisation totale/PIB (%)	14,9	11,9	9,8	10,7	9,9	11,3	13,2	15,1	17	17,6
Marché des actions (milliards FCFA)	3726	3337	2808	3471	3117	4031	5633	6320	7500	7706
Marché des obligations (milliards FCFA)	578	515	523	458	698	832	1073	1139	1579	2509
Volume des transactions (millions titres)	11,1	42,9	31,7	31,6	21,9	40,9	65,7	111,4	114	195
Valeur des transactions (milliards FCFA)	87,5	231	111,3	111,2	81,3	145,8	193,5	227,1	336	409
Nombre de sociétés cotées	38	39	38	39	39	37	37	38	39	43
Nombre de lignes obligataires	28	29	31	33	28	29	35	33	36	36

Sources : CREPMF, rapports annuels.

Les indices de référence de la BRVM ont presque triplé par rapport à l'année de base 100 des indices en 1998. L'indice « BRVM 10 » qui regroupe les dix valeurs les plus actives est ressorti à 262 points au 31 décembre 2016. Quant à l'indice « BRVM Composite » qui regroupe l'ensemble des titres côtés, il a suivi la même évolution pour se chiffrer à 292,2 points au 31 décembre 2016 (CREPMF, 2016).

La capitalisation totale du marché a progressé pour s'établir à 10.215 milliards au 31 décembre 2016, soit environ 17,6 % du PIB de l'Union. Cette performance est liée à l'amélioration des cours des actions et à l'introduction de nouvelles entreprises et lignes obligataires à la cote de la BRVM. Des marges substantielles de progrès existent au regard de la capitalisation boursière de certaines places africaines comme Lagos au Nigeria (21 % du PIB) et Accra au Ghana (41 % du PIB).

II.2.2 — Le marché des titres de la dette publique de l'UMOA

Pour répondre aux besoins de financement des Trésors publics, un marché régional des titres publics a été créé en 2001 par le Conseil des ministres de l'UMOA sur proposition de la BCEAO. Il fait partie intégrante du marché régional des valeurs mobilières. Il porte sur les bons et obligations du Trésor dont l'émission se fait par voie d'adjudication avec le concours de la Banque centrale. La mise en place du marché régional de la dette publique comporte trois enjeux majeurs, à savoir :

- la modernisation de la gestion de la dette des États avec de nouvelles modalités, plus souples et modernes, de couverture de leurs besoins de trésorerie ou de financement des investissements ;
- l'accroissement de l'efficacité de la politique monétaire par la disponibilité d'un gisement de titres, indispensable pour la mise en œuvre de la politique d'open market de la Banque centrale ;
- la diversification des produits d'épargne offerts aux investisseurs institutionnels.

Au regard de l'ampleur des besoins de financement liés aux ambitieux programmes d'investissements publics des États membres de l'Union, le développement et l'approfondissement du marché régional de la dette publique sont devenus un enjeu stratégique.

En effet, malgré sa forte croissance, le marché restait confronté à des difficultés. C'est ainsi que la BCEAO a engagé des réflexions pour améliorer la coordination entre les États intervenant sur un même marché, mieux planifier les émissions par les Trésors nationaux, rendre dynamique le marché secondaire, renforcer les capacités des acteurs, rendre disponibles les informations sur les émetteurs et diversifier la base des investisseurs.

Pour surmonter ces contraintes, la BCEAO a conduit à terme le projet de création d'UMOA-Titres en 2014. UMOA-Titres a vocation à assister les États membres dans la mobilisation de ressources sur les marchés de capitaux, nécessaires au financement de la croissance à des coûts maîtrisés et en conformité avec les exigences de soutenabilité de la dette. Plus spécifiquement, son action porte sur :

- l'assistance dans l'élaboration des stratégies d'émissions et la coordination des différents programmes nationaux d'émissions ;
- la promotion des titres de la dette publique auprès des investisseurs nationaux, régionaux et internationaux en vue de l'élargissement de la base des investisseurs ;
- la gestion opérationnelle des émissions des titres sur le marché par adjudication ;
- l'accompagnement des États dans les émissions sous-régionales et internationales ;
- le renforcement des capacités des intervenants ;
- la définition d'un cadre de gestion des risques de marché pour les différents pays de l'Union.

Tableau 14 :
Encours des titres publics de l'UMOA (bons et obligations) (en milliards)

	2009	**2010**	**2011**	**2012**	**2013**	**2014**	**2015**	**2016**
Bénin	251,6	243,9	420,1	391,6	363,4	451,4	814,8	1011,3
Burkina Faso	122,0	185,3	251,9	268,8	313,5	401,8	460,6	641,7
Cote d'Ivoire	387,4	796,5	879,5	1148,3	1629,7	2242,5	2542,0	3322,7
Guinée-Bissau	6,7	0,0	0,0	0,0	10,0	25,0	26,0	40,3
Mali	85,4	103,9	172,0	213,7	230,1	405,7	590,5	909,7
Niger	16,6	36,6	46,6	56,1	71,1	200,7	313,7	461,0
Sénégal	323,6	496,4	714,5	782,9	819,0	943,0	1149,2	1472,5
Togo	62,2	84,3	117,1	162,9	307,0	373,0	491,7	762,1
UEMOA	**1255,7**	**1946,9**	**2601,7**	**3023,9**	**3743,9**	**5043,2**	**6388,5**	**8621,4**

Sources : UEMOA-titres, états

Le marché régional de la dette publique s'est progressivement développé, pour atteindre un encours total de 8.621,4 milliards de FCFA à fin 2016, soit 14,8 % du PIB des États de l'Union, devenant ainsi la principale source de financement des États. Par pays, l'encours des titres publics s'est situé en 2016 à 29,2 % du PIB pour le Togo, 19,2 % pour le Bénin, 16,9 % pour le Sénégal et 15,8 % pour la Côte d'Ivoire. En revanche, il n'a représenté que 6,3 % du PIB pour la Guinée-Bissau, 9,1 % pour le Burkina, 10,2 % pour le Niger et 11 % pour le Mali.

La mobilisation de ressources a concerné la couverture à la fois des besoins de trésorerie avec les émissions de bons du Trésor et le financement des investissements avec les émissions d'obligations. Les obligations sont ainsi passées de 61 % du total des émissions en 2009 à 83 % en 2016, traduisant l'ampleur des besoins de financement à long terme des États membres de l'Union.

Le développement du marché de titres de la dette publique permet non seulement aux États de lever des ressources, mais également aux banques centrales de conduire des politiques monétaires plus efficaces, en offrant des supports d'intervention sur le marché monétaire. Il rend ainsi plus actifs certains canaux de transmission de la politique monétaire, notamment le canal du taux d'intérêt et celui du prix des actifs, à travers les effets de richesse que le développement d'un marché secondaire pourrait induire. Toutefois, en dépit de la croissance remarquable des émissions de titres publics ces dernières années, le dynamisme du marché secondaire est encore en deçà des attentes. Des marges de progrès existent donc pour renforcer la culture boursière au sein de l'Union.

L'opportunité pour les États de mobiliser davantage de ressources sur le marché financier régional dépend de la qualité de leur signature et de l'approfondissement de l'assainissement des finances publiques.

Pour sa part, la Banque centrale procède, conformément aux dispositions en vigueur, au refinancement des titres publics, lorsque le besoin de trésorerie bancaire est avéré. Elle continue de jouer son rôle de conseiller des États en leur apportant son assistance, dans la définition des modalités pratiques de mobilisation des ressources intérieures (volume, durée, taux, période de mobilisation, instruments à utiliser, capacité d'absorption du marché, perception du marché, etc.) à travers les différents compartiments du marché des capitaux de l'Union.

II.3.- LES INSTITUTIONS DE MICROFINANCE

Les systèmes financiers décentralisés (SFD), appelés encore les institutions de microfinance, sont des institutions financières dont la vocation consiste à offrir des services financiers aux ménages à faibles revenus, exclus du système bancaire. Ils offrent des services financiers comme les dépôts, les prêts, les services de paiement et les transferts de monnaie aux ménages pauvres, ainsi qu'aux microentreprises. Ces institutions de microfinance sont organisées autour du concept de la mutualisation (Sriram et Kumar, 2005).

Les institutions de microfinance ont pendant longtemps évolué dans l'informel jusqu'en 1993, lorsqu'un projet d'appui à la réglementation sur les mutuelles d'épargne et de crédit, dénommé la loi PARMEC, ainsi qu'un dispositif conventionnel ont été mis en place pour réglementer l'activité de ces structures au sein de l'Union. Une nouvelle loi a été adoptée en 2007, dans le but de compléter la Loi PARMEC afin de mieux encadrer et contrôler les institutions de microfinance de l'UMOA.

Dans l'espace UMOA, les institutions de microfinance ont des formes d'expériences d'épargne et/ou de crédit spécifiques par leur taille, leur niveau de structuration, leur vocation et leurs moyens matériels, financiers ou humains. Elles exercent parfois avec l'appui de partenaires extérieurs dans le but d'assurer une promotion économique et sociale des populations bénéficiaires (BCEAO, 1997).

Les institutions de microfinance étaient à leur début destinées à financer les activités de base dans le milieu rural, mais leurs objectifs, leurs cibles et leurs espaces géographiques se sont très rapidement élargis (Humbert, 2001). Elles disposent aujourd'hui d'une grande variété de produits financiers et évoluent dans une sphère très large. Elles sont aussi très souvent mobilisées par les programmes de lutte contre la pauvreté. Les SFD constituent, à l'heure actuelle, une alternative à l'exclusion bancaire et au coût très élevé du financement formel. Ils forment un levier permettant l'amélioration des conditions de vie des ménages démunis grâce à l'impact que leurs services peuvent avoir sur différents aspects économiques.

L'activité économique et les revenus qui se créent, grâce aux services qu'ils offrent, peuvent en effet, améliorer les conditions de vie et d'existence des bénéficiaires. Beaucoup de travaux ont, à partir de plusieurs indicateurs et d'un suivi longitudinal, montré leurs effets réels et positifs (Guérin, 2005). L'impact de leurs services s'est aussi fait ressentir sur le plan socio-économique local avec le dynamisme observé dans certaines filières du commerce et les formes d'actions collectives qui ne cessent de se renforcer.

Tableau 15 :
Poids des SFD dans le système financier de l'UMOA

	1997	2000	2005	2010	2011	2012	2013	2014	2015
Nombre de SDF	595	680	700	880	756	726	706	682	670
Nombre de points de services	685	1095	1865	3449	3449	3650	3827	4094	4230
Nombre de bénéficiaires (millions)	1,4	2,3	4,3	7,9	8,0	8,8	10,5	11,3	12,0
Encours de crédits (milliards)	70,8	112,7	197,1	522,1	597,3	634,2	698,8	792,9	904,5
Crédits de SDF rapportés à ceux des banques (%)	3,2%	4,2%	7,1%	7,7%	7,6%	7,2%	6,8%	6,8%	6,7%
Encours de dépôts (milliards)	59,8	115,9	248	538,7	623,9	672,4	752,4	821,9	933,2
Dépôts des SDF rapportés à ceux des banques (%)	2,6%	4,3%	6,2%	6,2%	6,3%	6,1%	6,2%	5,8%	5,7%
Taux d'accès à la microfinance	2,9%	3,2%	5,2%	14,6%	14,5%	15,5%	18,8%	18,7%	19,5%
Taux de bancarisation	1,9%	2,0%	5,8%	11,6%	10,9%	10,8%	11,8%	12,7%	13,7%

Sources : BCEAO, Rapports de la Commission bancaire de l'UMOA.

Les SFD jouent un rôle très important dans l'offre de produits financiers dans l'Union et constituent, dans cette région, une vraie alternative pour l'inclusion financière. Selon les termes de Doligez (2006), ils apportent une réponse à la fracture financière. Leur expansion très rapide fait qu'ils représentent, aujourd'hui dans l'espace UMOA, un segment important du secteur financier dans sa globalité. Ils y occupent aussi une place centrale pour beaucoup d'actions émanant des États ou soutenues par les bailleurs de fonds, en faveur de l'amélioration des conditions de vie des populations pauvres dans l'UMOA.

II.4.- LES SERVICES FINANCIERS NUMÉRIQUES

Le marché des services financiers connaît une profonde mutation due au recours aux nouvelles technologies pour repenser l'offre et la rendre plus efficiente. À la faveur de cette mutation, la technologie financière encore dénommée *Fintech* a donné naissance à une nouvelle offre de services financiers complémentaire à celle classique dont l'expansion pourrait à terme remodeler le secteur financier (FMI, 2016).

Dans l'Union, une dynamique similaire est observée avec le développement des services financiers numériques basés sur la téléphonie mobile. La Banque centrale a mis en place en 2006 un cadre réglementaire souple et incitatif pour promouvoir les services de paiement basés sur la téléphonie mobile. Un établissement de monnaie électronique (EME) peut bénéficier directement d'un agrément auprès de la Banque centrale ou exercer sous la responsabilité d'un établissement de crédit déjà agréé dans l'Union.

La Finance numérique recouvre ainsi les transferts électroniques, les paiements électroniques et les services financiers mobiles. Les services financiers via la téléphonie mobile ont ainsi démarré en 2009 au Sénégal et en Côte d'Ivoire pour s'étendre progressivement dans les autres pays de l'Union. La monnaie électronique sert essentiellement aux paiements (factures d'eau, électricité…), aux achats d'unités téléphoniques et aux transferts d'argent. Des produits dits de deuxième génération, tels que l'épargne, le crédit et l'assurance, commencent à faire leur apparition grâce à des partenariats noués entre les sociétés de télécommunications, les banques et les compagnies d'assurance.

Tableau 16 :
Évolution des paiements par téléphonie mobile dans l'UMOA

UEMOA						
Années	**Points de services**	**Volume des transactions**	**Valeur en milliards de FCFA**	**Nombre de souscripteurs**	**Utilisateurs actifs**	**Taux clients actifs (%)**
2013	44.743	106.450.000	1.606	11.069.154	5.576.640	50,38
2014	93 621	259 300 000	3 760	18 233 444	10 713 972	58,76
2015	229 409	501 238 841	7 415	25 571 883	9 916 776	38,78
Comparaison avec d'autres pays en 2015						
UEMOA	229 409	501 238 841	7 415	25 571 883	9 916 776	38,78
Ghana	79 747	266 246 537	5 133	13 120 367	4 867 656	37,10
Kenya	143 946	1 114 176 700	16 531	28 644 700	12 500 547	43,64
Tanzanie	270 974	1 387 854 759	12 988	53 843 917	19 001 518	35,29

Sources : BCEAO, FMI.

Dans l'UMOA, le nombre de comptes de monnaie électronique a progressé de 3,5 millions à fin 2011 à environ 36,5 millions à fin 2016, permettant ainsi d'accroître l'accès aux services financiers par les populations exclues des services bancaires. Le volume et la valeur des transactions ont également enregistré de très fortes progressions pour se chiffrer respectivement à 716,5 millions et 11.331 milliards en 2016 (BCEAO, 2016).

Le développement rapide des services financiers numériques génère aussi des défis relatifs à la sécurisation technique, l'intégrité financière des transactions et la maîtrise des risques financiers. Il apparaît donc indispensable de dépasser les mécanismes de contrôle traditionnels pour réfléchir à des outils et méthodes les plus adaptés pour garantir la protection des utilisateurs de ces services et préserver leur impact inclusif. Dans l'Union, la Banque centrale a mis en place un cadre réglementaire à jour pour contribuer à la maîtrise des risques. En effet, un cadre de supervision et de surveillance fondé sur une approche basée sur les risques a été adopté. En particulier, les risques financiers et opérationnels qui apparaissent comme étant les plus critiques pour ce mode de paiement sont bien suivis.

III. – LE FINANCEMENT BANCAIRE DE L'ACTIVITÉ ÉCONOMIQUE DE L'UMOA

La politique monétaire conduite par la BCEAO a été très accommodante, en vue de favoriser le financement des économies de l'Union. L'accès au crédit s'est accéléré dans tous les pays et à un coût de plus en plus réduit, aussi bien pour le secteur privé que pour les États membres de l'Union.

III.1.- LES ÉCONOMIES DE L'UMOA SONT PARMI LES MIEUX FINANCÉES EN AFRIQUE SUBSAHARIENNE

Le lien entre la politique monétaire et le financement de l'économie est apprécié essentiellement à travers le financement de l'activité par le crédit bancaire.

Tableau 17 :
Ratio de la masse monétaire sur le PIB (en %)

	2004-08	2009	2010	2011	2012	2013	2014	2015	2016	2017
Bénin	30,0	38,7	41,9	42,8	41,3	44,6	49,0	51,8	52,9	54,9
Burkina Faso	23,9	28,0	29,7	29,8	30,5	32,6	35,2	39,0	41,3	45,2
Côte d'Ivoire	24,4	29,7	32,9	36,7	34,5	34,8	34,4	36,5	36,1	37,2
Guinée-Bissau	19,1	24,6	29,6	33,4	32,2	38,6	46,9	51,1	52,2	52,2
Mali	25,6	24,7	24,5	24,4	27,0	28,2	27,8	28,9	29,0	31,5
Niger	15,6	18,5	20,3	20,2	22,6	23,3	27,2	27,1	28,9	29,8
Sénégal	34,7	36,9	39,7	40,0	39,9	42,6	46,0	48,9	50,8	51,3
Togo	35,1	37,8	45,6	46,9	45,3	46,8	48,2	53,6	56,7	58,6
UEMOA	**25,6**	**31,6**	**32,4**	**34,8**	**36,2**	**36,8**	**37,7**	**38,6**	**39,1**	**39,6**
CEMAC	14,6	17,9	18,7	19,5	21,0	22,3	23,1	25,4	24,8	24,9
Afrique de l'Est*	26,3	26,7	29,6	29,2	28,8	29,0	29,9	30,3	28,8	29,4
Afrique subsaharienne	**34,9**	**39,3**	**37,6**	**36,4**	**36,6**	**35,5**	**36,3**	**37,9**	**37,8**	**37,5**
Ghana	22,8	28,0	29,9	30,4	30,0	28,8	32,5	32,7	33,6	32,8
Guinée	20,2	26,9	38,2	33,8	28,9	30,9	31,3	35,0	33,7	35,7
Nigeria	16,0	24,3	20,8	18,8	21,3	19,3	20,9	20,9	23,0	23,1

*Burundi, Kenya, Rwanda, Tanzanie et Ouganda

Sources : FMI, Perspectives économiques régionales de l'Afrique 2017, BCEAO.

L'évolution du ratio de la masse monétaire sur le PIB donne une indication du degré de monétisation d'un pays, en d'autres termes, un aperçu de la quantité de monnaie en circulation dans l'économie. La masse monétaire représente en effet le crédit intérieur (les créances nettes sur l'État et les crédits au secteur privé) et les avoirs extérieurs nets du système bancaire.

Le tableau comparatif ci-dessous permet d'apprécier le ratio de la masse monétaire sur PIB dans l'UMOA et en Afrique subsaharienne. La masse monétaire a représenté en 2016 plus de 50 % du PIB au Sénégal, au Bénin, au Togo et en Guinée-Bissau.

Les pays qui présentent des performances distinctives de celles de l'UMOA sont notamment l'île Maurice (110 % du PIB), le Cap-Vert (100 %), l'Afrique du Sud (72 %) et les Seychelles (70 %).

III.2.- UN ACCÈS AU CRÉDIT BANCAIRE DU SECTEUR PRIVÉ PLUS IMPORTANT DANS L'UMOA

Comme l'indiquent les données du tableau comparatif, le secteur privé des économies de l'Union est mieux financé par le secteur bancaire comparativement aux autres économies de l'Afrique subsaharienne excepté l'Afrique du Sud.

Tableau 18 :
Crédits au secteur privé sur le PIB (en %)

	2004-08	**2009**	**2010**	**2011**	**2012**	**2013**	**2014**	**2015**	**2016**
Bénin	16,3	21,5	22,3	23,9	23,0	23,3	23,8	23,5	23,3
Burkina Faso	16,7	17,0	17,6	19,1	21,2	25,8	29,2	29,7	28,9
Côte d'Ivoire	14,3	16,4	17,4	17,5	17,3	18,5	20,1	23,4	23,8
Guinée-Bissau	2,3	5,6	8,2	10,6	14,1	12,9	12,4	14,9	13,9
Mali	15,9	15,5	17,0	17,3	18,3	20,2	22,4	24,8	26,7
Niger	8,4	12,2	12,3	13,5	14,1	13,9	14,6	16,2	16,4
Sénégal	22,5	26,8	26,9	29,8	31,1	34,5	36,6	36,7	37,3
Togo	18,0	24,8	25,4	29,1	32,4	37,6	34,8	37,3	39,8
UEMOA	**15,9**	**19,4**	**20,3**	**21,5**	**22,4**	**24,2**	**25,9**	**28,1**	**28,3**
CEMAC	6,2	7,8	7,9	9,2	9,5	11,1	12,2	14,6	15,3
Afrique de l'Est*	15,3	17,2	18,8	20,5	20,1	20,9	22,2	23,3	22,2
• Afrique subsaharienne médiane	10,7	14,2	15,3	15,3	16,1	16,8	16,6	19,8	18,9
• **Afrique subsaharienne hors Afr. Sud et Nigeria**	**13,4**	**16,6**	**17,2**	**17,7**	**18,5**	**19,3**	**20,0**	**21,8**	**20,9**
• Afrique subsaharienne moyenne	28,2	31,9	29,2	27,9	28,0	27,7	27,9	29,0	28,8
Ghana	11,7	15,5	15,4	15,3	16,1	16,8	19,6	21,1	18,9
Guinée	5,8	5,2	6,0	9,5	7,8	9,8	12,7	15,0	14,2
Nigeria	12,0	21,1	15,9	14,2	13,3	13,0	13,8	13,7	15,4

*Burundi, Kenya, Rwanda, Tanzanie et Ouganda

Sources : FMI, Perspectives économiques régionales de l'Afrique 2017, BCEAO

Le Sénégal et le Togo présentent des ratios largement au-dessus de la moyenne de l'Afrique subsaharienne. Le financement du secteur privé est deux fois plus important dans l'Union que dans les pays voisins comme le Nigeria, le Ghana et la Guinée. L'Afrique du Sud qui représente l'une des puissances économiques de l'Afrique subsaharienne dispose d'un ratio de financement du secteur privé à hauteur de 70 % du produit intérieur brut (PIB).

Les ménages de l'Union bénéficient de 25 % de l'encours total des crédits bancaires destinés au secteur privé en 2016.

D'une manière générale, les résultats en matière d'offre de crédits bancaires s'inscrivent dans un cadre général des difficultés que rencontrent les systèmes financiers dans les pays africains et tiennent aux contraintes particulières qui pèsent sur l'activité bancaire en Afrique Subsaharienne. Ces contraintes sont notamment de deux ordres :

- D'une part, elles tiennent à la nature et à l'amplitude des risques associés à l'activité de crédit. Ces risques ont trait au non-remboursement du prêt du fait de l'insolvabilité de l'emprunteur, aux demandes de crédits sans garanties suffisantes et aux dossiers insuffisamment documentés ;
- d'autre part, elles concernent les difficultés d'acquisition d'une information fiable sur les emprunteurs de crédits. Ces contraintes obligent généralement les banques à adopter une attitude de prudence dans l'octroi des crédits aux entreprises du secteur privé dont elles ne disposent souvent pas d'informations sur la situation financière.

Collier (1993) montre que, dans un contexte d'information imparfaite et d'importants changements macroéconomiques, les banques sont réticentes à octroyer des crédits surtout à moyen et long terme, en raison de l'absence d'instruments de contrôle. Cette absence d'information explique la concentration des crédits bancaires sur un nombre restreint de clients. Les banques sont souvent amenées à orienter leurs crédits vers des secteurs dont elles connaissent l'évolution des prix, de la demande, de la réglementation appliquée ainsi que les éléments relatifs à la rentabilité et aux risques de l'activité. Un tel phénomène limite la diversification des activités bancaires.

L'asymétrie d'information conduit souvent à des problèmes de sélection adverse, se traduisant par des rationnements de crédit. Cette situation peut également engendrer un taux de dégradation de portefeuille plus élevé, car les agents qui ont une aversion pour le risque demandent moins de crédits par rapport aux autres qui présentent un risque élevé. Des études (Abou, 2002 ; Minsky, 1977) ont montré qu'un taux de dégradation de portefeuille important limite l'efficacité du canal du crédit. En effet, lorsque le risque de crédit s'accroît, le nombre de débiteurs défaillants augmente et les banques ne sont plus incitées à satisfaire de nouvelles demandes de prêts. Cette situation les amène à comprimer l'offre de financement bancaire (Minsky, 1977).

La mise en place par la BCEAO d'un bureau régional d'information sur le crédit devrait participer à l'amélioration de la disponibilité de l'information financière et de l'appréciation de la solvabilité des clients des banques.

- ***L'analyse par catégorie de clientèle***

Par catégorie de clientèle, les nouveaux crédits mis en place par les banques sont destinés essentiellement aux entreprises du secteur privé à hauteur de 79 % en 2016 contre 85 % en 2005. Les particuliers sont bénéficiaires de 14 % des nouveaux crédits en 2016 contre 7 % en 2005. L'État et les organismes assimilés font plus recours au marché financier pour satisfaire leurs besoins de financement. Les crédits bancaires ne représentent que 4 % des nouveaux concours annuels des États en 2016. Les 3 % restants sont destinés aux organisations non gouvernementales (ONG), aux coopératives, aux syndicats…

- ***L'analyse par durée des crédits mis en place***

Par durée, deux tiers (2/3) de l'encours des crédits bancaires sont de court terme (une durée inférieure à deux ans), en raison de l'ampleur des crédits mis en place pour la commercialisation des cultures de rente dont le cycle de dénouement est généralement rapproché. Toutefois, leur part a progressivement diminué pour ressortir à 64 % en 2016 contre 76 % en 1975. Les crédits à moyen terme (deux ans à cinq ans) et ceux à long terme (supérieur à cinq ans) se sont chiffrés à 36 % des crédits à l'économie en 2016 contre 24 % dans les années 1975.

Tableau 19 :
Parts des crédits selon l'échéance dans l'encours total des crédits à l'économie (en %).

	1975	**1980**	**1985**	**1990**	**1995**	**2000**	**2005**	**2011**	**2012**	**2013**	**2014**	**2015**	**2016**
Crédits à court terme	75,7	67,2	69,5	74,1	70,3	67,5	77,2	70,9	67,5	68,4	67,9	68,8	64,3
Crédits à moyen terme	15,8	28,1	22,5	18	23,1	29,3	20,2	26,3	28,6	27,7	28,1	28,1	31,3
Crédits à long terme	8,5	4,7	8	7,9	6,6	3,2	2,5	2,8	3,9	3,9	4	3,1	4,4
Total des crédits	**100**	**100**	**100**	**100**	**100**	**100**	**100**	**100**	**100**	**100**	**100**	**100**	**100**

Sources : Eden, www.bceao.int.

La littérature économique a souligné la spécificité du risque de crédit dans les pays africains notamment ceux dépendant des produits agricoles de rente. Les risques de faillite dans le secteur agricole sont élevés. Ainsi, les chocs climatiques affectent généralement tous les opérateurs économiques de la filière. Aussi, si la banque est engagée dans le financement d'activités agricoles, le risque moyen sur le portefeuille est particulièrement important, en raison de la concentration des risques. Cette situation expliquerait en partie les difficultés de mise en place des crédits par les banques au bénéfice du secteur agricole. En outre, la prépondérance des petites exploitations familiales et des activités informelles pourrait justifier le faible financement bancaire de la production agricole.

Il convient toutefois de préciser qu'une proportion importante du financement bancaire est affectée à l'achat des intrants agricoles (engrais, semis, produits phytosanitaires...), à la commercialisation des produits agricoles (cacao, coton, café, arachide, anacardes, caoutchouc...) et à la transformation de ces produits. Ces crédits sont essentiellement classés dans le secteur tertiaire (commerce, transport) et secondaire pour les entreprises de transformation. C'est pourquoi la part du secteur primaire ne ressort qu'à 6,4 % de l'ensemble des crédits à l'économie. La part du secteur secondaire (industrie et BTP) se stabilise à environ 32,2 % et celle du tertiaire à 61,4 %.

Tableau 20 :
Utilisation des crédits bancaires dans l'UMOA (en %).

Secteurs d'activité	1980	1985	1990	1995	2000	2005	2011	2012	2013	2014	2015	2016
Agriculture Sylviculture et Pèche	4,9	4,8	5,2	3,5	4,7	3,9	2,9	2,7	2,4	3	3,3	3,2
Industries extractives	2,8	1,8	1,7	3,1	1,6	1,3	2,2	1,7	1,9	1,9	2	1,6
Industries manufacturières	22,8	21,3	17,5	18	21	21,9	18,8	18,7	14,9	17,5	17,4	15,6
Électricité Gaz Eau	3,2	4,6	2,6	3,2	4,5	3,7	3,2	3,3	4	4	3,8	4,9
Bâtiments & Travaux publics	7,3	5,6	5	4	3,8	4,3	6,7	6,8	7,6	8,8	9,2	10,8
Restaurants & Hôtels	37,7	41,4	47,7	52,4	37,5	38,4	32,3	33	28,4	31,3	32,2	26,6
Entrepôts et Communications	6,9	6,4	6,7	4,9	6,9	10,1	11,2	10,4	8,6	9,6	9,7	9,9
Services aux entreprises	8,7	6,7	5,6	4,5	4	5,5	5,5	6,1	6,2	6,7	6,4	7,3
Services sociaux et personnels	5,7	7,3	8	6,5	16	10,8	17,2	17,3	25,9	17,2	16	20
Total	**100**	**100**	**100**	**100**	**100**	**100**	**100**	**100**	**100**	**100**	**100**	**100**

Sources : Selon les secteurs d'activité déclarés à la centrale des risques, Eden, www.bceao.int.

Par objet économique, les crédits de trésorerie sont prépondérants comme dans toutes les économies du monde. Ils ressortent en moyenne à hauteur de 59 % des nouveaux crédits bancaires mis en place dans l'Union. Les crédits à la consommation des ménages et les crédits d'équipement des entreprises ressortent respectivement à 14 % et 10 %. La part des crédits à l'habitat se situe à environ 2 % des nouveaux crédits bancaires. Pour développer ce type de crédits, un marché hypothécaire dynamique et profond est indispensable.

Tableau 21 :
Répartition des nouveaux crédits bancaires mis en place chaque année (%)

Objet économique	2005	2006	2007	2008	2009	2010	2011	2012	2013	2014	2015	2016
Habitation	2,4	1,9	2,2	1,6	1,4	1,4	1,3	1,7	2,2	1,7	1,1	1,7
Exportation	0,4	0,6	0,4	0,2	1,3	1,1	0,9	0,6	0,3	1,6	0,7	1,2
Équipement	9,7	11,1	10,8	9,1	10	9	11,5	10,1	8,8	8,1	9,5	10,6
Consommation	4	5,1	7	8,9	6,8	8,3	8,8	11,2	12	10,7	14,1	17,3
Trésorerie	74,6	74,2	69,6	70,6	72	70,4	64,5	64	60,1	64,7	59,2	54,1
Autres	8,9	7,1	10	9,5	8,5	9,8	13	12,4	16,6	13,1	15,3	15
Total	**100**	**100**	**100**	**100**	**100**	**100**	**100**	**100**	**100**	**100**	**100**	**100**

Sources : Eden, www.bceao.int.

Le développement du marché hypothécaire est également nécessaire pour assurer l'efficacité de la politique monétaire par le canal du prix des actifs. En effet, un accroissement du prix des actifs entraîne une augmentation du bilan des entreprises, ainsi que l'augmentation des revenus des ménages. Dans l'Union, le marché hypothécaire, qui est à un stade embryonnaire, ne favorise pas encore suffisamment une meilleure transmission des impulsions monétaires à travers le prix des actifs.

III.3.- LE COÛT DU CRÉDIT BANCAIRE A FORTEMENT BAISSÉ DANS L'UMOA

Sur le plan théorique, les taux débiteurs des banques sont influencés par des facteurs macroéconomiques liés au fonctionnement du marché du crédit et à l'environnement économique. Ils sont également déterminés par des facteurs microéconomiques basés sur le comportement individuel des banques et leurs critères de gestion interne.

Au niveau macroéconomique, la littérature révèle notamment l'importance des taux directeurs des banques centrales (Diop, 1998 et FMI, 2010), du niveau des déficits publics (Poterba et Rueben, 1997) et de celui de l'épargne (Orr et Al, 1995), ainsi que du risque de crédit (Stiglitz et Weiss, 1981). Les aspects microéconomiques sont centrés sur le comportement de la banque en sa qualité d'entreprise (profit, coûts de ressources, niveau des ressources, etc.), voir Bationo (2013) et Banque de France (rapport annuel de la zone franc, 2012).

Tableau 22 :
Évolution des taux d'intérêt débiteurs de l'UMOA (en %)

	2005	2006	2007	2008	2009	2010	2011	2012	2013	2014	2015	2016
Bénin	9,01	9,46	10,52	11,35	11,27	11,40	9,18	8,81	8,74	8,14	7,88	8,09
Burkina Faso	10,32	10,19	9,09	8,79	9,55	9,38	9,43	9,42	8,44	8,17	7,97	7,54
Côte d'Ivoire	7,58	7,70	6,86	7,13	7,77	7,73	7,93	7,59	6,84	6,45	6,09	6,17
Guinée-Bissau	12,03	12,10	11,12	10,65	10,96	10,72	10,38	9,15	9,30	9,32	9,72	9,12
Mali	9,97	9,78	9,94	9,78	9,55	9,27	9,17	9,07	8,84	8,71	8,64	8,34
Niger	12,82	12,00	11,52	11,17	11,58	10,98	11,11	10,62	10,21	10,17	10,22	9,89
Sénégal	6,06	6,25	6,75	7,49	7,40	7,02	6,61	6,23	6,10	6,02	5,89	5,67
Togo	9,89	10,10	10,10	9,94	9,95	9,58	9,67	9,36	8,98	8,75	8,31	8,31
UMOA dont	**7,51**	**7,83**	**7,82**	**8,14**	**8,57**	**8,39**	**8,32**	**7,99**	**7,56**	**7,26**	**7,01**	**6,93**
- Habitation	9,78	9,18	9,39	8,23	9,10	9,21	8,98	8,44	7,44	7,64	8,02	7,53
- Consommation	12,14	12,47	11,32	11,12	11,41	10,96	10,60	10,11	9,29	9,05	7,53	7,34
- Trésorerie	7,18	7,20	7,12	7,45	8,06	7,85	7,72	7,27	6,90	6,69	6,44	6,54

Source : BCEAO.

Dans la zone UMOA, les taux d'intérêt débiteurs ont connu une évolution tendancielle à la baisse. En effet, le taux débiteur moyen de l'Union s'est situé à 6,93 % en 2016 avec de légères disparités par pays liées aux conditions locales d'exercice des banques. La baisse du coût du crédit bancaire favorise le développement du marché du crédit, indispensable à la transmission des impulsions monétaires aux prix et au secteur réels.

Les résultats des études menées au niveau de l'Union ont montré que le faible niveau de concurrence dans le secteur bancaire, le faible niveau de bancarisation, le coût des ressources, l'aversion au risque, ainsi que la politique monétaire constituent les principaux facteurs explicatifs de la fluctuation des taux débiteurs des banques (BCEAO, 2013).

Tableau 23 :
Taux directeurs des banques centrales (moyenne sur la période en %)

	2013	2014	2015	2016	2017*
UMOA BCEAO	2,50	2,50	2,50	2,50	2,50
CEMAC BEAC	3,73	3,11	2,71	2,45	2,95
Nigeria	12,00	12,10	12,79	12,64	14,00
Ghana	18,00	18,75	22,98	25,94	22,50
Afrique du Sud	5,50	5,61	5,89	6,91	7,00

*Juillet

Sources : Banques centrales des pays concernés.

Les taux directeurs des banques centrales indiquent le coût minimum du crédit bancaire dans une économie. Il apparaît très clairement que les économies de l'Union bénéficient de l'un des plus faibles coûts du crédit bancaire en Afrique Subsaharienne. C'est un avantage très important pour les investisseurs et les consommateurs de bénéficier de crédit moins cher dans un environnement prévisible, avec en plus une stabilité des prix.

IV.- EFFICACITÉ OU ATTEINTE DES OBJECTIFS ASSIGNÉS À LA POLITIQUE MONÉTAIRE

L'évaluation de l'efficacité de la politique monétaire se fait par rapport à son objectif principal, à savoir l'inflation. En second lieu, l'impact de la politique monétaire sur la croissance économique pourrait être évalué, car elle constitue un volet important de la politique économique d'un pays. Toutefois, la politique monétaire se saurait constituer à elle seule une condition suffisante pour réaliser de bonnes performances économiques.

Ainsi, les effets de la politique monétaire c'est-à-dire l'impact d'une modification des taux d'intérêt directeurs et/ou de la quantité de monnaie se font sentir sur l'inflation et la croissance à travers plusieurs canaux dont le marché monétaire et les institutions financières constituent les premiers maillons (voir le chapitre consacré à la transmission de la politique monétaire).

Les conclusions de plusieurs études réalisées sur les canaux de transmission de la politique monétaire dans l'Union ont montré son efficacité notamment à travers les canaux opérationnels du crédit et du taux d'intérêt.

Nous allons procéder à une analyse des performances économiques de l'Union en matière de stabilité des prix et de croissance économique.

IV.1.- ATTEINTE DE L'OBJECTIF PRINCIPAL, LE TAUX D'INFLATION DE 2 % PLUS OU MOINS 1 %

Les performances en matière de maîtrise de l'inflation dans l'Union sont très satisfaisantes. L'examen de la tendance de long terme du taux d'inflation dans l'Union laisse apparaître une stabilité des prix. Le taux d'inflation s'est établi, en moyenne, à 3,1 % sur la période allant de 1986 à 2016. En excluant les années 1994 et 1995, marquées par l'impact de la dévaluation du franc CFA sur le niveau général des prix, le taux d'inflation moyen entre 1986 et 2016 ressortirait à 1,9 %, renforçant ainsi la crédibilité de la politique monétaire.

Le taux d'inflation en moyenne annuelle est ressorti à 2,1 % dans l'Union sur la période 2003-2017 contre 8,8 % en Afrique subsaharienne. La comparaison des économies de l'UMOA aux économies des pays non exportateurs de pétrole les plus dynamiques d'Afrique de l'Est (Rwanda, Tanzanie et Ouganda) et aux pays voisins de l'UMOA (Guinée, Ghana et Nigeria) permet de mieux apprécier les performances de l'UMOA en matière d'inflation. En effet, l'inflation est ressortie nettement plus faible dans l'UMOA que dans l'ensemble de ces pays, permettant ainsi aux populations de l'Union de préserver leur pouvoir d'achat.

Tableau 24 :
Évolution du taux d'inflation de l'Union (moyenne sur la période en %)

	2004-08	**2009**	**2010**	**2011**	**2012**	**2013**	**2014**	**2015**	**2016**	**2017**
Bénin	3,9	0,4	2,2	2,7	6,7	1,0	-1,1	0,3	-0,8	2,0
Burkina Faso	3,8	0,9	-0,6	2,8	3,8	0,5	-0,3	0,9	0,7	1,5
Côte d'Ivoire	3,2	1,0	1,4	4,9	1,3	2,6	0,4	1,2	1,0	1,5
Guinée-Bissau	4,2	-1,6	1,1	5,1	2,1	0,8	-1,0	1,5	1,5	2,0
Mali	3,1	2,2	1,3	3,1	5,3	-0,6	0,9	1,4	-1,8	0,2
Niger	4,0	4,3	-2,8	2,9	0,5	2,3	-0,9	1,0	1,1	2,0
Sénégal	3,3	-2,2	1,2	3,4	1,4	0,7	-1,1	0,1	0,9	1,9
Togo	3,6	3,7	1,4	3,6	2,6	1,8	0,2	1,8	0,9	1,5
UEMOA	**3,4**	**0,9**	**0,8**	**3,6**	**2,8**	**1,3**	**-0,1**	**1,0**	**0,4**	**1,5**
CEMAC	2,7	4,6	1,5	2,7	3,8	2,2	2,7	2,7	1,3	1,3
Afrique de l'Est*	7,8	11,6	5,1	13,2	12,3	6,3	5,5	5,7	5,7	6,1
Afrique subsaharienne	**8,8**	**9,8**	**8,1**	**9,4**	**9,3**	**6,6**	**6,3**	**7,0**	**11,4**	**10,7**
Ghana	13,3	13,1	6,7	7,7	7,1	11,7	15,5	17,2	17,5	12,0
Guinée	25,0	4,7	15,5	21,4	15,2	11,9	9,7	8,2	8,2	8,4
Nigeria	11,6	12,5	13,7	10,8	12,2	8,5	8,0	9,0	15,7	17,4

*Burundi, Kenya, Rwanda, Tanzanie et Ouganda

Sources : FMI, Perspectives économiques régionales de l'Afrique 2017, INS, BCEAO.

La stabilité des taux de change réels entre pays appartenant à une union monétaire n'est pas automatiquement réalisée par l'usage d'une monnaie unique. Elle dépend aussi de la convergence des taux d'inflation dans l'union monétaire, en raison de la divergence des politiques budgétaires nationales et des chocs exogènes.

Si l'on considère l'évolution historique des prix dans les pays de l'UMOA depuis le changement de parité en 1994, la dispersion des taux d'inflation s'est fortement atténuée, c'est-à-dire l'écart type des taux d'inflation des différents États membres de l'Union a évolué entre 1,6 et 2,3 points de pourcentage. Si ces différences de taux d'inflation annuelle ne sont pas négligeables, elles se sont corrigées à moyen terme. En 2017, l'écart type des taux d'inflation des pays de l'UMOA s'est situé autour de 0,6 point de pourcentage.

Il apparaît ainsi que l'UMOA constitue bien un facteur de stabilité des taux de change réels bilatéraux entre les pays de l'Union, les écarts d'inflation étant faibles. L'inflation a été significativement inférieure à ce qu'elle a été dans les autres pays en développement, africains ou non africains (Plane 1988, Devarajan et de Melo 1991, Elbadawi et Nadj 1996).

Graphique 6 :
Évolution comparative de l'inflation en moyenne entre 2000 et 2017

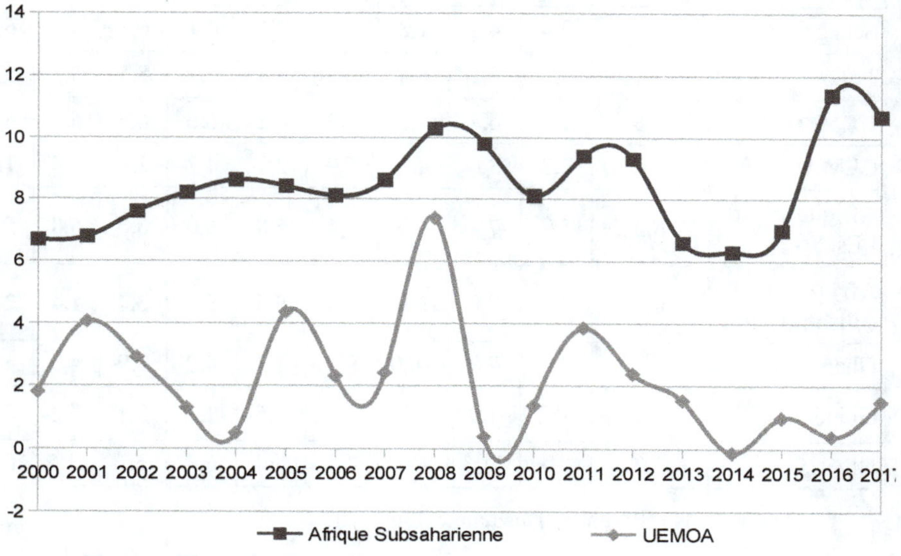

Sources : FMI, INS, BCEAO.

IV.2.- LE TAUX DE CROISSANCE ÉCONOMIQUE DE L'UMOA SE POSITIONNE PARMI LES PLUS ÉLEVÉS EN AFRIQUE

Les pays de l'UMOA ont réalisé de bonnes performances économiques notamment au cours de ces dernières années où ils se placent dans le peloton de tête africain et mondial. Le taux de croissance du PIB de l'Union est ressorti en moyenne autour de 6,5 % depuis 2012 contre 3,7 % pour l'Afrique subsaharienne et 3,3 % au niveau mondial. Tous les pays ont enregistré de bons résultats, avec des taux de croissance de 9 % pour la Côte d'Ivoire et de 6,7 % pour le Sénégal.

Tableau 25 :
Évolution du taux de croissance du produit intérieur brut (en %)

	2004-08	**2009**	**2010**	**2011**	**2012**	**2013**	**2014**	**2015**	**2016**	**2017**
Bénin	4,2	2,3	2,1	3,0	4,8	7,2	6,4	2,1	4,0	5,4
Burkina Faso	5,9	3,0	8,4	6,6	6,5	5,7	4,2	4,0	5,9	7,4
Côte d'Ivoire	1,8	3,3	2,0	-4,2	10,1	9,3	8,8	9,2	8,8	8,5
Guinée-Bissau	3,2	3,3	4,4	8,4	-1,7	3,6	1,0	5,1	5,1	5,4
Mali	4,2	4,7	5,4	3,2	-0,8	2,3	7,0	6,0	5,8	5,3
Niger	5,2	-0,7	8,4	2,3	11,8	5,3	7,5	4,0	5,0	5,2
Sénégal	4,5	2,4	4,2	1,8	4,4	3,5	4,1	6,5	6,7	6,8
Togo	2,4	5,5	6,1	6,4	6,5	6,1	5,9	5,5	5,1	5,3
UEMOA	**3,6**	**2,9**	**4,4**	**1,3**	**6,3**	**6,1**	**6,6**	**6,4**	**6,7**	**6,9**
CEMAC	6,3	2,3	3,6	4,4	5,9	2,7	4,7	2,1	-0,7	1,1
Afrique de l'Est*	6,2	5,2	7,4	6,9	4,6	5,8	6,0	6,0	5,8	5,7
Afrique subsaharienne	**6,6**	**3,9**	**7,0**	**5,0**	**4,3**	**5,3**	**5,1**	**3,4**	**1,4**	**2,6**
Ghana	6,2	4,8	7,9	14,0	9,3	7,3	4,0	3,9	4,0	5,8
Guinée	2,9	-0,3	1,9	3,3	3,2	1,5	1,1	0,1	5,2	4,3
Nigeria	7,7	8,4	11,3	4,9	4,3	5,4	6,3	2,7	-1,5	0,8

*Burundi, Kenya, Rwanda, Tanzanie et Ouganda

Sources : FMI, Perspectives économiques régionales de l'Afrique 2017, BCEAO.

Avec le retour de la stabilité sociopolitique en 2011, l'Union est entrée dans une nouvelle phase d'expansion économique à la faveur de la mise en œuvre de réformes structurelles pour assainir le cadre macroéconomique, améliorer l'attractivité des économies et accroître les investissements publics dans les infrastructures. La Banque centrale a accompagné ces réformes par une politique monétaire accommodante notamment des taux d'intérêt faibles et de fortes injections de liquidités sur le marché monétaire.

IV.3.- LE RENFORCEMENT DE L'INTÉGRATION ÉCONOMIQUE, FINANCIÈRE ET MONÉTAIRE PAR LA BCEAO

L'UMOA constitue aujourd'hui la zone la plus avancée dans le monde en matière d'intégration économique, monétaire et financière (FMI, Alexei Kireyev, 2014). À cet égard, la Banque centrale a joué un rôle fondamental pour la promotion d'actions de développement économique et d'intégration monétaire et financière.

- ***Actions de la BCEAO pour intensifier l'intégration financière***

La BCEAO a déployé des efforts et des ressources financières très importantes pour structurer et approfondir le marché des capitaux d'Union. À ce titre, on peut citer notamment :

- La création de la *Banque Ouest-Africaine de Développement (BOAD)* par la BCEAO, le 14 novembre 1973 afin de promouvoir le développement équilibré des États membres de l'Union. La BCEAO demeure l'actionnaire majoritaire à ce jour. Depuis sa création, la BOAD a contribué au financement de plusieurs projets de développement, notamment dans les domaines des infrastructures, de l'énergie, de l'eau et l'assainissement, du développement rural et agricole ainsi que de l'industrie. Ses engagements nets cumulés s'élèvent à environ 3.500 milliards de FCFA. La BOAD a ainsi contribué au financement du bitumage de plus de 13.000 kilomètres de routes nationales et de liaisons inter-États, de 1.400 kilomètres de lignes électriques d'interconnexion et plus de 5.500 km de câbles de fibre optique. Son action a concerné également les infrastructures portuaires et aéroportuaires de la sous-région ainsi que les lignes de chemin de fer.

- La création du marché financier régional, disposant d'un pôle public, constitué du *Conseil régional de l'épargne publique et des marchés financiers (CREPMF)*, et d'un pôle privé, constitué principalement de la *Bourse régionale des Valeurs mobilières (BRVM)* et du *Dépositaire central/Banque de Règlement* (DC/BR). Parallèlement, il a été mis en place un marché de titres publics pour approfondir le marché financier régional et moderniser le mode de financement des États.

- La création du *Fonds de garantie des dépôts de l'Union* qui va permettre de protéger les épargnants de l'Union et d'encourager la collecte de l'épargne intérieure.

- La création du *Fonds de Stabilité financière*, suite à la Décision du Conseil des ministres de l'UMOA du 10 mai 2012. Il a pour objet de prévenir le défaut de paiement des États au titre de leurs engagements sur le marché financier régional de l'UMOA et sur les marchés financiers internationaux. Il vise ainsi à protéger les investisseurs du marché financier régional des risques éventuels sur les titres publics, en suppléant aux défauts de paiement éventuels d'un État membre de l'Union pour une période donnée.

- La création d'une *Banque Régionale de Solidarité*, s'inspirant de *Grameen Bank du Bangladesh* ou de la Banque tunisienne de Solidarité, pour la mise en place de mécanismes de financement au profit des jeunes diplômés et des femmes, susceptibles de soutenir les actions économiques de lutte contre la pauvreté. Cette banque a été cédée au secteur privé.

- La création du groupement interbancaire monétique de l'UMOA (*GIM-UMOA*) qui a pour principale mission de définir et valider la stratégie monétique interbancaire au niveau du système financier régional, à travers notamment la définition d'une réglementation interbancaire et de normes techniques de l'inter-bancarité, en vue de faire de la carte bancaire GIM le premier instrument de paiement dans la zone UEMOA.

- La création d'*UMOA-Titres* en vue d'assister les États membres de l'Union à identifier les modalités les plus appropriées pour mobiliser les ressources financières nécessaires sur les marchés régionaux et internationaux de capitaux.

- La mise en place de systèmes de paiements modernes et fiables, à travers la mise en place d'un système de règlement brut en temps réel à l'échelle sous-régionale (STAR-UEMOA), d'un système de compensation multilatérale automatisé (SICA-UEMOA) et d'un système monétique interbancaire sous-régional.

- La promotion de la microfinance et de la monnaie électronique, qui sont des structures alternatives d'intermédiation financière en faveur notamment d'agents économiques qui n'ont pas accès aux établissements classiques de crédit. La promotion de nouveaux acteurs et instruments financiers vise à accroître l'inclusion financière et accélérer la création de richesses (mobile-banking, établissements financiers de crédits bail...).

- La promotion de la finance islamique, à travers la mise en place d'un cadre réglementaire pour compléter le système financier conventionnel, offrant ainsi des sources alternatives de financement et de mobilisation de capitaux aux opérateurs économiques.

- ***Actions de la BCEAO pour consolider l'intégration économique régionale***

Au lendemain de l'ajustement de la parité du franc CFA, il s'est avéré nécessaire d'accélérer l'unification de l'espace économique et financier sous-régional, afin de renforcer les bases de la monnaie commune et de favoriser une croissance économique forte et solide. Dans ce cadre, les principales actions mises en œuvre par la BCEAO sont notamment :

- La conduite des travaux pour la création de la *Commission de l'UMOA*, chargée de conduire le processus d'intégration économique, en assurant la convergence des performances et des politiques économiques des États membres, la coordination des politiques sectorielles nationales ainsi que l'harmonisation des législations nationales, en particulier le régime de la fiscalité. La commission a permis d'engranger beaucoup de progrès dans l'Union avec notamment la libre circulation des biens, des services, des personnes et des capitaux.

- L'*Initiative régionale pour l'Énergie durable (IRED)* présidée par la BCEAO, dont l'objectif est d'assurer à l'horizon 2030, l'accès de l'ensemble des citoyens de l'Union à une énergie électrique à bas prix, dans le cadre d'un vaste marché d'échange d'énergie électrique, intégré et harmonisé à l'échelle de l'Afrique de l'Ouest, et produisant une énergie propre, en lien avec un partenariat public-privé dynamique. L'initiative a démarré par la mise en place du Fonds de Développement Énergie (FDE), un programme d'urgence d'un montant de 500 milliards FCFA. Au 31 décembre 2016, 14 projets d'énergie ont été financés au titre du FDE, pour un montant global de 229,7 milliards de FCFA.

- Le *Programme économique régional (PER),* dont l'initiative et la conception initiale relèvent de la BCEAO. Il a fortement contribué à relancer les projets intégrateurs de l'UMOA et constitue une déclinaison du Nouveau Partenariat pour le Développement de l'Afrique (NEPAD) dans l'Union. Il a contribué notamment à la construction de plus de 3.000 points d'eau dans des régions isolées de l'ensemble des pays de l'Union, la réalisation d'études en vue de la construction ou de la réhabilitation des axes routiers, la construction de postes de contrôle juxtaposé aux frontières et de stations de pesage sur les corridors routiers de l'Union, la lutte contre l'érosion côtière ainsi que l'aménagement de terres cultivables et irriguées de l'Office du Niger pour la production du riz, ainsi que l'appui aux Centres d'excellence régionaux d'éducation dans le but de stimuler la formation et la recherche de haut niveau au sein de structures d'enseignement supérieur à vocation régionale.

- ***Actions de la BCEAO pour améliorer la gouvernance des entreprises et l'information financière***

Pour améliorer la gouvernance des entreprises et l'information financière dans l'Union, la Banque centrale a conduit des projets pour réaliser notamment :

- Les référentiels comptables relatifs à l'information financière des entreprises ont été normalisés en 1996, donnant naissance au *système comptable ouest-africain (SYSCOA).* Un plan comptable bancaire (PCB) a été également conçu pour les institutions financières.

- *Les bureaux d'information sur le crédit (BIC)* afin de réduire l'asymétrie d'information sur le crédit, d'améliorer l'accès au crédit dans l'Union à moindre coût, tout en préservant la qualité du portefeuille des banques, et de renforcer l'attractivité des États vis-à-vis des investisseurs étrangers, à travers l'amélioration du climat des affaires.

- *La centrale des incidents de paiements* qui permet à l'ensemble des agents économiques de vérifier la qualité des instruments de paiement (chèques) qui leur sont soumis pour le règlement de leurs transactions.

- *La centrale des bilans des entreprises non financières*, pour assurer la disponibilité d'une information économique fiable, en vue de favoriser une allocation optimale des ressources. L'ambition est de disposer d'une information fiable pour procéder à la notation des entreprises et à l'évaluation de la qualité de leur signature.

- ***Actions de la BCEAO en faveur de la formation et de la recherche économique***

Les actions de la BCEAO en faveur de la promotion du développement économique des pays de l'Union ne se sont pas limitées aux aspects monétaire et financier. Dans le but de consolider les facteurs endogènes de la croissance économique, la Banque centrale a mis en œuvre une stratégie de renforcement du capital humain des États membres et accordé une priorité à la recherche économique pour améliorer la connaissance des économies nationales. Dans ce cadre, il peut être cité les actions suivantes :

- La création du *Centre Ouest-Africain de Formation et d'études bancaires (COFEB)* en 1977, en vue d'assurer la formation des ressources humaines de la BCEAO et de contribuer au renforcement des capacités des cadres des administrations économiques et financières des États membres, des banques et établissements financiers ainsi que des systèmes financiers décentralisés des États membres de l'UMOA.

- La reprise du *Centre africain d'études en Gestion (CESAG),* créé en 1985, qui est spécialisé dans la formation, le conseil et la recherche en gestion. Il s'est hissé aujourd'hui au rang des meilleures écoles de management en Afrique, avec pour mission de contribuer à l'intégration régionale, par la formation, la consultation et la recherche en management, pour le développement durable de l'Afrique.

- Le renforcement de la fonction recherche au sein de la BCEAO qui réalise différentes études et développe des modèles et outils d'analyse et de prévision macroéconomique. La BCEAO a également créé la *Revue économique et monétaire (REM),* de référence internationale, pour la publication régulière des travaux de recherche dans l'Union et la promotion des enseignants-chercheurs dans les différents grades universitaires.

- La création du *prix Abdoulaye FADIGA* en 2008 pour encourager la recherche économique dans les pays membres de l'UMOA. Ce prix récompense un travail de recherche original portant sur un sujet d'ordre économique, monétaire ou financier et présentant un intérêt scientifique avéré pour les États membres de l'UMOA et la BCEAO.

- ***Actions de la BCEAO pour accélérer l'intégration monétaire africaine***

La BCEAO a joué un rôle pionnier dans la promotion de l'intégration monétaire régionale et africaine. En effet, elle a eu pour souci de partager, avec les banques centrales des autres pays africains et en particulier ceux de la Communauté économique des États de l'Afrique de l'Ouest (CEDEAO), l'expérience qu'elle a accumulée dans ce modèle d'intégration monétaire totale entre États souverains.

La BCEAO abrite à son siège, à Dakar, le secrétariat exécutif de l'association des banques centrales africaines (ABCA) auquel elle fournit du personnel pour son fonctionnement. La réussite de l'intégration monétaire à l'échelle africaine pourrait jouer un rôle catalyseur dans l'intégration des économies concernées. En effet, l'utilisation par un groupe de pays d'une même monnaie entraîne la réduction des coûts de transaction, la libre transférabilité des capitaux et l'augmentation des investissements intra-régionaux. Les pays concernés bénéficient ainsi de facteurs propices à une intensification des flux de biens, de services, de ressources financières et de main-d'œuvre, porteurs d'une croissance économique accrue.

La BCEAO a toujours eu pour principale préoccupation la crédibilité de la future monnaie commune de la CEDEAO et de l'Afrique, afin que la qualité de celle-ci, en termes de convertibilité et de stabilité, soit au moins égale à celle de la monnaie commune actuelle, le franc CFA. Car, la viabilité d'une union monétaire est aussi subordonnée à la conduite, par les pays membres, de politiques macroéconomiques, saines et convergentes. C'est pourquoi le processus de création de la zone monétaire unique de la CEDEAO, dont l'idée a été lancée pour la première fois en mai 1983 par le Président Sékou TOURÉ de Guinée, a fait l'objet d'un suivi particulier.

Ainsi, une feuille de route a été arrêtée par les chefs d'État avec des étapes bien définies pour conduire à la monnaie unique de la CEDEAO à horizon 2020. Il en est de même pour le processus de création de la monnaie unique africaine, envisagée après la création des monnaies sous-régionales.

IV.4.- LA STABILITÉ ET LE RENFORCEMENT DE LA CRÉDIBILITÉ DE LA POLITIQUE MONÉTAIRE

L'Union monétaire a joué en faveur d'une politique de stabilité monétaire à travers son évolution depuis 1962. Comme indiqué dans les développements ci-dessus, la Banque centrale respecte généralement ses objectifs. Elle partage régulièrement ses orientations de politiques monétaires et financières ainsi que ses analyses et recherches sur les pays de l'UMOA avec l'ensemble des agents économiques et financiers.

C'est une institution qui a su développer une expertise internationale avec des ressources humaines très compétentes au service des économies de l'Union. Elle dispose du plus grand nombre d'experts dans l'Union pour les études, l'analyse et la recherche économiques, financière et monétaire, en vue d'une meilleure connaissance des économies.

L'UMOA n'a pas échappé au mouvement général des idées en faveur de l'autonomie du pouvoir monétaire ni à la critique des politiques monétaires mises en œuvre dans les pays en développement, s'exerçant à travers des taux d'intérêt parfois inappropriés et une sélectivité du crédit, et qualifiées de « répression financière » (Mac Kinnon et Shawn, 1973). Toutefois, les instruments de la politique monétaire ont été réformés afin d'accroitre l'efficacité des interventions de la BCEAO. L'action monétaire a été également libérée de la contrainte que faisait peser sur elle le financement monétaire direct des déficits budgétaires.

La volonté de réduire l'impact des déficits budgétaires s'est simultanément manifestée par une modification des règles statutaires appliquées aux avances de la BCEAO aux Trésors publics. En septembre 1998, le Conseil des ministres de l'UMOA a décidé de geler les plafonds des avances statutaires au niveau atteint en décembre 1998, en vue de leur extinction à la fin de l'année 2001. Enfin, l'évolution institutionnelle de l'Union monétaire, notamment la surveillance multilatérale des politiques budgétaires, a renforcé la crédibilité de la politique monétaire de la BCEAO et sa maîtrise de l'inflation, et donc accru les avantages tirés de l'intégration monétaire par les États qui composent l'Union monétaire.

Cette forte capacité d'adaptation de la BCEAO fait d'elle aujourd'hui une institution moderne, respectée au plan international pour ses contributions scientifiques et techniques, qui jouit d'une grande notoriété et d'une forte crédibilité auprès des agents économiques privés et des autorités publiques.

CONCLUSION

Depuis la création de la BCEAO en 1962, la politique monétaire a été l'objet d'une adaptation permanente, tenant compte de l'environnement économique et financier des États membres de l'UMOA. Ainsi, comme la plupart des banques centrales, la stratégie monétaire de la BCEAO comporte trois dimensions importantes, à savoir la fixation d'un niveau quantitatif de l'objectif d'inflation, l'analyse économique notamment d'indicateurs avancés et l'analyse monétaire basée principalement sur les agrégats de monnaie et les taux d'intérêt.

La mise en œuvre opérationnelle de la stratégie de politique monétaire s'est traduite par un soutien permanent de la Banque centrale au financement de l'économie et à la croissance économique des États membres de l'UMOA. En effet, la politique monétaire a eu un impact très positif sur les économies de l'Union, à travers notamment un accès plus large au crédit, la hausse du volume de crédit et la baisse des coûts de financement.

La BCEAO a joué un rôle très important au-delà de sa mission traditionnelle, en développant beaucoup d'initiatives pour une meilleure structuration du marché financier régional. Elle a ainsi mené des actions pour assurer l'intégration économique, monétaire et financière de l'UMOA, en vue d'améliorer les conditions de vie des populations et de contribuer à l'édification de nations prospères au bénéfice de tous.

CHAPITRE IV

ANALYSE DES CANAUX DE TRANSMISSION DES EFFETS DE LA POLITIQUE MONÉTAIRE

Dans le contexte actuel de crise économique mondiale, avec pour corolaire les insuffisances de plus en plus avérées de l'ajustement budgétaire, la politique monétaire est au centre de tous les débats économiques. Elle a été décisive pour la lutte contre l'inflation et pour la relance de l'activité économique des pays en récession. Aux États-Unis, en Europe et en Angleterre, les différentes interventions des banques centrales ont permis en partie de donner un véritable coup de pouce à l'économie. Les actions des banques centrales pour l'économie ne sont donc pas neutres. Dans la plupart du temps, les banques centrales ont un objectif de lutte contre l'inflation, mais en cas de faiblesse de l'activité, elles interviennent pour soutenir l'activité économique si les risques d'inflation sont faibles.

La politique monétaire a donc bien des effets réels sur l'activité et les autres grandeurs macroéconomiques des pays. Ses effets sont d'autant plus évidents si l'économie dispose de structures économiques et financières développées. Ceci facilite la transmission de la politique monétaire dans la sphère réelle et dans la sphère financière. Qu'en est-il dans les pays en développement caractérisés, le plus souvent, par une faiblesse des structures financières et un secteur bancaire peu concurrentiel ?

La gestion des chocs monétaires a fait l'objet de nombreuses études tant théoriques qu'empiriques. La question est cruciale dans le cas d'une union monétaire telle que l'UMOA. Dans ce cadre théorique, la littérature économique retient, d'une part, une hétérogénéité des effets de la politique monétaire dans une union monétaire, et d'autre part, cinq principaux canaux de transmission des effets de la politique monétaire qui sont le canal des taux d'intérêt, le canal du crédit (strict et/ou large), le canal du taux de change, le canal des prix des actions et le canal des anticipations ou de l'information.

Cependant, si la conclusion de l'hétérogénéité semble partagée dans le cadre des pays en développement, les principaux canaux identifiés pour ces derniers pays ne concernent que trois principaux canaux : le canal du crédit, le canal des taux d'intérêt et le canal du taux de change. Les deux derniers, canal du prix des actions et des anticipations, sont insuffisamment abordés à cause de la faiblesse du système financier et des problèmes informationnels de ces pays.

Ces canaux de transmission de la politique monétaire ainsi que l'hétérogénéité de ces effets peuvent être examinés soit au niveau macroéconomique, soit au niveau sectoriel. Au niveau macroéconomique, l'hétérogénéité des effets de la politique monétaire est reliée à des disparités structurelles[6] entre les pays (on parle aussi d'effets « pays »). Ces spécificités nationales peuvent altérer les canaux de transmission de la politique monétaire dans chaque pays. Cette approche demeure cependant limitée dans la mesure où les différences constatées au niveau agrégé sont la résultante de comportements microéconomiques, ou au moins sectoriels (on parle ici d'effets « sectoriels »). L'approche sectorielle semble plus séduisante sur le plan théorique et empirique, mais, sur le plan pratique, elle se heurte à de nombreuses difficultés statistiques surtout dans les pays en développement.

À la lumière de cet éclairage, nous examinerons cette problématique dans le cadre de l'UMOA. L'objectif consiste à identifier les canaux de transmission de la politique monétaire commune dans les états de l'UMOA, mais au-delà d'analyser l'hétérogénéité des effets de la politique monétaire commune. En d'autres termes, il s'agit de vérifier la pertinence ou non de l'existence d'un canal de taux d'intérêt, d'un canal du crédit et éventuellement du canal du taux de change. Au vu du caractère embryonnaire du marché financier, nous n'avons pas jugé nécessaire de vérifier l'existence d'un canal passant par les actifs financiers.

Pour atteindre ces objectifs, nous présentons, d'abord, les principaux enseignements de la littérature économique théorique et empirique sur les canaux de transmission de la politique monétaire dans une union monétaire.

---

[6] Il s'agit de spécificités nationales en matière de système productif, appareil financier, fiscalité, réglementation, etc.

Ensuite, nous développons une méthodologie, à savoir celle des modèles VAR structurels (SVAR) à l'image de nombreux travaux empiriques portant sur la même problématique pour analyser la pertinence des canaux identifiés dans la littérature. Ce cadre empirique nous permet d'analyser, enfin, pour les pays de l'UMOA, les canaux de transmission et l'asymétrie des effets de la politique monétaire à travers l'estimation du modèle VAR structurel.

I.- PRINCIPAUX ENSEIGNEMENTS DE LA LITTÉRATURE ÉCONOMIQUE SUR LES CANAUX DE TRANSMISSION DE LA POLITIQUE MONÉTAIRE

Cette section retrace les principaux enseignements issus des recherches théoriques et empiriques sur les canaux de transmission de la politique monétaire.

I.1.- APERÇU THÉORIQUE SUR LES CANAUX DE TRANSMISSION DE LA POLITIQUE MONÉTAIRE

Les canaux de transmission de la politique monétaire désignent traditionnellement les mécanismes par lesquels une variation des taux directeurs influence le comportement des agents économiques pour atteindre l'objectif de stabilité des prix. Ces canaux sont multiples et peuvent inclure, outre l'effet direct des taux d'intérêt sur les conditions d'endettement, le taux de change, le coût des capitaux propres, le patrimoine financier et immobilier des agents privés et la qualité de la structure de leur bilan[7].

I.1.1.- La transmission par le canal des taux d'intérêt

La vision habituelle des canaux de transmission de la politique monétaire fut longtemps réduite au seul canal de la monnaie, c'est-à-dire à une voie d'intégration entre les sphères réelle et monétaire résultant des principaux enseignements des modèles standards de type IS/LM. Dans le cadre de cette analyse, il n'y a que deux types d'actifs

7 Voir Mishkin (1996).

imparfaitement substituables : la monnaie et les titres portant intérêt. Un choc de politique monétaire engendre des ajustements de portefeuille des agents économiques entre la monnaie et les actifs non monétaires. Cette recomposition de portefeuille modifie les taux d'intérêt réels, la variation de ces derniers affectant alors les décisions d'investissement au sens large (dépenses d'investissement des entreprises, mais aussi achats des logements et acquisitions de biens de consommation durables par les ménages). Cependant, les banques ne jouent aucun rôle spécifique dans cette analyse, leur fonction étant limitée à la création monétaire. Il en résulte la prédominance du canal du taux d'intérêt sur les autres canaux de transmission.

Dans le modèle keynésien de base IS/LM, le canal du taux d'intérêt est le principal mécanisme de transmission de la politique monétaire. En effet, une politique monétaire expansionniste se traduit par une augmentation de l'offre de monnaie **(M)** qui modère les taux d'intérêt réels **(ir)** d'équilibre sur le marché de la monnaie. Elle réduit le coût du capital pour les entreprises et favorise alors une augmentation des dépenses d'investissement **(I)** dont la profitabilité se trouve améliorée. Par ailleurs, elle modère la charge d'intérêt pour les ménages emprunteurs et soutient donc leur revenu et leur consommation (à épargne inchangée). Ce canal correspond à la conception keynésienne la plus traditionnelle de la politique monétaire, mais joue à la fois sur la demande et sur l'offre **(Y).**

$$\mathbf{M}\uparrow \rightarrow \mathbf{ir}\downarrow \rightarrow \mathbf{I}\uparrow \rightarrow \mathbf{Y}\uparrow$$

Le schéma ci-dessus présente en principe l'effet direct le plus important sur les biens de consommation durables et l'investissement, par le biais du coût d'usage. À l'origine, dans la formulation keynésienne, ce canal agirait principalement par l'intermédiaire des décisions des entreprises en matière de dépenses d'investissement. Cependant, il semble que ces dernières peuvent inclure les dépenses relatives au logement et l'acquisition de biens de consommation durables des ménages. Les conséquences de la politique monétaire sur les dépenses en biens de consommation non durables sont répercutées à travers les effets de revenu et de substitution. En cas de hausse des taux d'intérêt réels, le rendement des placements augmente et entraîne une diminution de la consommation (effet de substitution).

L'effet revenu est fonction de la décision de consommation. Si cette dernière repose sur le revenu actuel ou le revenu futur escompté, un relèvement des taux d'intérêt aura des retombées contradictoires sur la consommation en réduisant le revenu futur escompté.

Cet effet peut être compensé par une meilleure rémunération de la richesse. Si les consommateurs sont des créanciers nets, une hausse des taux d'intérêt se traduira par un accroissement de leur richesse. En revanche, en cas de relèvement des taux d'intérêt à court terme, les débiteurs, les consommateurs ayant souscrit des prêts à taux flottants indexés sur ces taux, enregistreront une diminution de leur revenu disponible et réduiront leurs dépenses.

Le taux d'intérêt réel à long terme est souvent considéré comme ayant une incidence majeure sur les dépenses. L'hypothèse de la rigidité des prix fait de sorte qu'une politique monétaire expansionniste qui abaisse le taux d'intérêt nominal à court terme réduit également le taux d'intérêt réel à court terme ; cet enchaînement resterait encore valable dans un monde régi par les anticipations rationnelles. L'hypothèse des anticipations de la structure par terme des taux, selon laquelle le taux d'intérêt à long terme représente une moyenne des prévisions relatives aux taux d'intérêt futurs à court terme, donne à penser que la baisse du taux d'intérêt réel à court terme entraîne une chute du taux d'intérêt réel à long terme.

Ce fléchissement des taux d'intérêt réels aboutit ensuite à une hausse de l'investissement en capital fixe des entreprises, de l'investissement en logements, des dépenses de biens de consommation durables et de formation des stocks, le tout provoquant une augmentation de la production globale. Cependant, ce résultat n'est valable que si les prix sont rigides ou visqueux. La monnaie serait neutre, c'est-à-dire les quantités réelles resteraient inchangées, si une variation du stock de monnaie était suivie d'un ajustement immédiat des prix. Pour aller au-delà du cadre du modèle IS/LM et compléter cette description, notons que la politique monétaire doit pouvoir influencer les taux d'intérêt réels (cf. Angeloni et al. 2002)[8].

En pratique, il semble que l'effet des taux d'intérêt sur les dépenses de consommation et d'investissement est mitigé. On peut opposer

---

[8] Pour une caractérisation du lien entre taux longs et taux d'inflation, voir Brender et Pisani (1997)

seulement l'étude de Taylor (1995) à celle de Bernanke et Gertler (1995). Contrairement au premier auteur, Bernanke et Gertler (1995) affirment que les études empiriques ont eu beaucoup de mal à déceler une incidence significative des taux d'intérêt par le biais du coût du capital. Ce qui a semblé encourager la recherche d'autres mécanismes, notamment le canal du crédit.

I.1.2.- La transmission par le canal du crédit

Le canal du crédit permet de mettre en évidence les interactions entre politique monétaire et structure financière, tout en insistant sur l'importance du financement par crédit des investissements.
Une politique monétaire plus restrictive, en réduisant la valeur des garanties offertes par les entreprises, soit directement via un effet prix d'actif, soit indirectement via une baisse de l'activité diminue les possibilités d'emprunt. La transmission de la politique monétaire par le traditionnel canal monétaire se trouve donc amplifiée par la dépendance des agents non financiers au crédit bancaire.

Il existe deux canaux de base pour la transmission de la politique monétaire, découlant des problèmes d'information sur les marchés du crédit : le canal du crédit bancaire et le canal du bilan.

I.1.2.1.- Le canal strict du crédit

Le canal du crédit bancaire ou canal strict est fondé sur l'idée que les banques jouent un rôle spécifique au sein du système financier, car elles sont particulièrement bien placées pour résoudre les problèmes d'asymétrie d'information sur les marchés de crédit. Du fait de ce rôle spécifique des banques, certains emprunteurs n'auront pas accès aux marchés de crédit s'ils n'empruntent pas auprès d'elles.

Tant qu'il n'existe pas de parfaite substituabilité pour les banques commerciales entre dépôts et autres sources de refinancement, le canal du crédit bancaire agit de la façon suivante. Une politique monétaire expansionniste, qui contribue à accroitre les réserves et les dépôts bancaires, augmente la quantité de prêts bancaires disponibles.
Compte tenu du rôle spécifique des banques en tant que prêteurs à certaines catégories d'emprunteurs, cette augmentation du volume de prêts conduira à une hausse des dépenses d'investissement (et éventuellement de consommation).

L'idée que le crédit bancaire puisse constituer une force de propagation importante des chocs est assez ancienne (Trautwein, 2000). Cependant, l'approche consistant à mettre en avant le rôle du crédit bancaire dans la transmission de la politique monétaire n'a que récemment bénéficié d'une attention particulière. L'article de Bernanke (1983) est certainement celui qui a initié ce courant de pensée. L'auteur effectue une réinterprétation de la Grande Dépression des années 1930 aux États-Unis. Depuis l'ouvrage phare de Friedman et Schwartz (1963), l'explication principale de la crise reposait sur la contraction de l'offre de monnaie. Selon les auteurs, l'incidence directe des faillites bancaires fut d'accroitre la préférence des agents pour la monnaie fiduciaire, au détriment des dépôts. Il en a résulté une baisse du multiplicateur monétaire et de l'offre de monnaie, étant donné que la Réserve fédérale des États-Unis n'effectuait pas d'interventions d'open market compensatoires. Il ressort de cette analyse que ce n'est pas l'impact direct de l'effondrement des banques qui a été déterminant pour le rythme de l'activité économique, mais bien la réduction de l'offre de monnaie.

Bernanke (1983) met en avant l'effondrement du système financier comme facteur explicatif majeur de la durée de la crise des années 30 aux États-Unis. La faillite de la moitié du système bancaire a provoqué une forte hausse du coût d'intermédiation, privant de financement des pans entiers de l'économie, constitués d'emprunteurs n'ayant pas accès à des formes de crédit non intermédiées. Simultanément, le niveau des taux d'intérêt sur les marchés financiers donnait une fausse impression que les conditions monétaires étaient accommodantes.

Blinder et Stiglitz (1983) attirent l'attention sur le rôle du crédit dans le processus de transmission au sein des systèmes financiers contemporains. Ils notent qu'une action restrictive des autorités monétaires à l'open market, en modifiant les avoirs des banques en monnaie centrale, affecte non seulement les dépôts, mais également les crédits. En l'absence de proches substituts au crédit bancaire pour certaines catégories d'emprunteurs, ceci peut avoir des conséquences macroéconomiques réelles. De plus, ils soulignent que le taux de croissance de l'agrégat M1 entre 1979-1981 ne pouvait aucunement rendre compte de la sévérité de la crise déclenchée par la Réserve fédérale au cours de cette période, et que les restrictions dans la disponibilité du crédit fournissent une meilleure explication à cet égard.

Cependant, le modèle fondateur du canal étroit du crédit, qui a largement contribué à développer l'approche théorique de cette courroie de transmission, est le modèle IS/LM augmenté du crédit bancaire de Bernanke et Blinder (1988b). Il s'agit d'un modèle macroéconomique, qui a reçu de nombreux prolongements par la suite. Nous présentons ici ses principales hypothèses et conclusions.

- ***Les hypothèses clés du modèle***

Il s'agit d'un modèle IS/LM dans lequel les deux auteurs introduisent, en plus de l'hypothèse d'imparfaite substituabilité entre monnaie et titres, l'hypothèse d'imparfaite substituabilité entre titres financiers et crédits bancaires. Cette hypothèse est justifiée par l'existence d'asymétries informationnelles sur les marchés de capitaux et plus spécifiquement par le rôle particulier des banques par rapport aux autres intermédiaires dans le financement des entreprises. De ce fait, les prêts bancaires ne peuvent pas être assimilés à des titres émis sur un marché financier, comme le suppose le modèle IS/LM standard. L'hypothèse d'imparfaite substituabilité entre titres et crédits a plusieurs implications.

- Premièrement, il existe deux taux d'intérêt dans le modèle : le taux d'intérêt des titres et un taux d'intérêt des crédits. L'imparfaite substituabilité conduit à l'émergence d'un écart entre eux. En effet, si titres et crédits étaient parfaitement substituables, les deux taux d'intérêt seraient égaux et le modèle IS/LM standard s'appliquerait. Contrairement au modèle IS/LM où seulement la monnaie et les titres sont des substituts imparfaits, il y a trois actifs distincts dans le modèle (la monnaie, les crédits et les titres), et quatre marchés (celui de la monnaie, celui du crédit, celui des biens et services, et celui des titres, ce dernier étant supprimé par application de la loi de Walras).

- Deuxièmement, l'imparfaite substituabilité entre titres et crédits signifie que l'actif des banques est pris explicitement en compte dans la transmission de la politique monétaire. Cependant, tout comme dans l'analyse traditionnelle, c'est le mécanisme des réserves obligatoires qui permet à la Banque centrale de contrôler les dépôts résultant d'un resserrement monétaire, l'ajustement du portefeuille d'actifs s'effectue à travers une réduction à la fois des titres et des prêts bancaires.

Les banques ne peuvent pas compenser une baisse des dépôts par une simple diminution de leur portefeuille de titres à l'actif, laissant ainsi leur offre de crédit inchangée. L'hypothèse d'imparfaite substituabilité à l'actif des banques est-elle plausible ? Autrement dit, pourquoi les banques ne pourraient-elles faire transiter la totalité de l'ajustement à travers une réduction du portefeuille de titres ? Un problème de liquidité peut être évoqué. Une banque n'est pas indifférente au montant de titres qu'elle détient.

En effet, face au risque permanent de retrait des dépôts, le fait de garder des actifs liquides facilement négociables, comme les bons du Trésor, est un moyen d'éviter les coûts d'illiquidité qu'elle encourrait si elle devait vendre très vite des actifs tels que les prêts bancaires (Kashyap et Stein, 1993). Par conséquent, pour une configuration donnée de dépôts à vue et de taux d'intérêt, il existe une quantité optimale de titres que la banque souhaite détenir.

Notons d'emblée que les conclusions relatives à la réduction de l'offre de crédits bancaires ne reposent pas sur l'existence d'un rationnement du crédit. L'équilibre sur le marché du crédit est obtenu par une variation du taux débiteur. Le rationnement du crédit, dans le sens utilisé par Stiglitz et Weiss (1981), est compatible avec le canal étroit du crédit, mais n'est pas du tout nécessaire à son existence[9].

Par ailleurs, la théorie monétariste du mécanisme de transmission (cf. Brunner et Meltzre, 1968, 1988 et 1990) n'offre pas nécessairement une analyse plus riche du rôle joué par les banques dans la propagation de la politique monétaire. Dans cette approche, l'accent est mis sur le fait que le capital physique et les titres de la dette publique sont des actifs imparfaitement substituables.

Ainsi, le marché des actifs financiers n'est plus le simple reflet du marché de la monnaie (Sterdyniak et Villa, 1977). Dès lors, un choc de politique monétaire conduit à des arbitrages de portefeuille à travers un grand nombre d'actifs financiers et réels, impliquant un ensemble d'institutions et d'agents[10]. Cependant, bien que la distinction entre

[9] Stiglitz et Weiss (1981) ont montré qu'en présence de problème d'anti-sélection, un comportement rationnel des banques de maximisation du profit peut les conduire à rationner les quantités offertes, sans recourir à une hausse de taux (rationnement d'équilibre). En effet, au-delà d'un certain seuil, une augmentation du taux débiteur pourrait directement détériorer le rendement espéré des crédits accordés.

[10] À la différence des monétaristes, dans l'optique keynésienne de la transmission développée par Tobin (1969), l'élargissement de la gamme d'actifs se limite aux seuls actifs financiers, de sorte que les arbitrages de portefeuille sont à l'origine de modifications du prix des actifs.

crédits bancaires et titres mène à un élargissement de la gamme d'actifs proposée aux agents, elle ne débouche sur aucune spécificité de l'intermédiation bancaire. En effet, dans l'approche monétariste, titres et crédits ont un taux d'intérêt unique, représentatif à la fois du rendement des titres et du coût du crédit.

- Troisièmement, l'imparfaite substituabilité entre titres et crédits implique que le passif des entreprises non financières n'est pas indifférencié. Les entreprises ne sont plus indifférentes entre financement bancaire et financement de marché. Par conséquent, elles ne peuvent pas compenser une baisse de l'offre de crédit en émettant un supplément de titres, sans subir un coût additionnel. Dès lors, une baisse de l'offre de prêts bancaire aura pour effet d'affecter la structure de financement des entreprises.

S'agissant de la structure du modèle, Bernanke et Blinder (1988a, 1988b) considèrent une maquette d'économie fermée à prix fixe dans laquelle la Banque centrale mène une politique de base monétaire. L'équilibre sur le marché de la monnaie est décrit par une courbe LM conventionnelle, mais une précision quant au côté offre du marché est nécessaire. L'offre de dépôts (qui est égale à l'offre de monnaie, car les espèces sont négligées) est issue d'un processus de multiplication des réserves bancaires, le coefficient multiplicateur étant une fonction croissante du revenu, ce qui capte l'existence d'une demande transactionnelle de crédit, pouvant provenir, par exemple, d'un motif de liquidité ou de besoins en fonds de roulement.

C'est également une fonction décroissante du taux débiteur et croissante du taux des titres, par effet de substitution. L'offre de crédit augmente avec le taux débiteur, ce qui traduit l'hypothèse d'absence de rationnement sur le marché du crédit, mais diminue avec le taux des titres, par effet de substitution. Enfin, sur le marché des biens, le revenu est une fonction décroissante à la fois du taux des titres et du taux débiteur bancaire, les deux modes de financement externe contraignant la demande agrégée.

La combinaison des conditions d'équilibre sur le marché du crédit et des biens donne la courbe CC (Commodity and Credit). La courbe IS du modèle IS/LM standard est ici remplacée par la courbe CC. Les courbes IS et CC se différencient par le déplacement subi par CC en cas de choc de politique monétaire agissant sur les réserves bancaires. Au final, le système d'équilibre est formé par les courbes CC et LM, dont le point d'intersection représente l'équilibre simultané sur tous les marchés.

- ***Transmission de la politique monétaire***

L'action des deux canaux dans la transmission des chocs de politique monétaire est généralement décrite dans la littérature de la façon suivante[11]. Prenons le cas d'une politique monétaire restrictive, lorsque la Banque centrale diminue la quantité de réserves du système bancaire en échange de titres (le mécanisme est symétrique dans le cas d'une politique expansionniste). Le ratio de liquidité des banques diminue et devient inférieur au ratio souhaité. La baisse des réserves conduit, via le multiplicateur de base, à une réduction de l'offre de dépôts.

Pour résorber l'excès de demande de dépôts qui en résulte, le taux d'intérêt des titres augmente. Cette hausse est donc obtenue par la vente de titres détenus par les banques aux agents non financiers, et ceci à un prix inférieur au prix du marché, d'où une hausse de leur taux de rendement. La hausse du taux d'intérêt des titres réduit l'investissement et le revenu diminue. La courbe LM se déplace vers la gauche et son déplacement traduit l'action du canal monétaire. Dans le modèle IS/LM standard, le processus de transmission s'arrêterait à ce stade, la position de la courbe IS restant inchangée.

Cependant, la baisse de réserves conduit également à une réduction de l'offre de crédits, d'où un excès de demande de crédit, apuré par une hausse du taux débiteur bancaire et une réduction du taux des titres, en raison d'un arbitrage crédits-titres à l'actif des banques et d'un arbitrage dépôts-titres à l'actif des ménages.

La réduction de l'offre de crédit contraint les dépenses des agents dépendants du crédit bancaire, d'où un effet accru sur le revenu. La baisse de revenu conduit à une réduction de la demande de monnaie transactionnelle et à un excès d'offre sur le marché de la monnaie, mais celui-ci est résorbé par la baisse du taux d'intérêt des titres. Le canal étroit du crédit renforce le canal monétaire traditionnel et cet effet d'amplification est illustré par le déplacement de CC, dans le même sens que celui de la courbe LM. Suite au resserrement monétaire, le revenu est réduit sous l'impact d'un effet de liquidité (canal monétaire - déplacement de CC).

---

11 Voir, par exemple, Lavigne et Villieu (1996) ; Trautwein (2000)

L'évolution du taux d'intérêt des titres est indéterminée, mais il est possible qu'il diminue en définitive. De ce dernier résultat, la littérature retient une conclusion importante en termes de politique économique : si les deux canaux sont actifs, les taux d'intérêt d'open market peuvent être de mauvais indicateurs du caractère expansionniste ou restrictif de la politique monétaire.

- ***Principales conclusions du modèle***

Les principales conclusions quant à l'efficacité de la politique monétaire énoncées par Bernanke et Blinder et retenues dans la littérature sont les suivantes :

- Le canal étroit du crédit renforce le canal monétaire, ce qui accroît l'impact de la politique monétaire sur le revenu d'équilibre par rapport au modèle IS/LM standard.

- L'effet de la politique monétaire sur le taux d'intérêt des titres est indéterminé ; économiquement, la politique monétaire peut donc avoir un impact significatif sur l'activité sans que se produise une variation importante des taux d'intérêt sans risque. L'évolution de ces taux peut ne pas être un bon indicateur des effets de la politique monétaire sur les contraintes de financement des agents non financiers. Autrement dit, les taux d'intérêt de marché sont de mauvais indicateurs du coût du capital des entreprises.

- Du fait de l'imparfaite substituabilité entre titres et crédits, un changement de politique monétaire entraîne une modification du spread entre le taux débiteur bancaire et le taux des titres, et affecte l'offre de crédit. Le spread augmente (diminue) et l'offre de crédit diminue (augmente) en cas de resserrement (d'expansion) monétaire.

I.1.2.2.- Le canal large du crédit bancaire ou canal des bilans

Ce canal trouve son origine dans l'existence de problèmes d'asymétrie d'information sur les marchés de crédit. Plus la situation nette d'une entreprise est faible, plus les problèmes de sélection adverse et d'aléa moral sont aigus lorsqu'il s'agit de lui octroyer des prêts. En effet, une diminution de la situation nette signifie que les prêteurs disposent d'une moindre garantie en contrepartie de leurs prêts et les pertes dues à la sélection adverse sont donc plus importantes. La dégradation de la situation nette, qui aggrave le problème de sélection adverse, aboutit par conséquent à une réduction des prêts destinés à financer les dépenses d'investissement. En outre, elle accentue également le problème d'aléa moral, car cela signifie que la valeur des participations dans l'entreprise diminue pour les propriétaires, ce qui les incite à s'engager dans des projets d'investissement plus risqués. Comme la probabilité de non-remboursement des prêteurs se trouve par là même renforcée, la dégradation de la situation nette des entreprises aboutit à une diminution des prêts et donc des dépenses d'investissement.

La politique monétaire est susceptible d'affecter les bilans des entreprises de plusieurs manières. Une politique monétaire expansionniste **(M),** qui entraîne une hausse des cours des actions **(Pe)** selon l'enchaînement décrit précédemment, renforce la situation nette des entreprises et aboutit donc à une augmentation des dépenses d'investissement **(I)** et de la demande globale **(Y)**, puisque les problèmes de sélection adverse et d'aléa moral sont atténués. On en déduit donc le schéma suivant :

M↑ → Pe↑ →sélection adverse ↓ et aléa moral ↓ → prêts ↑ → I ↑ → Y ↑

Une politique monétaire expansionniste, qui suscite une baisse des taux d'intérêt, entraîne également une amélioration des bilans des entreprises, car elle accroît leur revenu d'exploitation, réduisant par là même les problèmes de sélection adverse et d'aléa moral. Il en résulte le schéma suivant :

M ↑ →i ↓ → trésorerie↑ → sélection adverse↓ et aléa moral ↓ →prêts ↑ → I ↑ → Y ↑

Un autre mécanisme apparenté au précédent, qui se réfère également à la sélection adverse, concerne le phénomène de rationnement du crédit. Comme l'ont démontré Stiglitz et Weiss (1981), le rationnement du crédit intervient dans des cas où les emprunteurs se voient refuser des prêts, même s'ils sont disposés à payer un taux d'intérêt plus élevé. Cela tient au fait que les ménages et les entreprises dont les projets d'investissement comportent le plus de risques sont ceux-là mêmes qui acceptent de payer les taux les plus élevés, car, si leur investissement s'avère rentable, ils en seront les principaux bénéficiaires.

Par conséquent, une hausse des taux d'intérêt aggrave le problème de sélection adverse et une baisse exerce l'effet contraire. Lorsqu'une politique monétaire expansionniste favorise une baisse des taux d'intérêt, les emprunteurs moins enclins à prendre des risques représentent une proportion plus importante des demandeurs de prêts et les bailleurs de fonds sont donc plus disposés à octroyer des prêts, ce qui entraîne une hausse de l'investissement et de la production, selon l'enchaînement décrit par une partie du schéma ci-dessus.

Un troisième canal de bilan agit par le biais des effets de la politique monétaire sur le niveau général des prix. Étant donné que les versements au titre d'une dette sont fixés par contrat en termes nominaux, une hausse non anticipée du niveau des prix réduit la valeur du passif d'une entreprise en termes réels (elle allège le poids de la dette), mais pas celle de l'actif, en principe. L'expansion monétaire, qui aboutit à une hausse non anticipée du niveau des prix (P) accroît par conséquent la situation nette réelle, ce qui atténue les problèmes de sélection adverse et d'aléa moral et suscite une hausse des dépenses d'investissement et de la production globale, comme le montre le schéma ci-dessous :

M ↑ →P ↑non anticipée →sélection adverse ↓et aléa de moralité ↓ → prêts ↑ → I ↑ → Y ↑

En définitive, il existe trois raisons de penser que les canaux de crédit constituent un élément important du mécanisme de transmission de la politique monétaire. En premier lieu, un grand nombre d'indices obtenus sur données individuelles tendent à prouver que les imperfections des marchés de crédit, du type de celles qui sont essentielles à l'action des canaux de crédit, affectent effectivement les décisions d'embauche et de dépenses des entreprises.

En deuxième lieu, il semble, comme l'ont montré Gertler et Gilchrist (1994), que les petites entreprises, davantage susceptibles de subir des restrictions de crédit, sont plus affectées par un resserrement de la politique monétaire que les grandes entreprises, qui sont moins exposées à ce risque.

La troisième raison, et probablement la plus solide, est que la thèse d'asymétrie d'information expliquant les imperfections des marchés du crédit, qui se situe au cœur de l'analyse du canal du crédit, est une construction théorique qui s'est avérée extrêmement utile pour expliquer nombre d'autres phénomènes importants. Elle explique notamment l'origine de l'existence de nombreuses institutions financières et la structure du système financier.

Kashyap et Stein (1993) rappellent les conditions nécessaires à l'existence d'une transmission spécifique par le crédit bancaire.

Premièrement, les prêts bancaires et les obligations ne doivent pas être parfaitement substituables pour les entreprises ; en d'autres termes, certaines entreprises ne peuvent emprunter davantage sur les marchés directs en cas de baisse du crédit bancaire.

Deuxièmement, la politique monétaire de la Banque centrale doit pouvoir affecter le comportement bancaire en matière de distribution de crédit ; c'est-à-dire que les intermédiaires financiers ne peuvent isoler leur octroi de crédit des modifications subies sur leurs réserves. Troisièmement, l'ajustement des prix doit être imparfait pour que la politique monétaire soit non neutre puisque, si les prix s'ajustaient instantanément, il n'y aurait pas d'effet réel de la politique monétaire, ni par le canal monétaire ni par le canal du crédit.

I.1.3.- La transmission par le canal des prix d'autres actifs

La politique monétaire est transmise à l'activité économique à travers les prix des actifs : le taux de change, les prix des actions, les prix de l'immobilier. Une des principales objections des monétaristes au paradigme IS/LM concernant l'analyse des effets de la politique monétaire sur l'économie est que ce modèle se concentre sur le prix d'un seul actif, le taux d'intérêt, et non sur les prix de plusieurs actifs. Les monétaristes imaginent un mécanisme de transmission dans lequel les prix relatifs d'autres actifs et la richesse réelle transmettent des effets monétaires dans l'économie. L'identification de ces autres canaux est une caractéristique des modèles macroéconomiques conçus par des keynésiens, qui considèrent les effets des prix de ces autres actifs comme essentiels pour le mécanisme de transmission de la politique monétaire.

Il existe deux actifs clés, en plus des obligations, qui font l'objet de beaucoup d'attention dans la littérature consacrée aux mécanismes de transmission : les devises et les actions. Il existe deux canaux importants impliquant les cours des actions pour le mécanisme de transmission de la politique monétaire : la théorie de l'investissement de Tobin (coefficient q) et les effets de richesse sur la consommation.

I.1.3.1.- Le canal du taux de change

Ce canal joue un rôle important dans la façon dont la politique monétaire affecte l'économie nationale, ce qui apparaît clairement dans les études menées sur ce sujet, comme celles de Bryant, Hooper et Mann (1993) et de Taylor (1993). En régime de taux de change flexible et avec l'hypothèse d'une mobilité internationale des capitaux, une baisse des taux d'intérêt se traduit, toutes choses égales par ailleurs par une dépréciation du taux de change effectif réel de la monnaie nationale. Cette dépréciation soutient les exportations nettes et, par conséquent, la production globale.

Compte tenu de l'internationalisation croissante de l'économie américaine et du passage aux taux de change flexibles, on s'est davantage intéressé à la transmission de la politique monétaire à travers l'influence des taux de change sur les exportations nettes. Ce canal fait intervenir les effets du taux d'intérêt, car la baisse des taux d'intérêt réels nationaux réduit l'attrait des dépôts nationaux en dollars par rapport aux dépôts libellés en monnaies étrangères ; ce qui entraîne une chute de la valeur des dépôts en dollars par rapport aux dépôts en devises, c'est-à-dire une dépréciation du dollar **(E)**. La dépréciation de la monnaie nationale abaisse le prix des biens nationaux par rapport aux biens étrangers, ce qui se traduit par une augmentation des exportations nettes **(NX)** et donc de la production globale. Par conséquent, le schéma du mécanisme de transmission de la politique monétaire par le canal du taux de change est le suivant :

$$\mathbf{M} \uparrow \rightarrow \mathbf{ir} \downarrow \rightarrow \mathbf{E} \downarrow \rightarrow \mathbf{NX} \uparrow \rightarrow \mathbf{Y} \uparrow$$

I.1.3.2.- Le canal du Q de Tobin

Une baisse des taux d'intérêt est susceptible d'avoir un effet favorable sur le cours des actions dans la mesure où le prix d'une action correspond à la valeur actualisée des dividendes futurs. Toutes choses égales par ailleurs, cette augmentation du prix des actions diminue le coût des fonds propres pour les entreprises et soutient leurs investissements (à l'instar du canal traditionnel, mais via un mécanisme différent, la hausse des cours boursiers rendant les émissions d'actions plus attractives).

Cette théorie établit un mécanisme selon lequel la politique monétaire affecte l'économie par le biais de ses effets sur la valorisation des actions. Tobin définit le coefficient q comme étant le rapport entre la valeur boursière des entreprises et le coût de renouvellement du capital. Si **q** est élevé, la valeur boursière des entreprises est élevée par rapport au coût de renouvellement du capital et les nouveaux investissements productifs sont peu onéreux par rapport à la valeur boursière des entreprises. Celles-ci peuvent alors émettre des actions et en obtenir un prix élevé, compte tenu du coût des investissements productifs qu'elles réalisent. Par conséquent, les dépenses d'investissement augmenteront, car les entreprises peuvent acquérir beaucoup de biens d'équipement en émettant peu d'actions nouvelles.

L'existence d'un lien entre le coefficient q de Tobin et les dépenses d'investissement se situe au centre du débat. Néanmoins, comment la politique monétaire est-elle susceptible d'affecter les cours des actions ? Selon la conception monétariste, lorsque l'offre de monnaie augmente, les agents estiment qu'ils disposent de trop de liquidités par rapport au niveau souhaité et tentent, dès lors, de réduire leurs encaisses en accroissant leurs dépenses. Le marché boursier leur offre une possibilité de dépenser ce surplus, ce qui accroît la demande d'actions et fait ainsi monter les cours.

Selon une conception plus keynésienne, qui aboutit à la même conclusion, la chute des taux d'intérêt découlant d'une politique monétaire expansionniste réduit l'attrait des obligations par rapport aux actions, ce qui suscite une hausse des cours de ces dernières. En combinant ces thèses avec le fait que la hausse des cours des actions **(Pe)** entraîne une augmentation du coefficient **q (q)** et donc des dépenses d'investissement **(I)**, on déduit le mécanisme suivant de transmission de la politique monétaire :

$$\mathbf{M \uparrow \rightarrow Pe \uparrow \rightarrow q \uparrow \rightarrow I \uparrow \rightarrow Y \uparrow}$$

Concernant le canal du ratio q de Tobin, il semble que les tests empiriques rejettent massivement son influence, quels que soient les efforts des économistes pour imaginer des mesures rigoureuses de profitabilité. À lui seul, le ratio q ne parvient pas à résumer toutes les incitations à investir. Des variables de bilan apportent une information complémentaire qui ne peut être justifiée au sein du cadre initial de cette théorie. Ce résultat récurrent est commenté en ces termes par

Gilchrist & Leahy (2002, p.82) : « Much of the empirical investment literature of the past two decades can be viewed as an attempt to explain why the link between asset prices and investment does not work the way that Tobin thought it did ». Au mieux, la valeur de marché des firmes peut influer sur la structure de leur passif, mais sans grands effets sur les montants investis. Il est donc difficile de croire que ce canal puisse constituer un relais important des fluctuations financières.

I.1.3.3.- Le canal des effets de richesse

La consommation des ménages peut aussi tirer profit d'une baisse des taux d'intérêt : l'augmentation du prix des actifs financiers ou immobiliers résultant d'une baisse des taux d'intérêt augmente la valeur de leur patrimoine et soutient leur consommation. Dans un modèle où les ménages cherchent à lisser leur consommation sur le cycle de vie, ils dépensent plus lorsque leur richesse augmente.

Le canal des effets de richesse sur la consommation a été mis en évidence par Franco Modigliani. Dans le modèle du cycle de vie de Modigliani, les dépenses de consommation sont déterminées par les ressources des consommateurs tout au long de leur vie, qui sont constituées du capital humain, du capital matériel et de la richesse financière ou patrimoine. Les actions ordinaires sont une composante majeure du patrimoine financier. Lorsque les cours des actions s'élèvent, la valeur de ce patrimoine financier s'accroît et les ressources globales des consommateurs pendant l'ensemble de leur vie augmentent, et par conséquent la consommation augmente. Comme une politique monétaire expansionniste peut entraîner une hausse des cours des actions (Pe), on en déduit alors un autre mécanisme de transmission de la politique monétaire :

$$\mathbf{M} \uparrow \rightarrow \mathbf{Pe} \uparrow \textbf{ richesse} \uparrow \rightarrow \textbf{consommation} \uparrow \rightarrow \mathbf{Y} \uparrow$$

A priori, l'expérience de crises financières tend à nuancer l'impact de la richesse financière sur la consommation. Le krach de 1987 en constitue un exemple. En dépit de la chute d'environ 30 % du prix réel des actions américaines sur une courte période, les économistes n'ont observé aucune baisse significative de la consommation au cours des trimestres qui ont suivi (Blinder (1987), Cagan (1990), Poterba & Samwick (1995). Cette absence d'effets peut être reliée à trois facteurs. D'abord, la phase de croissance du cours des actions précédant le krach a été relativement courte. Ensuite, la Bourse a vite rebondi, si bien qu'au premier trimestre 1988, les indices américains étaient déjà supérieurs à leur niveau d'avant krach. Enfin, les banques centrales ont assoupli leur politique dans le sillage de la chute des cours. Concernant la crise financière des années 1930, la baisse des dépenses de consommation observée sur la période 1932-1934 a été beaucoup plus forte que ce que les seuls marchés boursiers peuvent expliquer. Comme les actions ne représentaient qu'entre un sixième et un tiers de la richesse totale des ménages en 1929 (Wolff et Marley, 1989), il est difficile d'attribuer aux marchés boursiers la chute de consommation observée chez tous les ménages américains (Romer, 1990).

Outre ces exemples historiques, plusieurs facteurs contemporains s'entremêlent et rendent *a priori* indéterminés les effets de la richesse sur la consommation. D'abord, l'émergence de la détention indirecte peut être de nature à troubler la relation entre les deux ; une des raisons évoquées par les actionnaires n'ayant pas modifié leur comportement au cours de la seconde moitié des années 1990 tient au motif de constitution d'une épargne destinée à assurer un revenu pour la retraite. Or, cette assertion est contraire aux enseignements du modèle canonique de cycle de vie. Certes, les actifs détenus auprès de fonds de retraite ne peuvent être retirés sous peine de sanctions financières, et ces plus-values latentes font difficilement office de garantie pour emprunter. Mais il n'empêche que la hausse de la richesse disponible pour le futur réduit l'effort d'épargne nécessaire pour atteindre un objectif donné de consommation. Partant, la hausse du revenu permanent devrait coïncider avec un accroissement de la consommation, que les actions soient détenues directement ou pas.

En général, les six principaux canaux de transmission peuvent être ventilés suivant trois secteurs institutionnels (tableau 7). Le canal du taux de change est plus spécifique à l'extérieur. Les effets de richesse sont plus spécifiques aux ménages. Le canal du Q de Tobin et le canal large du crédit ou des bilans sont intrinsèques aux entreprises. Les canaux du taux d'intérêt et du crédit bancaire agissent par l'intermédiaire des entreprises et des ménages (voir tableau ci-dessous).

Tableau 26 :
Ventilation des canaux de transmission de la politique monétaire

Canal du prix des actifs				
Canal de transmission	Canal du taux d'intérêt	Canal du taux de change	Canal Q de Tobin	Effets internes
Agents concernés	Entreprises Ménages	Entreprises	Entreprises	Ménages
Canal du crédit				
Canal de transmission	Canal large du crédit (théorie de financier)		Canal du crédit bancaire ou canal strict du crédit	
Agents concernés	Entreprises		Entreprises Ménages	

Source : Cherbonnier et Payet (2004)

De même, la transmission de la politique monétaire peut être schématisée comme suit :

Graphique 7 :
Schéma de la transmission de la politique monétaire

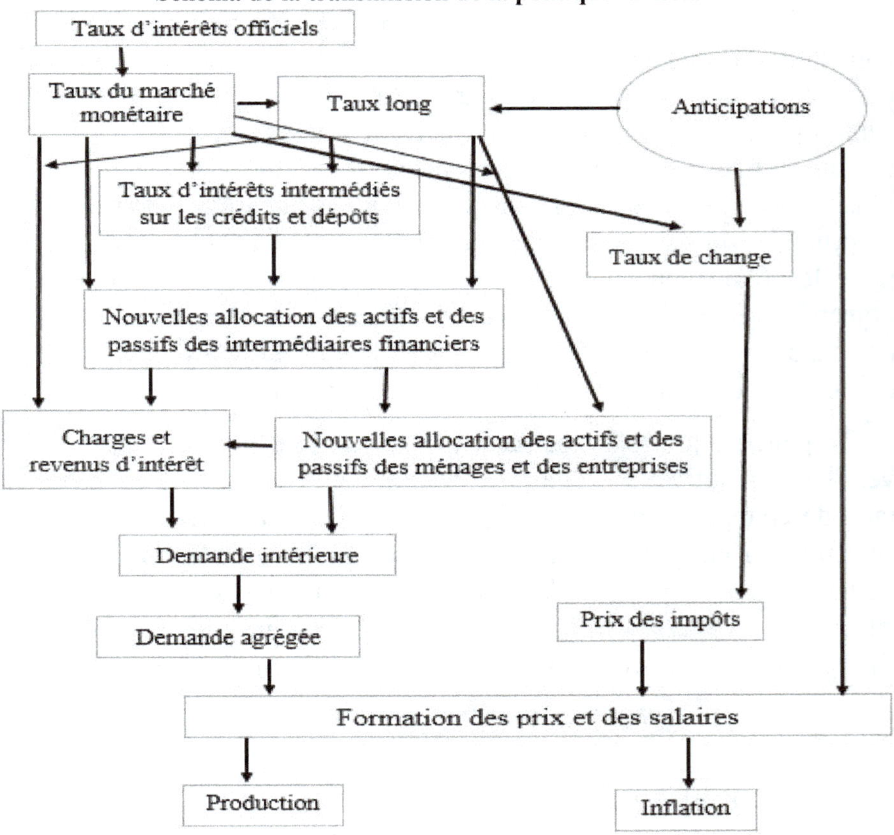

Source : Mojon (1998)

En conclusion, les canaux de transmission de la politique monétaire (graphique 7) sont des processus complexes. Les effets des variations de taux d'intérêt sur les variables macroéconomiques ne sont pas systématiques. Ils dépendent de l'état de l'économie et des anticipations des agents, et ils s'exercent avec des délais assez longs. L'importance relative de ces différents canaux, dont les effets peuvent être souvent contradictoires, conditionne l'efficacité de la politique monétaire. Dans le cadre d'une union monétaire, tout porte à croire que ces canaux de transmission peuvent différer d'un pays à un autre, voire, d'une période à l'autre pour un même pays, parce que l'organisation institutionnelle des systèmes financiers est différente et qu'elle évolue dans le temps.

I.2.- UN TOUR D'HORIZON DES PRINCIPAUX TRAVAUX EMPIRIQUES

Les études empiriques sont nombreuses. Certaines testent l'hypothèse de rationnement du crédit ou mettent en évidence le rôle prédictif des spreads sur l'activité économique ; d'autres traitent de l'affaiblissement du canal strictement monétaire et recherchent de nouveaux objectifs intermédiaires plus pertinents.

Enfin, certaines étudient le lien entre variables monétaires et variables réelles au niveau macroéconomique ou alors tentent de mieux comprendre la réponse du crédit bancaire aux inflexions de la politique économique en utilisant des données de bilan bancaire et des données par catégorie d'entreprises. Ces études sont relatives à un seul pays au niveau macroéconomique ou à un panel d'entreprises au niveau microéconomique.

I.2.1.- Les études sur données macroéconomiques

Une bonne partie des auteurs qui se sont intéressés à la mesure de l'orientation de la politique monétaire ont eu recours à un vecteur autorégressif sur données macroéconomiques, dans la foulée du test fondateur de Sims (1980). Dans le cas des États-Unis, Bernanke et Blinder (1992) ainsi que Sims (1992) considèrent le taux des fonds fédéraux comme un indicateur de cette orientation. Par conséquent, ils interprètent les variations non anticipées de ce taux comme des modifications de la politique de la Réserve fédérale des États-Unis.

Sims (1992) effectue une analyse multivariée, au moyen d'un modèle VAR (regroupant taux d'intérêt, masse monétaire, prix, production industrielle, taux de change et prix des matières premières) pour cinq grands pays de l'OCDE (États-Unis, Japon, Allemagne, France et Royaume-Uni). En calculant la réponse de ces variables aux innovations, il montre que les chocs de taux d'intérêt et les chocs sur la monnaie ont bien une influence sur l'activité, ce qui tendrait à confirmer le modèle IS/LM par rapport aux théories du cycle réel. Mais si une hausse non anticipée de la masse monétaire a bien l'effet positif attendu sur les prix dans les cinq pays, Sims retrouve le fait qu'un choc positif sur le taux d'intérêt provoque dans un premier temps une montée des prix ; cette montée des prix est persistante dans le cas du Japon.

Un autre résultat important de son étude est de montrer que les variations non anticipées de la production proviennent de manière diffuse de chocs sur l'ensemble des variables observées dans le modèle. Ceci invalide les modèles de cycles réels, où les perturbations sur l'output sont attribuées à un seul type de choc stochastique (généralement des chocs technologiques sur la productivité).

Christiano et Eichenbaum (1992), qui utilisent aussi un VAR, sont d'avis que le volume des réserves propres est un bon indicateur de l'orientation de la politique monétaire, tandis que Strongin (1995) propose d'utiliser plutôt la portion de la croissance des réserves propres qui est orthogonale à la croissance des réserves totales.

Dans le cas du Canada, Armour, Engert et Fung (1996) avancent que les variations non anticipées du taux du financement à un jour, calculées grâce à une décomposition de Choleski, pourraient se révéler un bon indicateur des chocs de politique monétaire. Lorsqu'ils comparent les variations de ce taux aux mesures de politique monétaire décrites dans les rapports annuels de la Banque du Canada, ils constatent que ces variations cadrent avec les objectifs visés par celle-ci dans ses interventions depuis le début des années 1960. Cependant, les variations non anticipées du taux à un jour donnent souvent lieu à des réactions perverses des prix dans un VAR utilisant des données mensuelles lorsqu'on se sert de l'indice des prix à la consommation (IPC) pour mesurer l'inflation. Fung et Kasumovich (1998) constatent que les variations non anticipées de M1 produisent des réactions conformes à celles auxquelles on s'attendrait en cas de choc de politique monétaire, ce qui les amène à conclure que ces variations pourraient être interprétées comme des changements de la politique suivie par la

Banque centrale. Tous ces auteurs font l'hypothèse qu'une variable financière unique constitue le meilleur indicateur de la politique monétaire. Toutefois, ils ne s'entendent guère sur la variable qui saisit le mieux l'orientation de cette politique.

Bernanke et Mihov (1998) proposent un modèle VAR qui prend en compte toutes les variables de politique monétaire proposées antérieurement dans le cas des États-Unis à titre de formulations particulières d'un modèle général. Il n'est pas nécessaire, dans ce cas, de faire l'hypothèse qu'une variable unique constitue le meilleur indicateur de la politique monétaire. Bernanke et Mihov construisent un modèle VAR simple pour représenter le marché des réserves bancaires et s'appuient sur les modalités d'intervention de la Banque centrale pour identifier ce modèle. Ils évaluent ensuite les différents indicateurs de l'orientation de la politique monétaire qui découlent des modalités d'intervention en testant les restrictions de suridentification imposées. Dans un dernier temps, ils s'inspirent d'une version du modèle qui est exactement identifiée pour élaborer un indice global de l'orientation de la politique monétaire qui combine sous une forme linéaire toutes les variables de politique entrant dans le VAR. Cette méthode a été appliquée à l'Allemagne (Bernanke et Mihov, 1997) et à l'Italie (De Arcangelis et Di Giorgio, 1998).

L'article de Morsink et Bayoumi (2001) se base sur des modèles vectoriels autorégressifs (VARs) pour examiner le mécanisme de transmission monétaire au Japon. Cette méthodologie semble être un avantage distinct puisque leur permettant d'utiliser des restrictions minimales sur la façon, dont les chocs monétaires, affectent l'économie, étant donné le manque de consensus au sujet des fonctionnements de la transmission monétaire. En outre, cette approche reconnaît explicitement la simultanéité entre la politique monétaire et les évolutions macroéconomiques, c'est-à-dire la dépendance de la politique monétaire à l'égard d'autres variables économiques et inversement.

Les résultats empiriques indiquent que la politique monétaire et les bilans bancaires sont tous deux des sources importantes de chocs. Les banques jouent un rôle crucial dans la transmission des chocs monétaires sur l'activité économique. Les sociétés et les ménages n'ont pas été capables de substituer l'emprunt venant d'autres sources au déficit de l'emprunt bancaire. L'investissement productif est particulièrement sensible aux chocs monétaires.

Le rôle indépendant des crédits bancaires dans la détermination de l'activité indique que des contraintes bancaires ont pu avoir entamé le mécanisme de transmission monétaire au cours des dernières années. Dans la mesure où les banques ont répondu à leurs propres difficultés en réduisant leurs prêts au secteur privé, un tel comportement aura tendance à compenser les avantages de facilités monétaires. En effet, la décomposition du VAR montre alors qu'un desserrement monétaire imprévu a eu un effet positif sur l'investissement productif, des chocs sur les prêts bancaires ont entraîné une diminution de l'investissement productif, particulièrement depuis 1996. Les auteurs concluent que les décisions politiques de renforcement des banques sont probablement nécessaires à l'efficacité du mécanisme monétaire.

Suivant Barth et Ramey (2001), qui montrent à partir d'une estimation VAR qu'après un choc restrictif de politique monétaire le rapport prix/salaire dans plusieurs industries des États-Unis augmente, un certain nombre d'études a exploré si le canal de coût est approprié pour la transmission des impulsions monétaires. Une partie de la littérature emploie une approche d'équilibre partiel en estimant les équations de courbe de Phillips simple qui représente un effet direct du taux d'intérêt nominal sur l'inflation. Ravenne et Walsh (2006) appuient l'évidence de l'existence d'un canal de coût aux États-Unis. Chowdhury, Hoffmann et Schabert (2006) estiment des courbes de Phillips pour les pays du G-7 et trouvent que le canal du coût est pertinent aux USA et en Grande-Bretagne, mais non en Allemagne et au Japon ; ce qui indique peut-être que la structure du système financier — système basé sur le marché financier contre système basé sur la banque — a un impact sur les conséquences des actions de politique monétaire.

Plusieurs autres auteurs mettent en relief l'hétérogénéité des effets de la politique monétaire dans une union monétaire découlant des différences de structures financières. Ainsi, Cecchetti (1999) soutient que les mécanismes de transmission monétaire changent systématiquement à travers onze pays membres de l'Union européenne, différents par la taille, la concentration et la santé du système bancaire. Selon les résultats de Cecchetti, les évaluations de l'impact des changements de taux d'intérêt sur l'output et l'inflation diffèrent. Il semble donc que l'élargissement futur de l'union monétaire augmentera l'hétérogénéité des structures financières dans la zone euro de sorte que les décisions de politique monétaire de la Banque centrale européenne

(BCE) sont susceptibles d'avoir un impact différent à travers les pays de l'union monétaire.

Peersman et Smets (2001) analysent la transmission monétaire dans la zone euro à partir d'un VAR estimé sur des données synthétiques de la zone de 1980 à 1998. Selon les résultats, une augmentation provisoire du taux d'intérêt nominal et réel à court terme tend à être suivie d'une réelle appréciation du taux de change et d'une chute provisoire de la production. L'évolution des prix est plus lente et commence seulement à tomber de manière significative en dessous de zéro plusieurs trimestres après la production. Ces résultats sont très similaires à ceux obtenus pour l'économie des USA en utilisant les méthodologies semblables. Ils apparaissent stables également sur différentes périodes d'échantillon.

Les auteurs étudient également la réaction d'autres variables macroéconomiques, notamment des composantes du PIB, suite à un choc de politique monétaire. La réponse de la production est principalement due à une diminution d'investissement lequel répond avec une magnitude trois fois plus grande que le PIB, et à un moindre degré que la consommation privée. L'emploi tombe en conformité avec le PIB, mais moins fortement ; ce qui a pour conséquence une réponse pro-cyclique de la productivité du travail. Le taux d'intérêt de long terme réagit lentement suite à une augmentation temporaire du taux d'intérêt de court terme. Les prix de logements répondent plus lentement aux chocs de politique monétaire.

Huelsewig, Mayer et al. (2006) estiment un modèle VAR pour la zone euro. Ils ont montré que l'output décroit graduellement suite à un choc de politique monétaire ; l'inflation réagit et le taux de prêt suit le taux de politique monétaire, mais avec une réaction moins prononcée. Ils aboutissent à la même conclusion que De Bondt (2005), conclusion selon laquelle le passage du taux du marché monétaire aux taux de prêt est incomplet. Pour une évaluation de la pertinence du canal de coût dans la zone euro, les auteurs ont estimé un modèle d'équilibre général en adoptant l'approche de distance minimum, qui fait correspondre les réponses théoriques d'impulsion à celles empiriques suite à un choc de politique monétaire. Les résultats ont montré que le canal de coût fonctionne, mais l'effet est faible puisque l'inflation est principalement conduite par des changements de coûts de la main-d'œuvre unitaire plutôt que des taux d'intérêt.

Les auteurs concluent que la force du canal de coût dans la zone euro est atténuée puisque les banques affermissent les chocs de politique monétaire en lissant les taux de prêt. Bien que les sociétés basent leur décision de prix sur des conditions de crédit, l'impact sur la dynamique d'inflation surgissant à travers des changements des taux d'intérêt apparaît sans importance. Ceci semble compatible avec Christiano, Eichenbaum, et Evans (2005) et Rabanal (2003), qui concluent que l'effet global du canal de coût est seulement mineur. Le degré avec lequel la réaction des taux de prêt aux changements des taux du marché monétaire est inachevée dépendrait crucialement de la structure du système financier (Cottarelli et Kourelis, 1994).

L'existence de retards longs et les incertitudes liées aux résultats confirment que la politique monétaire devrait être concentrée sur des développements à moyen terme et devrait éviter de tenter d'accorder plus d'attention à la production ou aux prix à court terme. Les résultats confirment que l'investissement productif est sensible aux changements du coût d'usage du capital jusqu'à un degré plus limité, et aux effets de liquidité ou de marge brute d'autofinancement. Cependant, l'évidence d'un impact différentiel sur les secteurs économiques démontre également que les effets de la politique monétaire sur la production peuvent être plus forts en périodes où les bilans des ménages et des sociétés sont faibles, comme pendant une diminution.

I.2.2- Les études sur données macro-sectorielles et microéconomiques

Seront analysés dans cette section, les principaux enseignements des études empiriques utilisant l'approche macro-sectorielle ou microéconomique dans la détermination des canaux de transmission de la politique monétaire commune.

I.2.2.1.- Études sur données macro-sectorielles

Peersman et Smets (2002) examinent l'asymétrie des effets de la politique monétaire dans sept (7) pays européens et onze (11) secteurs industriels, sur la période 1980-1998. Ils tiennent comptent, en outre, d'une asymétrie possible des réactions selon les phases du cycle d'activité. Leur étude met en évidence quatre points majeurs : (i) il existe des différences intersectorielles significatives dans l'effet moyen de la politique monétaire ; (ii) celles-ci sont principalement liées à la durabilité des biens produits (donc un canal du taux d'intérêt plus ou moins fort) ; (iii) il existe également des différences intersectorielles dans le degré d'asymétrie cyclique ; (iv) celles-ci sont à relier aux différences de structures financières et à la taille des entreprises (donc un canal du crédit plus ou moins fort).

Les résultats (i) et (ii) sont partagés par de nombreuses autres études, notamment celle de Dedola et Lippi (2005). Appliquant une démarche empirique voisine de celle de Peersman et Smets (sans la prise en compte de l'asymétrie cyclique), sur 5 pays de l'OCDE et 21 industries, entre 1983 et 1997, ces auteurs montrent que la composante sectorielle explique la majeure partie de la variance des effets de la politique monétaire, la composante pays étant faiblement significative. Il y a une hétérogénéité entre secteurs dans la réaction à la politique monétaire. Et cette hétérogénéité intersectorielle est similaire entre pays. Comme chez Peersman et Smets, l'impact de la politique monétaire est plus fort dans l'industrie lourde : produits métalliques, matériels de transport notamment. Mais les caractéristiques financières des firmes composant les secteurs d'activité contribuent également à expliquer les différences intersectorielles (canal du crédit).

L'étude de Mateut, Bougheas et al. (2006) analyse le canal de transmission de la politique monétaire quand le crédit commercial est inclus parmi les sources de financement externes. L'équilibre du marché de crédit dans leur modèle est caractérisé par de grandes entreprises en termes de richesse et empruntant auprès des banques, les sociétés de niveau intermédiaire de richesse sollicitant le crédit commercial, et les petites firmes. Ils examinent un panel de 16 000 entreprises manufacturières de la Grande-Bretagne. Les résultats indiquent que les crédits bancaires diminuent et le crédit commercial augmente. Lorsque les petites sociétés sont isolées des moyennes et grandes sociétés, les réponses sur le resserrement et le relâchement de la politique monétaire impliquent que les petites entreprises (financièrement plus faibles) sont exclues des crédits bancaires et recourent au crédit commercial. Les réponses des petites sociétés sont multiples et plus importantes comparativement aux réponses plus identiques des moyennes et grandes sociétés.

Le modèle suggère que les sociétés financièrement contraintes qui sont exclues des prêts bancaires peuvent encore recevoir le crédit d'autres sociétés. Ceci implique que l'influence d'une augmentation donnée des taux d'intérêt devrait avoir un effet plus amorti que dans le cas où il n'y a pas une alternative aux financements des banques. Bien qu'il soit plus cher et en général de court terme que des prêts bancaires, l'existence du crédit commercial affaiblit l'influence du canal du crédit.

Ils constatent que le modèle désagrégé (qui traite chaque pays individuellement et agrège les résultats par la suite) et les modèles agrégés (qui considèrent la zone euro comme un pays unique) donnent largement des résultats semblables pour l'effet de la politique monétaire sur l'output dans les 2 ou 3 premières années quand les éléments anticipatifs sont ignorés.

L'introduction des comportements anticipatifs dans les modèles tend à augmenter l'impact initial de l'exercice de la politique monétaire, mais accélère également le retour aux valeurs initiales. Dans les deux modèles, le coût d'usage du capital tend à être le canal dominant de transmission en termes d'impact sur le PIB.

Enfin, Farinha et Marques (2001) analysent l'importance du canal de crédit dans l'économie portugaise en estimant directement une équation d'offre de crédits bancaires et en utilisant des données pour la période 1990-1997. Ils estiment le modèle avec les variables à niveaux en recourant aux techniques récentes de co-intégration sur données de panel non stationnaires. Les résultats indiquent l'existence d'un canal de prêt dans la transmission de la politique monétaire au Portugal.

L'incidence du canal de prêt semble être plus grande pour les banques moins capitalisées. Au contraire, la taille et la liquidité n'apparaissent pas importantes comme caractéristiques des banques en tant que déterminant un impact différentiel de politique monétaire sur l'offre de crédits bancaires.

1.2.2.2 - Études sur données microéconomiques

L'étude de De Haan (2001) examine le rôle des banques dans le processus de transmission monétaire en Hollande, en utilisant des données individuelles de banques sur la période 1990-1997.

L'attention principale porte sur le canal de prêt, c'est-à-dire la réaction de l'offre de prêt suite à un choc monétaire, en particulier la réponse différentielle de certains types de banques. L'auteur se base sur l'idée que certains types de banques sont plus capables que d'autres de compenser une diminution des dépôts induite par un choc de politique monétaire (ou une augmentation dans le coût de financement), parce qu'elles peuvent trouver facilement des financements hors dépôts ou tirer sur leur réserve d'actifs disponibles.

L'analyse fait une distinction entre les prêts avec et sans garanties de l'État, des ménages et des sociétés, à long terme et à court terme. De plus, deux dispositifs sont utilisés pour diviser l'échantillon en plusieurs sous-échantillons : d'abord, la santé financière des banques (mesurée par la taille, la liquidité et la capitalisation) et, en second lieu, l'orientation du marché des banques (banque de détail, opérations bancaires en gros et opérations bancaires étrangères). La pertinence de la dernière catégorisation du dispositif est soutenue par une analyse factorielle sur l'échantillon.

Les résultats indiquent qu'un canal de prêt est opérationnel en Hollande. Cependant, il semble que le canal de prêt est seulement opérationnel pour le crédit bancaire sans garantie. Les résultats montrent également que le resserrement monétaire n'a aucun effet négatif sur le crédit bancaire sécurisé (des prêts avec garanties obtiennent des traitements spéciaux par les banques). Pour la dette sans garanties, les résultats montrent un effet négatif de politique monétaire sur le prêt qui est plus fort pour les petites banques, moins liquides et moins capitalisées. Ce résultat semble en conformité avec la théorie du canal de prêt selon laquelle de telles banques sont moins susceptibles d'attirer des fonds hors dépôts ou emploient leur réserve d'actifs disponibles pour protéger leurs portefeuilles de prêt du resserrement de la politique monétaire.

Les résultats de l'analyse factorielle sur l'échantillon sont utilisés pour évaluer si les réponses de crédit et de dépôts bancaires aux chocs de politique monétaire dépendent du segment du marché sur lequel les banques fonctionnent. Les résultats montrent que le canal de crédit n'affecte pas les prêts aux ménages autant qu'il affecte le prêt aux entreprises. Les dépôts à terme semblent réagir positivement à un resserrement de politique monétaire ce qui est contradictoire avec la théorie du canal de prêt qui suppose un impact négatif. L'auteur attribue ce résultat inattendu à la manière dont les opérations de politique monétaire en Hollande ont été conduites sur la période de l'étude.

Chatelain et Tiomo (2001) se concentrent sur le canal du taux d'intérêt de la politique monétaire, opérant directement par l'effet du coût du capital sur l'investissement, et sur le canal large de crédit, opérant en partie par l'effet de la marge brute sur l'investissement.

Ils emploient un panel de 6 946 entreprises manufacturières françaises de 1990 à 1999. Selon les résultats, l'élasticité du coût d'usage du capital est négative et significativement différente de zéro lorsqu'ils utilisent la méthode within (se situant entre -0,31 et 0,67), ou au plus 0,26 en termes absolus lorsque la méthode GMM est utilisée.

Quand les variables dummy reliées aux entreprises qui sont plus sensibles à la marge brute d'autofinancement sont ajoutées au modèle, l'élasticité du coût d'usage en ce qui concerne l'investissement est tout au plus 0,26 en termes absolus pour toutes les firmes de l'échantillon pour la méthode GMM. Ce qui confirme l'effet direct du canal de taux d'intérêt sur l'investissement, fonctionnant par le coût du capital en France (il y a également un effet indirect des chocs de politique monétaire sur le taux de croissance des ventes, qui affecte également l'investissement collectif).

Les auteurs identifient trois groupes de firmes, pour lesquels l'investissement est plus sensible à la marge brute d'autofinancement (c'est-à-dire leur excès de marge brute d'autofinancement s'étend sensiblement de 0,20 à 0,36) : les sociétés faisant face à un gros risque de faillite, les sociétés appartenant au secteur de biens d'équipement (qui sont plus sensibles aux fluctuations du cycle économique) et les sociétés faisant de l'utilisation extensive du crédit commercial, un potentiel substitut du crédit bancaire à court terme.

La sensibilité plutôt élevée de marge brute d'autofinancement de ces sociétés (0,22 jusqu'à 0,42), qui représente environ 20 % de l'échantillon, confirme l'existence d'un canal large de crédit fonctionnant par l'investissement collectif en France.

L'article de Worms (2001) examine la transmission monétaire à partir des estimations en panel dynamique basées sur un ensemble de données qui comportent l'information individuelle des bilans sur toutes les banques allemandes. Pour les grandes banques, l'auteur trouve un effet significatif de taille même sans contrôle explicite des dépôts interbancaires de court terme.

II- CADRE D'ANALYSE : LES VAR STRUCTURELS

Dans cette section, il s'agit, d'une part, de présenter la spécification des modèles VAR structurels (SVAR) utilisés, et d'autre part, d'indiquer la nature et les sources des données relatives aux variables retenues.

II.1.- SPÉCIFICATION DES MODÈLES VAR STRUCTURELS POUR LA ZONE UMOA

Pour étudier les effets de la politique monétaire, la plupart des travaux utilisent les modèles SVAR. Les processus VAR constituent une généralisation des processus autorégressifs au cas multivarié. Ces modèles ont été introduits, comme alternatives aux modèles macroéconomiques structurels, par Sims (1980). Aussi, ils ont été élaborés afin de répondre à certaines critiques liées à l'existence de restrictions a priori trop fortes sur les paramètres par rapport à ce que prédit la théorie, à la simultanéité des relations, l'exogénéité supposée de certaines variables ou encore la mauvaise qualité prédictive (Shapiro et Watson [1988], Blanchard et Quah [1989]). Enfin, les VAR présentent des caractéristiques essentielles : celles de ne plus distinguer variable endogène et variable exogène au sens où toutes les variables figurant dans le modèle ont le même statut.

L'approche multivariée est déterminante dans l'étude des effets de la politique monétaire dans le sens où elle permet une comparaison directe des transmissions des chocs monétaires à travers des fonctions de réponses. Des études antérieures comme celles de Bernanke (1990), Bernanke & Blinder (1992), Friedman & Kuttner (1989, 1991 & 1992), Gertlach et Smets (1995), qui comparent les effets de la politique monétaire dans plusieurs pays à partir d'un modèle VAR constituent un progrès dans ce domaine.

En effet, ils utilisent un modèle d'auto-régression tri-varié incluant trois variables : taux d'intérêt réel à court terme, indice des prix à la consommation annuel et PIB réel. Sims (1992) effectue une analyse multivariée, au moyen d'un modèle VAR regroupant six variables (taux d'intérêt, masse monétaire, prix, production industrielle, taux de change et prix des matières premières) pour cinq pays (États-Unis, Japon,

Allemagne, France et Royaume-Uni). En calculant la réponse de ces variables aux innovations, il montre que les chocs sur la monnaie et les chocs sur les taux d'intérêt ont une influence sur l'activité. Le modèle de Britton et Whitley (1997) est beaucoup plus complet, car il prend en compte plusieurs autres variables telles que la demande intérieure, les importations, les exportations, les taux courts et longs, l'inflation, le taux de change nominal et plusieurs autres variables exogènes (le prix du pétrole et les taux d'imposition). Toutes ces études montrent qu'une modification des taux d'intérêt pourrait influencer les variables du modèle. Elles mettent en évidence, comme les travaux de Sims (1980), Gunduz (2003), Héricourt (2005), le rôle important du taux d'intérêt directeur comme principal variable de choc dans l'analyse des effets de la politique monétaire[12].

Au regard de ce qui précède, l'analyse des effets de la politique monétaire dans la zone UMOA sera effectuée à l'aide d'un modèle vectoriel autorégressif structurel (SVAR). Il s'agira de voir comment les changements des taux directeurs (taux de prise de pension ou taux de prêt marginal, et taux d'escompte) décidés par les autorités de la Banque centrale affectent-ils certaines variables financières et réelles de l'économie. En effet, la théorie économique nous enseigne que les décisions de politique monétaire peuvent se transmettre à l'économie par différents canaux qui vont influencer les prix et les quantités.
Il s'agira donc d'identifier ces canaux de transmission dans le contexte de la politique monétaire commune des pays de l'UMOA.

Dans le cadre de cette analyse, nous avons donc opté pour un SVAR à quatre variables constituées d'une combinaison de trois types de variables : les variables instruments, les variables de transmission et les variables objectifs. Les variables instruments sont représentés par les deux principaux taux directeurs maniés par la BCEAO. Il s'agit du taux de prise de pension et du taux d'intérêt d'escompte. Ces taux ont été choisis de sorte à pouvoir être assimilés à des chocs exogènes sur la politique monétaire. Les variables de transmission regroupent un ensemble de variables, généralement, retenues dans la littérature comme probables canaux de transmission de la politique des banques centrales. Il s'agit des taux d'intérêt interbancaires, de la masse monétaire, du crédit à l'économie et du taux de change réel. Quant aux variables objectifs, les plus citées sont l'activité réelle et les prix. À ces deux

---

12 Voir aussi Barran, Coudert et Mojon (1995 et 1997) et Sims (1992).

variables, nous avons ajouté l'investissement privé en volume pour capter les effets sur la demande globale.

Au total, notre modèle de base contient trois types de variables[13] qui sont : les variables instruments (taux de prêt marginal ou taux de pension et taux d'escompte), les variables de transmission (taux interbancaire, masse monétaire, crédit à l'économie et taux de change effectif réel) et les variables objectifs (l'investissement, l'activité et l'inflation). Le choix de ces variables se justifie aisément. D'abord, des tests de causalité nous ont confirmé le fait que les taux directeurs retenus avaient une influence significative sur les variables réelles et sur les prix. En outre, ils peuvent être considérés comme faiblement exogènes par rapport aux autres variables.

Concernant les autres variables, le taux interbancaire a été introduit pour capter l'existence du canal des taux d'intérêt. La masse monétaire est naturellement présente pour tester l'existence et l'intensité du canal monétaire. Le crédit à l'économie pour tester celle du canal par le crédit. Leur effet sur la demande, les prix et l'activité est capté par la présence de l'investissement, de l'indice des prix à la consommation et du PIB réel. Le taux de change effectif réel[14] a été introduit, car il est supposé être un vecteur essentiel de transmission de la politique monétaire. L'utilisation du taux de change effectif permet de ne pas privilégier une seule monnaie, mais de capter l'ensemble des effets réels transitant par le commerce extérieur.

En somme, notre modélisation contient neuf variables qui nous permettent de spécifier onze (11) SVARs différents de quatre variables (tableau 27).

---

[13] Nous ferons également appel à certains proxys de ces différentes variables pour asseoir la robustesse de nos résultats tels que la masse monétaire au sens strict (M1), les taux d'intérêt débiteurs et créditeurs, etc.

[14] Dans le cadre spécifique des pays de l'UMOA, le caractère peu profond du marché financier et la nature du régime fixe rendent quasi inopérants le canal du taux de change nominal et celui des prix des actifs (cours boursiers ou immobiliers, spread de taux, etc.) et le canal des anticipations n'est pas tout à fait opérationnel dans l'Union, en raison notamment d'une culture financière insuffisamment approfondie.

Tableau 27 :
Présentation des spécifications retenues pour le SVAR

Modèles	Systèmes de variables du VAR structurel			
	Impact des taux directeurs sur les variables objectifs			
1	TPEN	INV	PIB	IPC
2	TESC	INV	PIB	IPC
	Impact des variables de transmission sur les variables objectifs			
3	TINB	INV	PIB	IPC
4	M2	INV	PIB	IPC
5	CE	CE	PIB	IPC
6	TCER	INV	PIB	IPC
	Impact des taux directeurs sur les variables de transmission			
7	TPEN	TINB	M2	CE
8	TESC	TINB	M2	CE
9	TPEN	M2	CE	TCER
10	TESC	M2	CE	TCER
11	TINB	M2	CE	TCER

NB : Les variables instruments ou de chocs sont principalement le taux de prêt marginal ou taux de prise de pension (TPEN) et le taux d'escompte (TESC) ; les variables de transmission sont le taux d'intérêt interbancaire (TINB), la masse monétaire (M2), le crédit à l'économie (CE) et le taux de change effectif réel (TCER) ; et les variables objectifs sont l'indice des prix à la consommation (IPC), le produit intérieur brut (PIB) et l'investissement (INV).

Source : construit par l'auteur

L'ordre des variables est le suivant : une variable « instrument » (Taux de pension ou taux d'escompte), une et/ou plusieurs variables de « transmission » (Crédits à l'économie, Masse monétaire, taux de change effectif réel, etc.) ou une et/ou plusieurs variables objectifs (inflation, investissement, PIB). Les quatre variables du modèle SVAR sont supposées être classées du plus « exogène » au plus « endogène ». Les taux d'intérêt directeurs ont été choisis, en premier, de sorte à pouvoir être assimilés à des chocs exogènes sur la politique monétaire. Nous explorons alternativement deux taux directeurs, taux de pension (TPEN) et taux d'escompte (TESC) qui sont supposés être les principaux instruments de la BCEAO depuis la réforme de 1989.

Concernant l'ordre des variables de transmission entre elles, il est choisi arbitrairement, mais pourrait trouver une justification à partir des tests de causalité. L'ordre choisi suppose que la politique monétaire, résumée par le taux d'intérêt interbancaire, soit exogène par rapport aux autres variables de transmission. L'ordre adopté pour les variables objectifs est plus contestable, notamment entre prix et activité. Pour fixer cet ordre, nous procéderons au préalable à un test de causalité et à l'estimation d'un modèle SVAR tri-varié contenant uniquement les variables réelles et les prix.

En ce qui concerne l'identification des chocs, les fonctions de réponse aux impulsions de taux d'intérêt qui seront analysées ici, c'est surtout l'hypothèse d'antériorité du choc de politique monétaire qui est importante. De ce fait, nous supposons que les chocs de taux d'intérêt, taux de change et de demande de monnaie n'atteignent pas immédiatement la sphère réelle, en raison de l'ajustement lent de la production et des prix. Nous faisons, alors, le choix d'identification des chocs basés sur des hypothèses de court terme. Dans ce cadre, l'analyse des fonctions de réponses cumulées est plus efficace pour évaluer l'impact d'une modification des variables instruments de la politique monétaire sur les autres variables du modèle.

Enfin, il nous fait également déterminer le nombre adéquat de retards pour les variables endogènes avant toute estimation du modèle SVAR. La démarche courante dans la littérature empirique consiste à utiliser les recommandations de critères d'information, parfois d'un seul d'entre eux ou de plusieurs (critères de Schwarz et D'Akaike).

De façon pratique, si nous retenons, par exemple, une spécification du tableau 27 et en notant X_t, le vecteur de variables représentant le modèle des économies de l'UMOA, composé des quatre variables suivantes (PIB réel [PIB], l'inflation [IPC], l'investissement [INV] et le taux de prise de pension [TPEN]), la forme dynamique du SVAR(h) est décrite par l'équation suivante :

$$\boldsymbol{AX_t = B_1X_{t-1} + B_2X_{t-2} + \ldots\ldots\ldots + B_hX_{t-h} + \mathcal{E}_t} \qquad \textbf{(1)}$$

où X_t le vecteur des variables endogènes ; A une matrice carrée d'ordre 4 avec la valeur 1 sur la diagonale principale ; B_i des matrices carrées d'ordre 4 avec : $\boldsymbol{i = 1, 2, 3\ldots,h}$; $\boldsymbol{\mathcal{E}_t = (\mathcal{E}^{tpen} ; \mathcal{E}^{inv} ; \mathcal{E}^{pib} ; \mathcal{E}^{ipc})}$ représente un vecteur des chocs ou des perturbations de dimension (4x1), où :

$\mathcal{E}^{tpen}$ = choc sur les taux d'intérêt ou choc monétaire ;

ε^{inv} = choc sur l'investissement ou choc de demande ;
ε^{pib} = choc sur l'activité réelle ou choc d'offre réelle ;
ε^{ipc} = choc sur les prix ;

ε_t est un vecteur de résidus structurels de type ***iid(0, Ω)*** où Ω est une matrice diagonale de dimension (4,4). Cette hypothèse revient à supposer que les résidus des différentes équations doivent être indépendants les uns des autres. Ils représentent des chocs spécifiques à chacune des équations du modèle.

La forme réduite de ce modèle s'écrit :

$$X_t = A^{-1}B_1X_{t-1} + A^{-1}B_2X_{t-2} + \ldots\ldots + A^{-1}B_hX_{t-h} + A^{-1}\varepsilon_t \quad \textbf{(2a)}$$

Et en posant $\mathbf{A^{-1}B_i = C_i}$, il vient que :

$$X_t = C_1X_{t-1} + C_2X_{t-2} + \ldots\ldots + C_hX_{t-h} + A^{-1}\varepsilon_t \qquad \textbf{(2 b)}$$

L'équation (2 b) est la formule structurelle transformée du modèle (1) qui exprime les variables endogènes en fonction de leurs valeurs retardées. On peut la comparer à la forme réduite d'un VAR qu'on peut estimer. Cette forme réduite se présente comme suit :

$$X_t = \Theta_0 + \Theta_1X_{t-1} + \Theta_2X_{t-2} + \ldots. + \Theta_h X_{t-h} + \mathbf{u}_t \qquad \textbf{(3)}$$

Avec : $\mathbf{V(u_t) = \Sigma}$

En considérant $(\Theta_i ;\Sigma)$ les valeurs estimées de (3), il vient, en comparant terme à terme (3) et (2 b), que :

$$\mathbf{\Theta_i = A^{-1}B_iC_i} \qquad \textbf{(4a)}$$

$$\mathbf{\mu_t = A^{-1}\varepsilon_t} \qquad \textbf{(4 b) ;}$$

la relation (4 b) montre que le vecteur des innovations du modèle VAR estimé est une combinaison des innovations du VAR structurel. De plus, elle montre que la connaissance de la matrice A permet d'identifier le vecteur des innovations ε_t ainsi que les matrices B_i des variables retardées.

Enfin (4 b) permet d'établir une relation entre la matrice de la variance-covariance des innovations du VAR structurel et celle des innovations du VAR canonique puisqu'on a :

$$V(\mu_t) = \Lambda^{-1} V(\varepsilon_t)(\Lambda^{-1}) = \Lambda^{-1}\Omega(\Lambda^{-1}) \text{ et donc } \mathbf{A^{\Sigma}A=\Omega}$$

On peut également présenter ces relations entre VARS et VAR réduit à travers une représentation moyenne mobile (VMA). En effet, le VAR standard donné par l'équation (3) peut être réécrit de la manière suivante :

$$\Theta(L)\, X_t = \mu_t \quad \textbf{(5a)} \;;$$

avec : $\Theta(L) = 1\text{-}\Theta_1 \text{-}\ldots\text{-}\ \Theta_h L^h$, où L étant l'opérateur de retard.

L'hypothèse de stationnarité du processus VAR implique :

$$Xt = \Theta(L)^{-1}\mu_t \quad \textbf{(5 b)}$$

L'estimation de ce modèle permet d'obtenir les valeurs estimées des matrices associées à chaque retard. La forme VMA tirée de ce modèle peut donc être calculée selon :

$$\begin{aligned} X_t &= (1 - \Theta_1 L - \ldots\ldots - \Theta_h L^h)^{-1}\mu_t \\ &= (1 + \Theta_1 L + \ldots\ldots + \Theta_h L^h)\mu_t \\ &= \Theta(L)\mu_t \end{aligned}$$

Et en utilisant (4 b), il vient que :

$$Xt = \Theta(L)\Lambda^{-1}\mathcal{E}_t = M(L)\mathcal{E}_t \qquad \textbf{(6)}$$

où M (L) = $\Theta(L)\Lambda^{-1}$

Sur le plan de l'analyse de réponse impulsionnelle, nous estimerons dans un premier temps notre modèle en utilisant le taux de prêt marginal (ou taux de pension) pour analyser les effets de la politique monétaire au sein des pays de l'UMOA et dans un second temps, nous utiliserons le taux d'escompte comme variable de contrôle de la politique monétaire. En outre, les réactions des économies nationales aux chocs de politique monétaire (hausse du taux de prise de pension ou du taux d'escompte) seront comparées dans huit pays membres de l'UMOA (Bénin, Burkina Faso, Côte d'Ivoire, Guinée-Bissau, Mali, Niger, Sénégal et Togo), mais aussi sur données agrégées de l'Union. Pour la Guinée-Bissau, l'analyse commence à partir du premier trimestre 2005, car les données antérieures à cette date n'étaient pas exhaustives. Nous travaillons avec des données trimestrielles obtenues sur la base de données des notes d'information statistiques de la Banque centrale des États de l'Afrique de l'Ouest.

II.2.- NATURE ET SOURCES DES DONNÉES

Les variables susceptibles de nous intéresser dans l'étude des effets de la politique monétaire commune des pays membres de l'UMOA avec un SVAR sont présentées ci-après. L'activité économique dans les pays membres est mesurée par le produit intérieur brut réel. C'est l'ensemble des biens et services produits à l'intérieur du pays. Son choix dans le modèle est important, car certaines banques centrales la considèrent comme un objectif de politique monétaire. C'est le cas de la Banque centrale américaine qui l'inclut dans ses objectifs prioritaires. Pour cela, les autorités monétaires observent l'écart entre la production effective et la production potentielle de l'économie. Si cet écart devient de plus en plus faible, c'est qu'il y a risque inflationniste élevé. La Banque centrale doit dans ce cas relever son taux directeur pour éviter la hausse des prix. Les banques centrales cherchent toujours les moyens de la soutenir afin de lutter contre le chômage.

L'inflation dans notre modèle est mesurée par le taux de croissance de l'indice des prix des différents pays membres. Aujourd'hui, l'inflation fait partie des objectifs de la politique monétaire. Les banquiers centraux considèrent qu'elle réduit le pouvoir d'achat des consommateurs. Pour soutenir la consommation et l'activité économique, les décisions de politique monétaire sont prises de façon à réduire les tensions inflationnistes.

Dans la zone euro, les critères du pacte de stabilité limitent l'évolution des prix à 2 %. Au sein de la zone UMOA, le comité de politique monétaire limite l'évolution des prix à 3 % sur le moyen et long terme. Le rôle que joue l'inflation dans les décisions des banquiers centraux et dans la définition des objectifs de la politique monétaire explique son choix.

L'investissement est une variable importante pour la relance de l'activité économique. Dans une économie bancarisée ou de marché, il est dépendant des taux d'intérêt. Donc les différentes interventions de la Banque centrale peuvent influencer cette variable. Au sein des pays membres de l'UMOA, le taux de bancarisation est en hausse. La question est de savoir si une hausse des taux directeurs de la BCEAO peut avoir un impact sur le niveau de l'investissement. Comme cette variable dépend en partie du niveau des taux d'intérêt, il est alors intéressant de l'intégrer dans notre modèle pour savoir si la politique monétaire conduite par la BCEAO peut l'impacter significativement.

Concernant les variables instruments, à savoir les taux directeurs de la BCEAO (taux d'escompte et taux de prise de pension ou taux de prêt marginal), elles sont au centre des décisions du comité de politique monétaire. Aujourd'hui, la politique monétaire de la plupart des banques centrales est une politique de taux d'intérêt. C'est l'instrument principal pour réguler la croissance de la masse monétaire et lutter contre l'inflation. La politique des taux d'intérêt joue un rôle important dans la mobilisation de l'épargne. Cette politique qu'appliquent les banques centrales contribue à l'utilisation optimale des ressources financières de l'union. Comme c'est le principal instrument de la politique monétaire, son choix dans le modèle SVAR se justifie dans ce cas.

Enfin, quant aux variables de transmission retenues, le taux interbancaire a été introduit pour capter l'existence du canal des taux d'intérêt. La masse monétaire a été retenue pour tester l'existence et l'intensité du canal monétaire au regard de l'importance des avoirs extérieurs de la Banque centrale. Le crédit à l'économie est prévu pour tester le canal du crédit. Le taux de change effectif réel est censé prendre en compte, en partie, les effets de l'ouverture. L'utilisation du taux de change effectif permet de ne pas privilégier une seule monnaie, mais de capter l'ensemble des effets réels transitant par le commerce extérieur.

Les données proviennent des statistiques financières et monétaires de la BCEAO. Certaines données annuelles ont été trimestrialisées selon la méthode Goldstein et Klan (1976). Le choix de l'année 1993, comme année de départ lors de l'analyse empirique, se réfère à l'année de la mise en œuvre des instruments indirects de la gestion de la politique monétaire. Toutes les variables seront prises en logarithme.

III.- PRINCIPAUX CANAUX DE TRANSMISSION DE LA POLITIQUE MONÉTAIRE COMMUNE DANS L'UMOA

Notre démarche se fera en plusieurs étapes. En premier lieu, il s'agira d'analyser les propriétés statistiques des variables retenues notamment la présence ou non de racine unitaire dans les séries, l'existence d'une relation de co-intégration entre les variables du modèle et éventuellement des analyses de causalité. En second lieu, comme évoquée dans de nombreux travaux empiriques, la modélisation SVAR requiert un nombre limité de variables. De ce fait, nous avons fait le choix, a priori, d'estimer une série de modèles SVAR comprenant quatre variables et chaque spécification devra être une combinaison d'au moins deux types de variables (instruments/objectifs ou instruments/transmission ou transmission/objectifs) tout en faisant également appel aux prédictions théoriques et empiriques des travaux antérieurs sur la même problématique.

III.1.- PRÉALABLES MÉTHODOLOGIQUES

III.1.1.- Tests de racine unitaire

La première étape de l'analyse consiste à déterminer le degré d'intégration des séries utilisées. L'étude de la stationnarité des variables est, de ce fait, une étape indispensable. Pour tester la présence de racine unitaire dans les séries, on a recours à plusieurs techniques d'estimation dont les plus utilisées sont Dickey-Fuller augmenté (ADF) et Phillips Perron (PP). Ceux-ci testent l'hypothèse nulle (h0) d'existence de racine unitaire dans les séries étudiées (ou encore la non-stationnarité de la série étudiée). La présence de racines unitaires dans des données macroéconomiques peut avoir des conséquences importantes.

Si par exemple une variable structurelle comme la production réelle est stationnaire en niveau, alors les chocs qui affectent cette variable provoquent des effets permanents. Si c'est le cas, ce constat entraîne un sérieux changement d'optique de l'analyse de la politique économique. Dans ce cas, l'argument selon lequel un changement de politique monétaire n'entraîne qu'un effet transitoire sur la production réelle ne tient plus (Green, 2005).

La stationnarité des séries est étudiée, ici, grâce aux tests de racine unitaire de type Augmented Dickey Fuller (ADF) et Phillips Perron (PP). Les tests sont effectués pour les variables en niveau et en différence première. Ces tests de racine unitaire (ADF) [15] montrent que les séries retenues ne sont pas stationnaires en niveau. Lorsque les séries sont transformées et que les tests sont effectués sur les différences premières, on constate qu'elles sont stationnaires[16]. On en conclut que les variables ont un ordre d'intégration[17] de 1. On dit qu'elles sont I (1). La stationnarité des séries étant essentielle à la mise en œuvre de l'estimation du SVAR, nous choisissons de les différencier dans l'estimation des fonctions de réponse impulsionnelle.

III.1.2.- Tests de co-intégration

La deuxième étape consiste à tester l'existence de relations de co-intégration entre les quatre variables en niveau du SVAR (pour chacun des pays de l'UMOA). Le choix du nombre de retards à introduire dans l'écriture du module multivarié non contraint peut influencer de manière significative les résultats de l'estimation et il importe par conséquent de le déterminer sur la base de considérations à la fois économique et statistique (Gonzalo, 1994). Le modèle, finalement retenu, comporte un retard d'un trimestre, car les critères AIC et SC ne donnent pas des valeurs uniques. La valeur la plus fréquente est p = 1. Pour des raisons de parcimonie, nous allons estimer un modèle VAR (1).

Pour le test de co-intégration, nous utilisons le test de co-intégration de Johansen (1988). Il propose des estimateurs du maximum de vraisemblance pour tester la co-intégration des séries à savoir l'existence d'une relation de long terme entre des séries non

---

[15] Les résultats des tests PP ne sont pas reportés, mais ne diffèrent pas significativement de ceux de l'ADF.

[16] Une série est stationnaire si elle ne comporte ni tendance, ni saisonnalité et donc aucun facteur évoluant avec le temps.

[17] Une série est intégrée d'ordre d, s'il est nécessaire de la différencier *d* fois pour la rendre stationnaire. Autrement dit si $(1-L)^d Y_t \sim I(0)$, *d* est appelé paramètre de différenciation ou d'intégration.

stationnaires. Cette approche consiste à faire un test de rang de co-intégration. Il s'agit de tester l'hypothèse nulle (absence de relation de co-intégration) contre l'hypothèse alternative (présence de relation de co-intégration).

De manière pratique, il s'agit de comparer le ratio de vraisemblance à la valeur critique pour un seuil de significativité donné. Si le rang de co-intégration est égal à 0, on rejette l'hypothèse de co-intégration. Si le rang de co-intégration est supérieur ou égal à 1, alors on accepte l'hypothèse de co-intégration et donc l'existence d'une relation de long terme entre les variables de notre modèle SVAR.

Les tests du rang de co-intégration (de la trace et de la valeur propre maximale) proposés par Johansen (1988, 1995) ont été réalisés pour les données agrégées et pour les données individuelles pays. Les différents modèles spécifiés indiquent, au seuil de 5 %, l'absence et/ou la présence de relation de co-intégration entre les variables du SVAR. Étant donné que notre étude porte sur plusieurs pays, et dans un souci de comparabilité de nos résultats entre les pays de notre échantillon, nous avons opté pour l'hypothèse de l'absence de co-intégration entre les variables du modèle. Cette hypothèse nous autorise ainsi à privilégier une technique d'estimation basée sur une modélisation VAR avec les variables prises en différence première à un modèle vectoriel autorégressif à coefficient d'erreur (VECM) en présence de co-intégration.

III.1.3.- Tests de causalité entre variables financières et variables réelles

Alors qu'un VAR est capable de saisir efficacement les interactions entre les variables étudiées, il ne permet pas en revanche de révéler le mécanisme causal sous-jacent puisque les formes réduites de deux modèles rendant compte de deux schémas causals différents peuvent coïncider. En conséquence, nous avons mené une série de tests de causalité au sens de Granger afin de donner une justification empirique à l'ordre des variables dans le modèle SVAR.

Plus précisément, il s'agit de tester sur longue période, les liaisons entre d'une part des séries financières et les variables réelles, et d'autre part entre des variables réelles (PIB réel et investissement) et le taux d'inflation. Les taux d'intérêt sont choisis de sorte à pouvoir être assimilés à des chocs exogènes sur la politique monétaire. Ce sont les taux d'intérêt directeurs maniés par la Banque centrale. Des tests de causalité devront être menés pour s'assurer de l'exogénéité de ces variables de chocs.

Les données sont trimestrielles et le nombre de retards a été fixé à deux trimestres, car le décalage optimal le plus fréquemment obtenu dans les estimations des VAR est de 2 selon le critère d'AIC (Akaike information criterion).

Les résultats de ces tests de causalité aboutissent à quatre enseignements :

- Le premier enseignement est que les variables instruments (taux de prêt marginal et taux d'escompte) n'ont pas une influence directe significative, au sens de Granger, sur les variables objectifs. Elles influencent plutôt les variables de transmission (Masse monétaire, crédit à l'économie, taux de change réel et taux interbancaire) qui, à leur tour, influenceraient les variables objectifs, notamment les prix.

- Le deuxième enseignement concerne l'ordre des variables de transmission. Il y aurait une causalité bidirectionnelle entre les variables de transmission que sont la masse monétaire, le crédit à l'économie et le taux de change effectif réel, soit un effet de « feed-back ».

- Le troisième enseignement est l'influence significative, au sens de Granger, de l'activité réelle sur les prix. L'activité serait donc faiblement exogène par rapport aux prix dans la zone UMOA.

- Enfin, les résultats font apparaître un réajustement des taux directeurs aux fluctuations des variables de l'économie, notamment, à travers l'influence significative des prix et de l'activité sur le taux de pension et sur le taux d'escompte. En conséquence, ils ne sont donc pas exogènes. Néanmoins, dans le cadre de nos simulations dans les SVAR, ils sont choisis de sorte à pouvoir être assimilés à des chocs exogènes sur la politique monétaire.

III.1.4.- Identification et ordre des variables du modèle VAR structurel

Une estimation directe de l'équation structurelle est impossible, car elle poserait des problèmes d'identification des paramètres. Avant l'estimation de nos modèles SVAR, un préalable nécessaire consiste à spécifier le schéma d'identification de nos quatre chocs structurels. Kieler et Saaranheimo (1998) montrent dans leurs travaux combien les informations obtenues sont tributaires de la structure d'identification. Gerlach et Smets (1995) partent de l'hypothèse que les chocs de la politique monétaire n'ont pas d'impact concomitant ou à long terme sur la production.

Pour Favero & Giavazzi (2001), une telle approche est problématique, car l'imposition de restrictions à long terme suppose la stabilité de toutes les variables dépendantes au sein du modèle d'estimation sinon, les réactions à long terme ne peuvent être contenues en raison de leur caractère explosif ; or il est peu probable que les variables utilisées satisfassent à cette condition. L'identification est, de ce fait, une étape décisive dans une méthode d'auto-régression vectorielle.

Pour régler ce problème d'identification, on a recours à des restrictions identifiantes. Ces restrictions peuvent être de nature très différente : restrictions instantanées ou de court terme (Sims, 1980 ; Blanchard et Watson, 1986 ; ou Bernanke, 1986), restrictions de long terme (Blanchard et Quah, 1989) et leurs implications économiques diamétralement opposées. Gali (1992) nous montre dans ses travaux une méthode qui permet de distinguer des contraintes de coût terme et de long terme dans le but d'obtenir une combinaison efficiente des résultats théoriques.

L'interprétation des différents chocs est différente selon les variables du modèle et les termes de l'auteur. En d'autres termes, la nature du choc est donnée par le caractère permanent ou transitoire de l'impact d'un choc à long terme ou à court terme. Les contraintes de court terme sont relatives à des phénomènes d'ajustements lents au niveau de certaines variables. Ces ajustements lents sont liés à des effets de diffusion progressive de l'information, à la présence de rigidités nominales ou bien à l'existence de délais de réaction (Tavera, 2005). Au total, en réintroduisant de façon limitée certains enseignements de la théorie économique, les modèles VAR structurels (SVAR) permettent l'identification des chocs empiriques tout en laissant jouer les interactions entre variables endogènes (voir Gali, 1992 ; Gerlach et Smets, 1995). Il est maintenant bien connu qu'il est, dans ce cas, nécessaire d'imposer $\frac{\eta = \eta - 1}{2}$ restrictions sur les paramètres de la matrice $\boldsymbol{P}$ permettant d'orthogonaliser les résidus du modèle, afin d'identifier les chocs structurels.

Suivant ces différentes méthodologies et en l'absence de modèle structurel unanimement reconnu, nous utilisons une méthode d'identification des paramètres à la Sims (1980) basée sur deux hypothèses : d'une part, les chocs structurels sont supposés orthogonaux ; d'autre part, la matrice des multiplicateurs instantanés est triangulaire inférieure.

Cette dernière hypothèse, cruciale pour l'identification, signifie que les variables instantanées forment un système récursif. Ceci rend l'estimation sensible à l'ordre des variables. Dans notre étude, le nombre de variables endogènes étant égal à 4, nous cherchons à imposer six contraintes de nature économique.

Pour ce faire, nous supposons, en premier lieu, l'exogénéité des variables instruments à savoir les deux principaux taux directeurs de la BCEAO (taux de prise de pension et taux d'escompte). Cette première hypothèse implique que les deux autres types de variables (variables de transmission et variables objectifs) n'affectent pas de manière instantanée les taux directeurs, ce qui nous fournit les trois premières contraintes économiques. En d'autres termes, l'effet cumulé des chocs des autres variables sur elles est égal à zéro.

En second lieu, nous supposons l'exogénéité faible des variables de transmission (taux interbancaire, masse monétaire, crédit à l'économie et taux de change réel) par rapport aux variables objectifs (investissement réel, PIB réel et les prix).

En troisième lieu, nous supposons qu'à court terme, l'investissement réel affecte la croissance économique, mais pas l'inverse. Enfin, des tests de causalité de Granger menés sur données agrégées de l'Union montrent que le taux de croissance réel cause au sens de Granger le taux d'inflation et non l'inverse.

Ces trois dernières hypothèses permettent d'imposer les trois dernières restrictions nécessaires à l'identification des chocs structurels et au calcul de l'impact dynamique de ces chocs sur les variables observables. La matrice des multiplicateurs instantanés associés aux chocs structurels est donc du type :

$$\begin{pmatrix} \varepsilon_t^{dtpen} \\ \varepsilon_t^{dlp} \\ \varepsilon_t^{dly} \\ \varepsilon_t^{dlinvest} \end{pmatrix} = \begin{pmatrix} a_{11} & 0 & 0 & 0 \\ a_{21} & a_{22} & 0 & 0 \\ a_{31} & a_{32} & a_{33} & 0 \\ a_{41} & a_{42} & a_{43} & a_{44} \end{pmatrix} \begin{pmatrix} e_t^{dltpen} \\ e_t^{dlp} \\ e_t^{dly} \\ e_t^{dlinvest} \end{pmatrix}$$

L'ordre choisi des variables va du plus « exogène » au plus « endogène ». La variable la plus exogène serait les taux directeurs et la plus endogène, l'inflation. Cet ordre suppose que la politique monétaire, résumée par les taux directeurs, soit exogène par rapport aux autres variables simultanées. L'ordre adopté pour les autres variables est plus contestable. Cependant, les résultats suggèrent qu'il y a peu d'interactions simultanées et donc que l'ordre des variables n'est pas décisif, car les corrélations croisées sont faibles pour la plupart des variables. Dans le cadre de fortes corrélations, nous avons comparé nos résultats à ceux obtenus en inversant l'ordre de ces variables. Ils sont très similaires pour certains et pour d'autres, ils dépendraient de l'ordre choisi, notamment entre l'investissement et l'activité réelle.

Par la suite, les fonctions de réponses impulsionnelles cumulées (FRIC) et les décompositions de la variance de l'erreur de prévision (DVEP) constituent deux exercices qui permettent de synthétiser l'essentiel de l'information contenue dans la dynamique interne d'un modèle VAR. Le premier permet de mettre en évidence la nature des effets de ces chocs sur les variables, tandis que le second indique la contribution des différents chocs dans les variations d'une variable.

Enfin, l'estimation du SVAR nécessite la détermination du nombre de retards optimal à inclure dans le VAR. Pour déterminer le nombre de retards optimal du modèle VAR, nous avons eu recours aux critères AIC et SC. La théorie économique ne donne que très peu d'informations sur le nombre de décalages (p) à retenir dans la modélisation d'un vecteur de variables X sous une forme VAR. Dans le cas des pays de la zone UMOA, les critères AIC et SBC ne donnent pas des valeurs uniques. La valeur la plus fréquente est p = 1. Pour des raisons de parcimonie, nous allons estimer un modèle VAR(1). Les résultats de l'estimation du VAR par les MCO nous montrent que les résultats sont satisfaisants et les erreurs des innovations faiblement corrélées.

III.2.- RÉSULTATS DES ESTIMATIONS DES MODÈLES VAR STRUCTURELS

Nous rappelons que notre démarche économétrique s'est déroulée en plusieurs étapes. Elle se distingue par la spécification de plusieurs modèles SVAR de quatre variables. Dans une première série de modèles VAR structurels multivariés, nous examinons les relations entre les innovations monétaires et les variables objectifs.

Par la suite, nous examinons les effets des innovations monétaires sur les variables clés de transmission. Dans cette analyse SVAR, nous nous intéressons à la fois à l'estimation du VAR qu'à la dynamique du système à travers les fonctions de réponse impulsive, mais aussi à la détermination des sources de variation de ces variables à partir de la décomposition de la variance.

III.2.1.- Analyse des fonctions de réponses cumulées

Une des applications pratiques des modèles VAR réside dans le calcul des fonctions de réponse impulsionnelle. Ces fonctions permettent d'évaluer l'effet d'un choc aléatoire sur les variables et s'avèrent donc utiles, ici, pour analyser les effets de la politique monétaire commune dans les pays membres de l'UMOA et identifier les canaux de transmission qui fonctionnent.

De façon précise, il s'agit, à présent, d'examiner les interdépendances entre les quatre variables composant le modèle SVAR, associé à chacun des huit pays de l'UMOA, à l'aide d'une analyse impulsionnelle en calculant les fonctions de réponse aux chocs monétaires.

Nous rappelons d'une part que nous formulons le SVAR sur les variables en différence première ; d'autre part, nous avons choisi de fixer de manière exogène les retards à un trimestre, car les deux critères utilisés (AIC et SC) pour le choix des retards nous indiquaient des nombres très différents.

L'horizon retenu est relativement court, de 20 trimestres (5 ans), car à mesure que les délais s'allongent les intervalles de confiance pour ces « Impulse Response Functions » s'élargissent et la fiabilité des résultats diminue. Néanmoins, il est relativement plus long que celui retenu par Coudert et al. (1995) et Sims (1992) qui retiennent respectivement 36 mois (3 ans) et 48 mois (4 ans). L'idée sous-jacente est que les délais sont supposés plus longs dans les pays en développement. L'intervalle de confiance retenu est d'un écart-type.

III.2.2.- Impacts des innovations monétaires sur les variables objectifs

Nous essayons d'étudier d'abord, les effets sur l'activité, l'investissement et les prix d'une hausse d'un écart-type du taux de prise de pension (taux de prêt marginal), assimilées à un choc positif de politique monétaire. Les réponses impulsionnelles du niveau général des prix, de l'activité économique et de l'investissement à un choc sur le taux de prise en pension pendant au moins 20 trimestres seront comparées aussi bien dans la zone UMOA prise dans son ensemble que dans les différents pays. Ensuite, nous comparons l'impact de ce choc aux effets d'un choc sur le taux d'escompte.

Le choix du taux de prise de pension (taux de prêt marginal) et du taux d'escompte s'explique par le fait qu'ils sont les deux principaux taux directeurs qu'a utilisés la BCEAO durant une longue période dans la mise en œuvre de la politique monétaire[18]. Enfin, nous procédons à des simulations de chocs sur les variables clés de transmission afin d'identifier les canaux de transmission de la politique monétaire dans les pays de l'UMOA.

III.2.2.- Impact des chocs sur les variables instruments

Avant de passer à l'identification des canaux de transmission de la politique monétaire, dans le cadre de la zone UMOA, il nous est apparu opportun d'analyser d'abord l'impact direct des taux directeurs ainsi que ceux des variables de transmission sur les variables objectifs. Les figures reportées ci-après pour la zone UMOA, prise dans son ensemble, représentent les fonctions de réponse cumulées de l'investissement, de l'activité réelle et des prix à la consommation. Nous représentons la réponse de chaque variable à un choc de 1 %. L'analyse des fonctions de réponse nous permet de nous assurer de la pertinence du schéma d'identification adopté. Il est à noter que comme nos variables sont exprimées en différence première, l'analyse des

[18] Voir aussi BCEAO, DER (2002).

effets des différences-chocs sur les variables en niveau est faite sur la base des fonctions de réponse cumulées.

III.2.2.1.1.- Effets d'un choc sur le taux de prêt marginal (taux de prise en pension)

Les fonctions de réponses cumulées nous indiquent la réaction de l'indice des prix à la consommation, l'investissement et le PIB suite à une hausse du taux de prise en pension. Le graphique 8 représente les fonctions de réponses cumulées sur données agrégées de la zone UMOA au choc étudié pour un intervalle de 20 trimestres. Nous nous attendons à ce qu'une hausse du taux de prise de pension ou du taux d'escompte, à savoir une politique monétaire restrictive, fasse baisser les prix, l'investissement et l'activité réelle. On observe, d'abord, que le choc de politique monétaire est bien identifié puisque les effets à la première période sont statistiquement significatifs : le choc correspond donc à un resserrement de la politique monétaire, caractérisé par une augmentation du taux de prise en pension. Ensuite, conformément aux attentes théoriques, un choc monétaire positif a un impact négatif sur l'activité réelle, l'investissement et l'inflation, mais ses effets ne sont pas statistiquement significatifs.

Graphique 8 :
Fonctions de réponses impulsionnelles cumulées du modèle 1

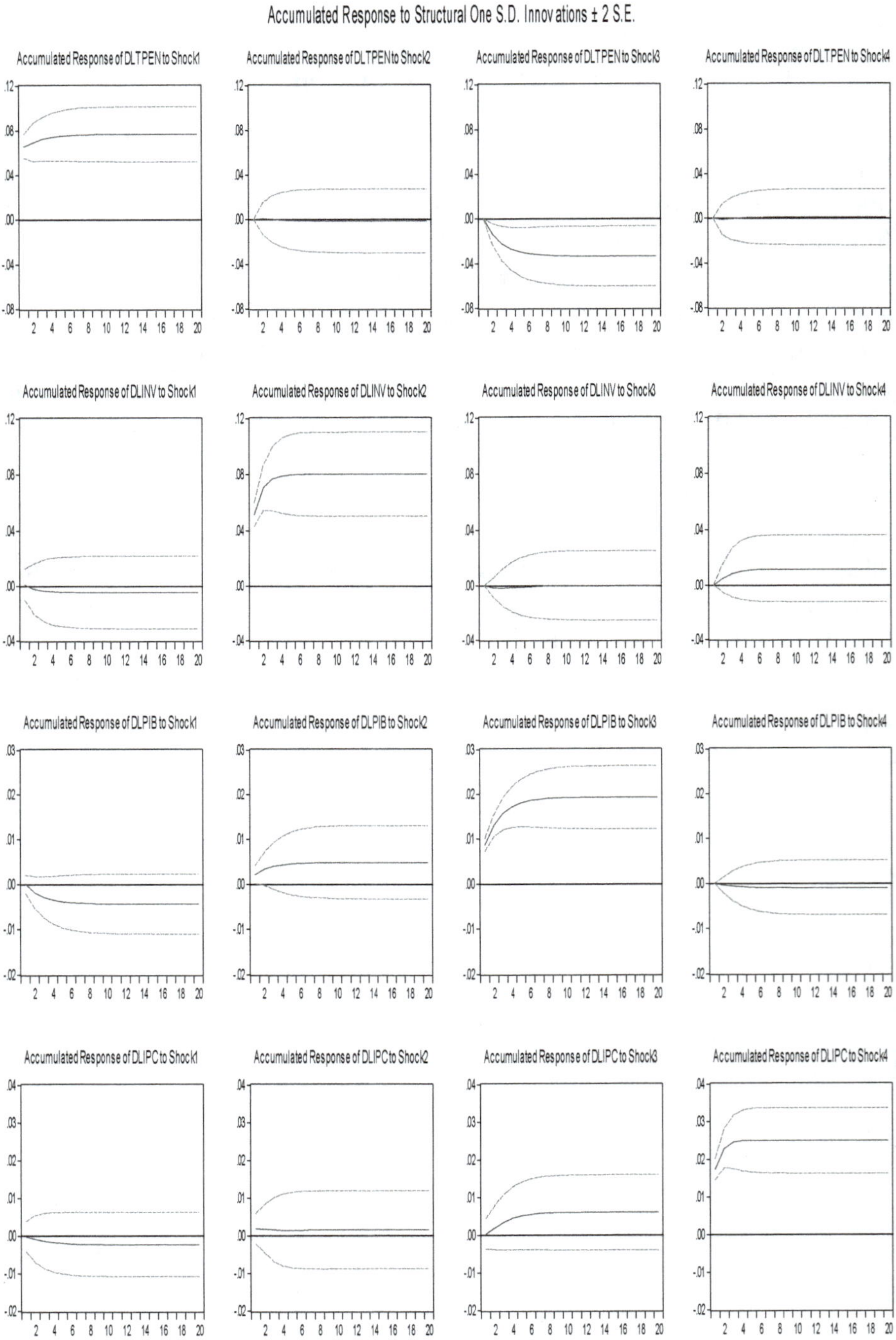

Source : construit par l'auteur

La réponse de l'investissement, du PIB et des prix, au niveau communautaire, est presque identique : une hausse du taux de pension entraîne une baisse d'à peu près 0,4 % de l'investissement et du PIB et de 0,2 % du niveau de l'inflation. On remarque cependant qu'en contrôlant les chocs dus aux prix des produits alimentaires et celui du prix du pétrole, seul l'effet sur l'activité semble robuste. L'effet sur l'activité réelle est significativement négatif et persistant. L'effet négatif de la politique monétaire sur l'activité atteint son maximum après 7 trimestres et se maintient. Ces effets semblent également confirmés au niveau des sept pays analysés.

III.2.2.1.2.- Effets d'un choc sur le taux d'escompte

Nous étudions, ici, les effets d'une hausse du taux de prise d'escompte d'un écart-type assimilé à une politique monétaire restrictive (graphique 9). Nous nous attendons à ce que les effets de ce choc de politique monétaire ne soient pas trop différents de ceux du taux de prise de pension au vu de l'écart faible entre les deux taux directeurs.

L'analyse des effets d'une hausse du taux d'intérêt d'escompte sur les variables du modèle, au niveau de l'Union, montre tout d'abord un effet global positif croissant du taux d'escompte avant de se stabiliser au bout de cinq trimestres. En ce qui concerne les variables objectifs du modèle, l'effet attendu est conforme aux prédictions théoriques à savoir un effet négatif, mais peu significatif sur l'activité réelle et sur l'inflation. L'activité et les prix connaissent une baisse pour se stabiliser respectivement au bout de 7 à 8 trimestres. On observe que l'effet du taux de pension (6 trimestres) sur l'activité réelle et les prix semble plus rapide qu'avec le taux d'escompte (7 à 8 trimestres).

Au final, le taux d'escompte semble peu affecter directement de manière significative le taux d'inflation, objectif principal de la politique monétaire. Les amplitudes faibles des effets d'un choc de politique monétaire (-0,2 % pour les deux taux directeurs considérés) étudié ici peuvent s'expliquer par la faiblesse relative des taux de bancarisation stricte dans la zone UMOA, l'insuffisance des crédits bancaires à l'économie et le niveau de développement des infrastructures financières des pays. Si le financement bancaire des activités s'améliore dans la zone, la politique monétaire conduite par la BCEAO aura un impact plus significatif sur l'objectif principal (stabilité des prix) et sur l'investissement qui doit stimuler la croissance du produit intérieur brut.

Les canaux de transmission de la politique monétaire vont donc jouer un rôle plus important. En somme, l'efficacité des canaux de transmission de la politique monétaire déjà observée sera encore plus forte.

Graphique 9 :
Fonctions de réponses impulsionnelles cumulées du modèle 2

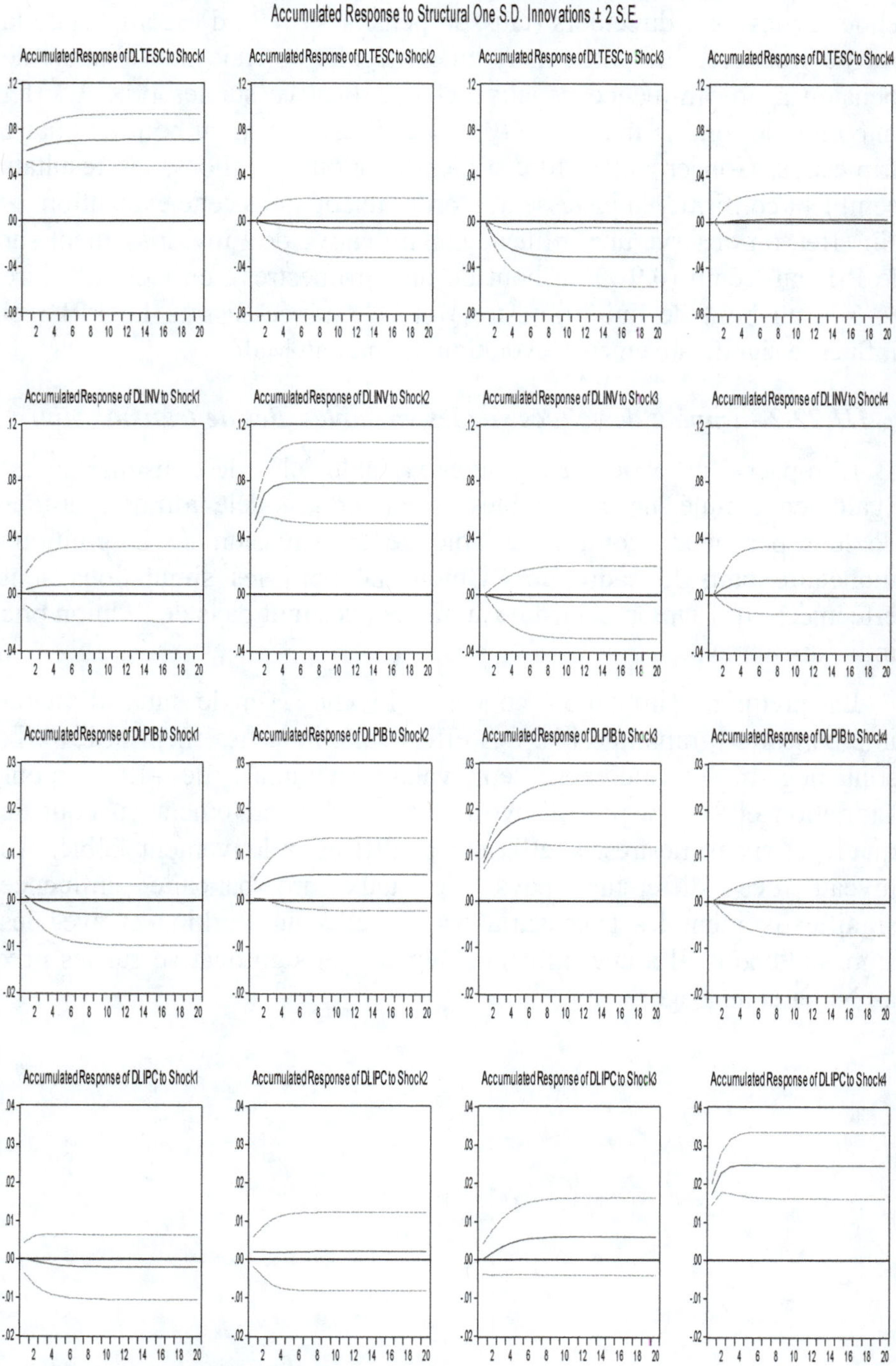

Source : construit par l'auteur

L'analyse des fonctions de réponses impulsionnelles au niveau de chaque pays montre que les variables objectifs ne réagissent pas au choc sur les taux directeurs (taux de pension et taux d'escompte) de la même manière. En particulier, au Sénégal, un choc sur le taux de pension a une influence négative et significative sur les prix. L'effet maximal de long terme est de -0,7 % et il est atteint au bout de quatre trimestres. Concernant l'ordre d'identification des chocs, les résultats semblent confirmer la justesse de l'ordre retenu dans cette évaluation. En effet, on observe une influence significative de l'investissement sur le PIB au Bénin (0,9 % au bout de onze trimestres), en Côte d'Ivoire (1,6 % au bout de huit trimestres) et en Guinée-Bissau. Le PIB réel influence significativement l'évolution des prix au Mali.

III.22.2.- Impact des chocs sur les variables clés de transmission

L'impact d'un choc sur certaines variables clés de transmission est également simulé sur les variables objectifs du modèle afin de s'assurer de leur pertinence comme variable de transmission de la politique monétaire dans le cadre de l'Union. D'abord les simulations sont effectuées sur l'Union et ensuite au niveau des huit pays de l'Union pris individuellement.

La première simulation concerne le choc sur le taux d'intérêt interbancaire (graphique 10). Ses effets sur l'investissement et les prix sont négatifs et atteignent leur valeur maximale de -1,6 % pour l'inflation et -1,0 % pour l'investissement respectivement au bout de quatre et six trimestres. L'effet sur le PIB est relativement faible. Au niveau des différents pays, le taux interbancaire influence significativement les trois variables objectifs au Burkina et avec les signes attendus. Il a une influence négative et significative sur les prix au Niger et au Togo.

Graphique 10 :
Fonctions de réponses impulsionnelles cumulées du modèle 3

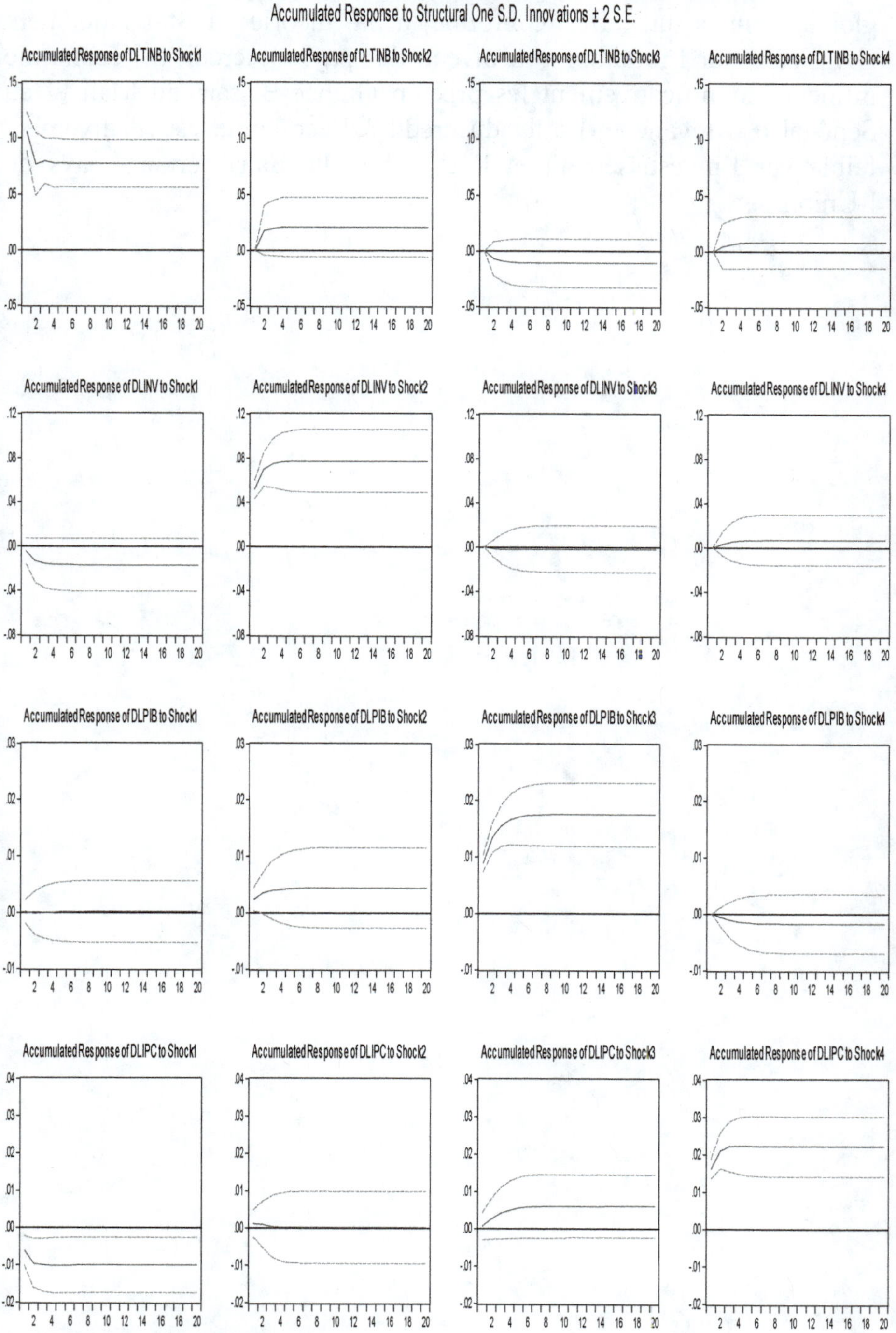

Source : construit par l'auteur

La deuxième simulation concerne le choc sur le crédit à l'économie. Un choc positif sur le crédit à l'économie dans l'Union prise globalement a un effet conforme à la théorie et statistiquement significatif sur l'inflation. Au niveau des pays, le crédit à l'économie influence significativement les prix en Guinée-Bissau, au Mali et au Sénégal. En revanche, l'effet du crédit à l'économie est relativement faible sur l'investissement et l'activité réelle dans certains pays de l'Union.

Graphique 11 :
Fonctions de réponses impulsionnelles cumulées du modèle 5

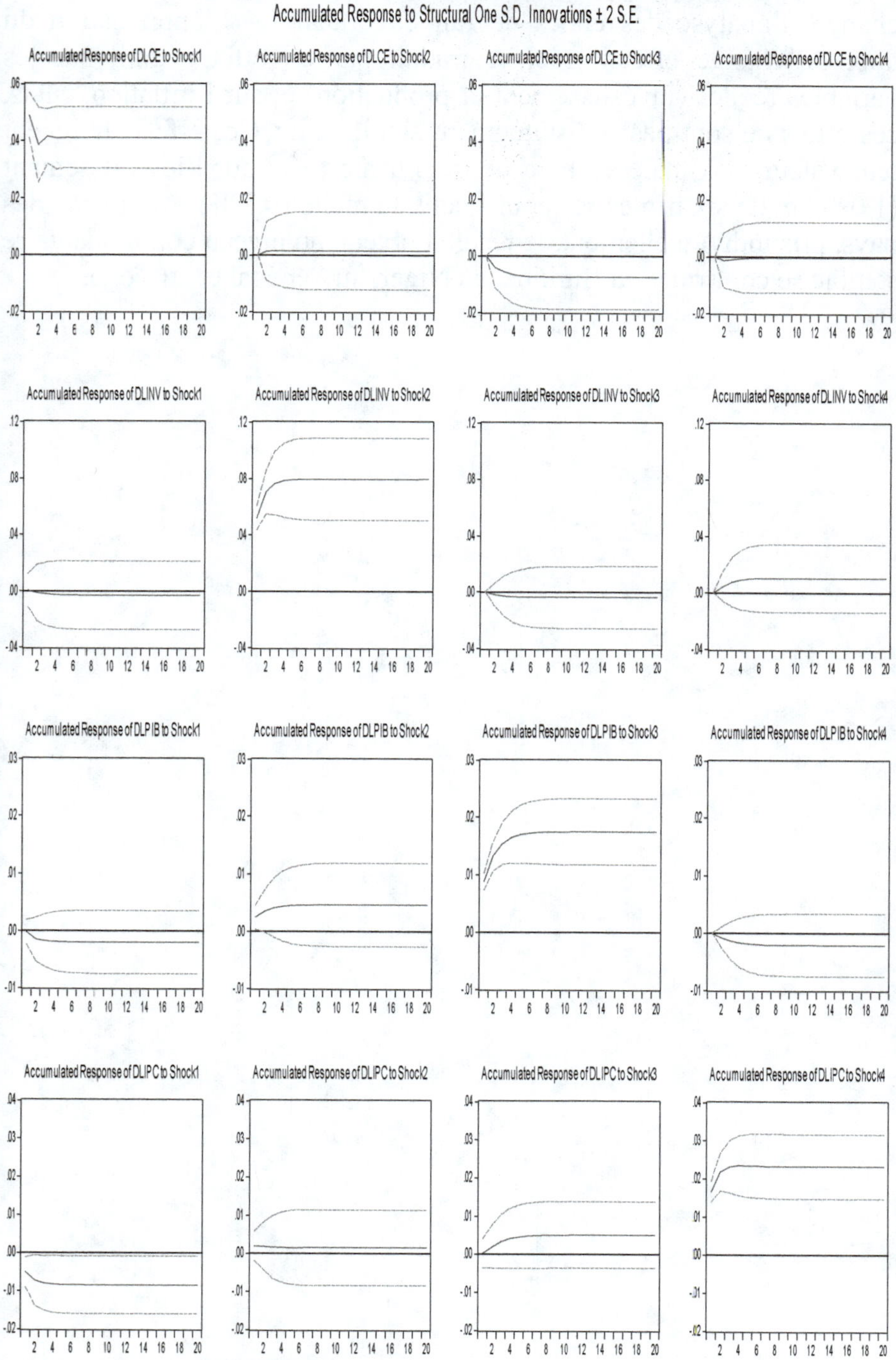

Source : construit par l'auteur

Enfin, la dernière simulation porte sur le choc sur le taux de change effectif réel (graphique 12) pour l'Union. Au regard du régime de change, l'analyse des chocs devrait être nuancée. L'appréciation du taux de change effectif réel se traduit par un effet négatif sur les variables réelles (investissement et production) et sur l'inflation. Mais, ces effets ne sont pas statistiquement significatifs. Ces effets atteignent leur valeur maximale au bout de trois trimestres pour l'investissement (1,0 %) et de six trimestres pour l'activité réelle (0,3 %). Au niveau des pays, pris individuellement, le résultat obtenu au niveau communautaire semble se confirmer au Burkina, au Niger, au Sénégal et au Togo.

Graphique 12 :
Fonctions de réponses impulsionnelles cumulées du modèle 6

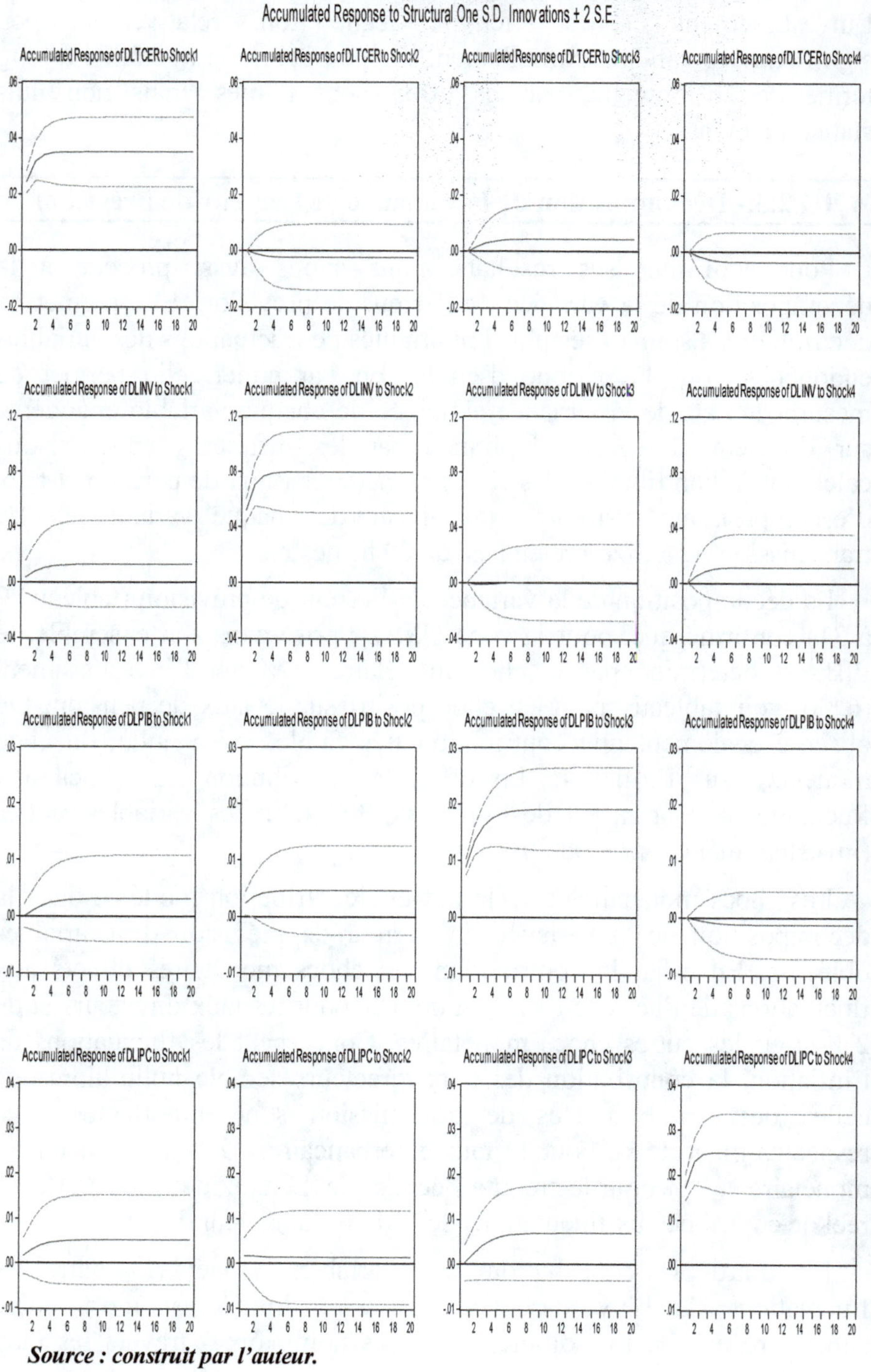

Source : construit par l'auteur.

Au total, les variables clés de transmission retenues dans le cadre de cette étude semblent affecter significativement les prix. Les réponses de l'investissement et de l'activité réelle sont relativement peu significatives, validant partiellement l'hypothèse de la neutralité à long terme de la monnaie, car les effets sont faibles, mais non nuls statistiquement.

III.2.3.- Décomposition de la variance de l'erreur de prévision

Pour confirmer ses résultats, nous avons aussi procédé à la décomposition de la variance de l'erreur de prévision. Elle permet de déterminer les sources les plus importantes de fluctuations des variables endogènes pour la période d'étude. En particulier, elle permet de mesurer la part de la variance anticipée de chaque variable endogène, sur différents horizons, expliquée par les différents chocs. Nous calculons la contribution des chocs monétaires (taux de pension et taux d'escompte), aux variations du niveau de chaque variable clé de transmission. L'horizon retenu est de 20 trimestres.

La décomposition de la variance de l'erreur de prévision (tableau 29 à 31) confirme que, pour la zone UMOA prise dans son ensemble, le PIB est déterminé par le choc monétaire (5 %) et l'investissement (6 %), voir tableaux pour un choc positif sur le taux de pension. On observe également une contribution très faible, voire nulle, du choc monétaire sur l'inflation. En effet, la contribution des chocs aux fluctuations des prix est de l'ordre de 3 % pour les variables réelles (investissement et production).

Les chocs monétaires directs ont une contribution modérée dans la décomposition de la variance de l'erreur de prévision des variables objectifs. En effet, la contribution des chocs monétaires directs aux fluctuations de l'activité réelle est de 5 % pour les taux directeurs et de 2 % pour les autres chocs monétaires. Concernant les fluctuations de l'inflation, la contribution des taux directeurs semble nulle alors que celles des variables clés de transmission sont importantes avec respectivement 15 % pour le taux interbancaire, 12 % pour la masse monétaire et 9 % pour le crédit à l'économie. Le taux de change effectif réel ne contribue aux fluctuations des prix qu'à hauteur de 2 %.

En outre, la contribution des variables monétaires dans les fluctuations de l'investissement est assez limitée et n'est guère supérieure à 3 %. En somme, les chocs nominaux à travers les taux directeurs jouent un rôle, certes modéré, dans les fluctuations de l'activité réelle tandis que les chocs monétaires à travers les variables clés de transmission ont un rôle significatif dans les fluctuations des prix avec une part qui avoisine 15 % pour le taux interbancaire et 12 % pour la masse monétaire. Pour le taux de change effectif réel, sa contribution aux fluctuations des variables objectifs ne dépasse pas 2 %.

Tableau 28 :
Décomposition de la variance du taux de pension

Variance Decomposition of DTPEN					
Period	S.E.	Shock1	Shock2	Shock3	Shock4
1	0.1	100.0	0.0	0.0	0.0
4	0.1	93.9	0.0	6.1	0.0
8	0.1	93.6	0.0	6.3	0.0
12	0.1	93.6	0.0	6.3	0.0
16	0.1	93.6	0.0	6.3	0.0
20	0.1	93.6	0.0	6.3	0.0
Factorization : Structural					

Source : construit par l'auteur

Tableau 29 :
Décomposition de la variance du taux d'investissement

Variance Decomposition of DLINV:					
Period	S.E.	Shock1	Shock2	Shock3	Shock4
1	0.1	0.0	100.0	0.0	0.0
4	0.1	0.5	98.1	0.1	1.4
8	0.1	0.5	98.1	0.1	1.4
12	0.1	0.5	98.1	0.1	1.4
16	0.1	0.5	98.1	0.1	1.4
20	0.1	0.5	98.1	0.1	1.4
Factorization : Structural					

Source : construit par l'auteur

Tableau 30 :
Décomposition de la variance du taux de croissance du PIB

Variance Decomposition of DLPIB :					
Period	S.E.	Shock1	Shock2	Shock3	Shock4
1	0.0	0.0	6.2	93.8	0.0
4	0.0	4.4	6.0	89.5	0.1
8	0.0	4.5	5.9	89.4	0.2
12	0.0	4.5	5.9	89.4	0.2
16	0.0	4.5	5.9	89.4	0.2
20	0.0	4.5	5.9	89.4	0.2
Factorization : Structural					

Source : construit par l'auteur

Tableau 31 :
Décomposition de la variance du taux d'inflation

Variance Decomposition of DLIPC:					
Period	S.E.	Shock1	Shock2	Shock3	Shock4
1	0.0	0.0	1.1	0.0	98.8
4	0.0	0.2	1.0	1.8	97.0
8	0.0	0.3	1.0	1.9	96.8
12	0.0	0.3	1.0	1.9	96.8
16	0.0	0.3	1.0	1.9	96.8
20	0.0	0.3	1.0	1.9	96.8
Factorization : Structural					

Source : construit par l'auteur

III.3.- PRINCIPAUX CANAUX DE TRANSMISSION FONCTIONNELS DANS LA ZONE UMOA

Les effets d'une hausse des deux principaux taux directeurs de la BCEAO sur les variables clés de transmission ont été également simulés (modèles 7 à 10) ainsi que celui du taux interbancaire (modèle 11) sur les autres variables de transmission. Les fonctions de réponses cumulées issues de ces cinq modèles, sur données agrégées de l'Union (graphiques 13 à 16)' laissent apparaître que les effets sont globalement peu significatifs à l'exception de l'effet des taux directeurs sur le taux interbancaire, de l'effet de la monnaie sur le crédit à l'économie et de celui du crédit sur le taux de change réel.

III.3.1.- Le canal du taux d'intérêt interbancaire

Les réponses du taux interbancaire à un choc positif sur le taux de prise de pension sont positives et statistiquement significatives (graphique 13). L'effet maximal est de l'ordre de 2,6 % et il est atteint au bout de trois trimestres. Le canal du taux d'intérêt interbancaire constitue, dans plusieurs travaux empiriques, le principal mécanisme de transmission de la politique monétaire. Selon Drumetz et Pfister (2010), ce résultat découle d'une conception keynésienne qui part du principe qu'en présence de rigidité des prix, une hausse par exemple des taux nominaux directeurs, aboutit à un accroissement des taux réels et du coût d'usage du capital. Ce qui se traduit par une diminution de la demande globale (dépenses d'investissement et de consommation), puis de la production et de l'inflation.

Une caractéristique importante du canal du taux d'intérêt soulignée par Mishkin (1996) est l'accent mis sur le taux d'intérêt réel plutôt que sur le taux nominal, comme étant celui qui affecte les décisions des investisseurs et des consommateurs. Par ailleurs, dans une perspective de court terme et en supposant non anticipée des taux d'intérêt réels, trois effets peuvent être mis en évidence sur les comportements de dépenses des ménages : un effet de substitution, un effet de revenu et un effet de richesse.

Graphique 13 :
Fonctions de réponses impulsionnelles cumulées du modèle 7

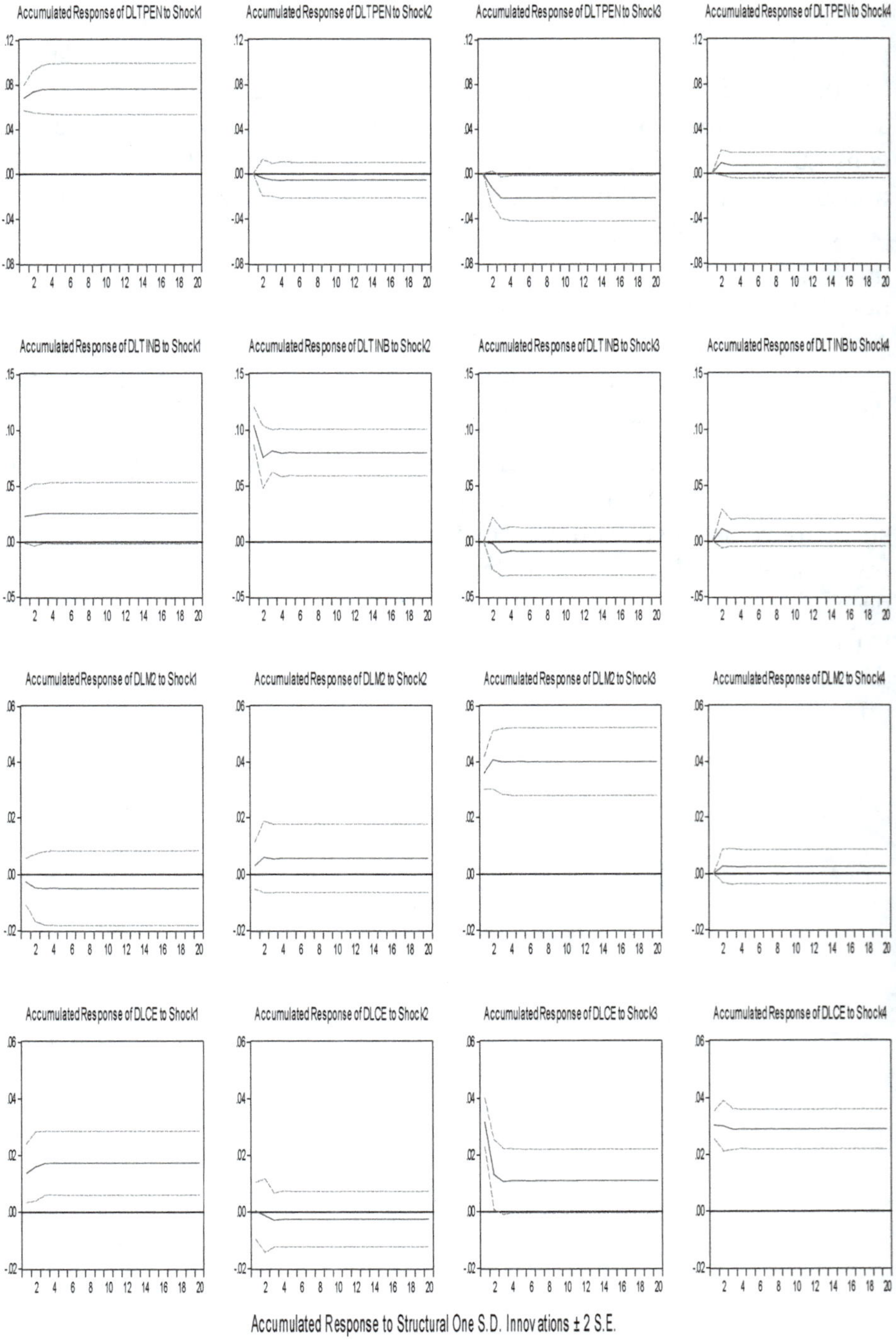

Source : construit par l'auteur

Au total, eu égard au fait que l'effet de substitution et l'effet de richesse l'emportent généralement sur l'effet de revenu, une baisse des taux d'intérêt réels se traduit par une hausse des dépenses de consommation et d'investissement et, par conséquent, une hausse de la demande globale et de l'inflation. Ce résultat est généralement admis dans la littérature empirique. Taylor (1995) montre, en prenant appui sur des études récentes menées sur les canaux de transmission, que les taux d'intérêt exercent un effet considérable sur les comportements de consommation et d'investissement. Nos résultats confirment partiellement cette thèse, pour des taux d'intérêt nominaux, car ils aboutissent à des effets significatifs sur l'investissement et l'inflation.

Au niveau des pays, le taux interbancaire répond positivement et significativement à un choc sur le taux de pension dans tous les pays sauf au Niger où la réponse est faible. Cependant, contrairement au taux de pension, un choc positif sur le taux d'escompte n'influence pas de manière significative le taux interbancaire. L'effet du taux d'escompte transiterait plutôt par le canal de la monnaie (au Burkina Faso et au Niger) ou du crédit (au Niger et au Sénégal) que par celui du taux d'intérêt interbancaire.

Graphique 14 :
Fonctions de réponses impulsionnelles cumulées du modèle 8

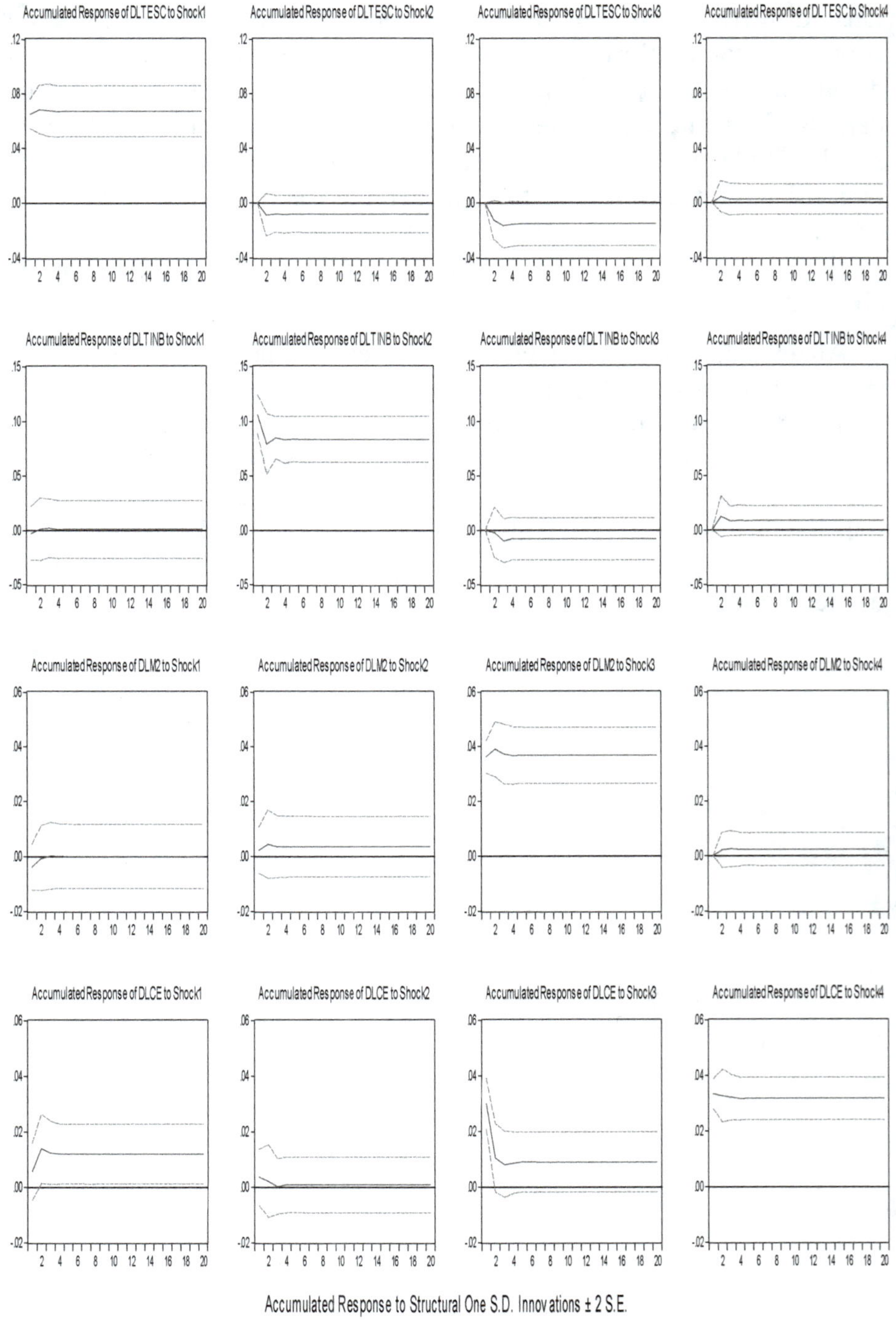

Source : construit par l'auteur

III.3.2 — Le canal du crédit à l'économie

L'insuffisance relevée face aux thèses traditionnelles privilégiant le canal des taux d'intérêt a abouti à une nouvelle conception du mécanisme de transmission, qui met l'accent sur l'asymétrie d'information sur les marchés de capitaux. Il existe deux canaux de base pour la transmission de la politique monétaire, découlant des problèmes d'information sur les marchés du crédit : le canal du crédit bancaire (canal strict) et le canal du bilan (canal large). Le canal du crédit bancaire repose sur l'idée que les banques jouent un rôle spécifique au sein du système financier, car elles sont au centre de la gestion des problèmes d'asymétrie d'information entre prêteurs et emprunteurs. Sharpe (1990) et Rajan (1992) relèvent que l'hypothèse fondamentale qui justifie l'importance du crédit bancaire demeure l'imparfaite substitution entre les prêts bancaires et les autres actifs financiers, au niveau des banques et des entreprises.

En effet, pour qu'une restriction monétaire puisse affecter l'activité de crédit des banques et de certaines firmes, il est impératif que ces dernières ne soient pas en mesure de compenser la baisse de l'offre de prêts bancaires en se finançant directement sur les marchés. Les banques jouent ainsi un rôle spécial par rapport aux autres intermédiaires financiers dans l'octroi de financement aux entreprises, par exemple, parce qu'elles acquièrent un monopole informationnel sur leurs clients. Dans ce cas, le canal du crédit bancaire joue de la façon suivante : une politique monétaire expansionniste se traduisant par une baisse des taux conduit à une augmentation de la liquidité bancaire, ce qui permet aux banques d'accroitre le volume de prêts aux emprunteurs et, par conséquent, d'augmenter les dépenses de consommation et d'investissement. Cette progression des dépenses entraîne une hausse de la demande globale, puis de la production et, *in fine*, de l'inflation. Cependant, certains travaux empiriques montrent que le canal du crédit, notamment le canal strict, n'est plus aussi puissant dans les pays occidentaux (Ramey, 1993 ; Meltzer, 1995). Une des raisons expliquant la moindre efficacité de ce canal est le déclin de l'activité de prêt (Edward et Mishkin, 1995).

Le déclin de l'importance du canal du crédit bancaire a permis à la littérature économique de se pencher sur le canal large du crédit ou canal du bilan. Ce canal trouve, lui aussi, son origine dans l'existence de problèmes d'asymétrie d'information sur les marchés de crédit. Il repose sur le fait que tous les financements externes sont des substituts imparfaits au financement interne. L'hypothèse d'imperfections sur le marché des crédits et, plus généralement, sur les marchés des capitaux s'est développée en raison des coûts de transaction, des coûts d'acquisition de l'information et des problèmes d'asymétrie de l'information (Rosenwald, 1995). De fait, l'existence de ces imperfections exerce une contrainte sur la structure financière des entreprises et sur leurs possibilités de financement. Ainsi, l'octroi de prêts à des emprunteurs ayant une situation nette assez faible devrait baisser, en rapport avec les problèmes de sélection adverse et d'aléa moral qui deviennent aigus. En effet, une diminution de la situation nette signifie que les prêteurs disposent d'une moindre garantie en contrepartie de leurs prêts et les pertes dues à la sélection adverse sont donc plus importantes. La dégradation de la situation nette entraîne donc une réduction des prêts destinés à financer les dépenses d'investissement, car la probabilité de non-remboursement se trouve être élevée dans un tel contexte. Cette baisse de l'investissement aboutit, toutes choses égales par ailleurs, à une baisse de la demande globale et *in fine* de l'inflation.

Dans le cadre de ces travaux, seul le canal bancaire (canal strict du crédit) a retenu notre attention. Les réponses impulsionnelles cumulées du crédit à l'économie montrent un effet positif significatif aussi bien pour un choc positif sur le taux de pension que sur le taux d'escompte. L'effet maximal à long terme du crédit suite à un choc positif sur le taux de pension est de l'ordre de 2,6 %. Cet effet trouve une justification dans des études relatives au canal de crédit. Ainsi, Christiano, Eichenbaum et Evan (1994) ont observé ce phénomène et l'ont interprété en faisant valoir que les entreprises, dépendant principalement de la finance indirecte, sont contraintes d'accroitre leurs emprunts afin de compenser la réduction de leur cash-flow due à la déprime de l'activité économique.

Par ailleurs, les banques dans l'Union peuvent répondre positivement à l'accroissement de la demande de fonds prêtables parce qu'elles disposent de liquidités suffisantes. Les institutions financières sont alors en mesure d'accroitre leurs prêts, ce qui pousse à la hausse le volume de crédit à l'économie. Une autre explication de ce phénomène serait une augmentation du taux d'intérêt réel qui entraîne une hausse des dépôts et donc une augmentation des crédits à l'économie. Ce résultat confirme l'existence d'un canal strict du crédit à côté du canal des taux d'intérêt (graphique 15).

Graphique 15 :
Fonctions de réponse impulsionnelle cumulées du modèle 9

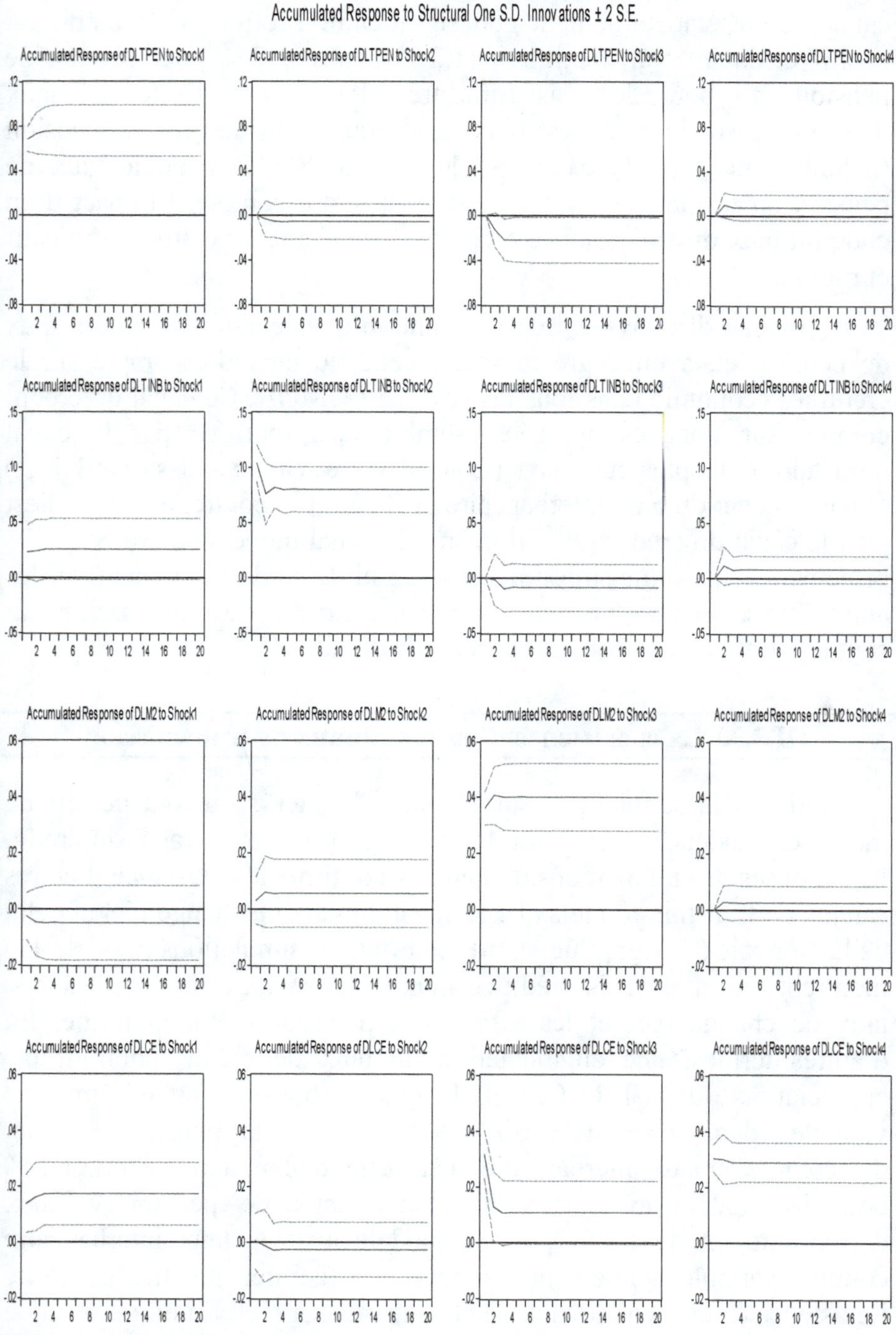

Source : construit par l'auteur

Un choc positif sur le taux d'escompte transiterait de manière significative uniquement par le canal du crédit. L'effet sur les autres canaux étant statistiquement non significatif. L'effet sur le crédit est positif et atteint son maximum (1,2 % contre 1,7 % pour le taux de pension) au bout de trois trimestres. Par contre, l'effet du taux d'escompte sur le crédit est plus rapide que celui du taux de pension (quatre trimestres). Que ce soit le modèle SVAR avec le taux de pension ou le modèle SVAR avec le taux d'escompte, l'impact d'un choc du taux directeur sur le crédit est globalement positif, significatif et robuste.

Au niveau des pays, on observe une influence significative du taux de pension et, à un degré moindre, celle du taux d'escompte sur le crédit à l'économie dans tous les pays de l'UMOA. Ce canal du crédit, comme sur données agrégées, semble être renforcé par le canal monétaire dans plusieurs pays (Côte d'Ivoire, Guinée-Bissau et Niger) et par le canal du taux interbancaire au Togo. Par contre, au Mali, c'est plus le canal du crédit qui renforcerait le canal monétaire. Au Niger, le principal canal de transmission est le canal de crédit alors que pour les autres pays, on observe deux principaux canaux de transmission qui sont le canal du taux d'intérêt et celui du crédit.

III.3.3.- La coexistence d'autres canaux de transmission

Au-delà des simulations sur les taux directeurs qui ont permis de mettre en évidence le canal du taux interbancaire et le canal du crédit, les réponses des innovations monétaires confirment l'existence d'autres canaux de transmission tels que le canal du taux de change réel et celui de la monnaie (voir graphique 16). En effet, les simulations (modèle 11) montrent qu'un choc de crédit se manifeste par un effet positif sur le taux de change réel et les effets sont persistants à long terme. En d'autres termes, une augmentation du taux de crédit induirait une appréciation du TCER. Cet effet semble robuste aux systèmes de variables dans le modèle SVAR (avec taux de pension ou taux d'escompte ou taux interbancaire), car l'effet de long terme est de 1,1 % pour le modèle avec taux directeurs (taux de pension et taux d'escompte) et de 1,2 % pour le modèle avec le taux interbancaire comme variable faiblement exogène. Ce dernier résultat confirme l'existence d'un canal de taux de change effectif réel. En outre, un choc sur le taux de change effectif réel a un effet négatif et significatif dans les trois spécifications (8, 9 et 10) sur la masse monétaire. Les résultats à long terme sont là également robustes aux différentes spécifications et sont proches de -0,9 %. Cette conclusion est également valable pour le canal du taux de change effectif réel au niveau des pays.

Dans les pays de l'Union, le canal du taux de change effectif réel est renforcé principalement par le canal du crédit (Bénin, Guinée-Bissau et Mali) et par le canal monétaire en Côte d'Ivoire. Cet enchaînement de relations entre ces trois canaux de transmission confirme, dans le contexte de la zone UMOA, la coexistence de deux autres canaux de transmission, le canal de la monnaie (à travers les entrées directes de devises converties en monnaie locale) et le canal du taux de change effectif réel (qui capitalise les effets par rapport aux devises autres que l'Euro) à côté du canal du crédit et qui se renforcent mutuellement.

Graphique 16 :
Fonctions de réponses impulsionnelles cumulées du modèle 11

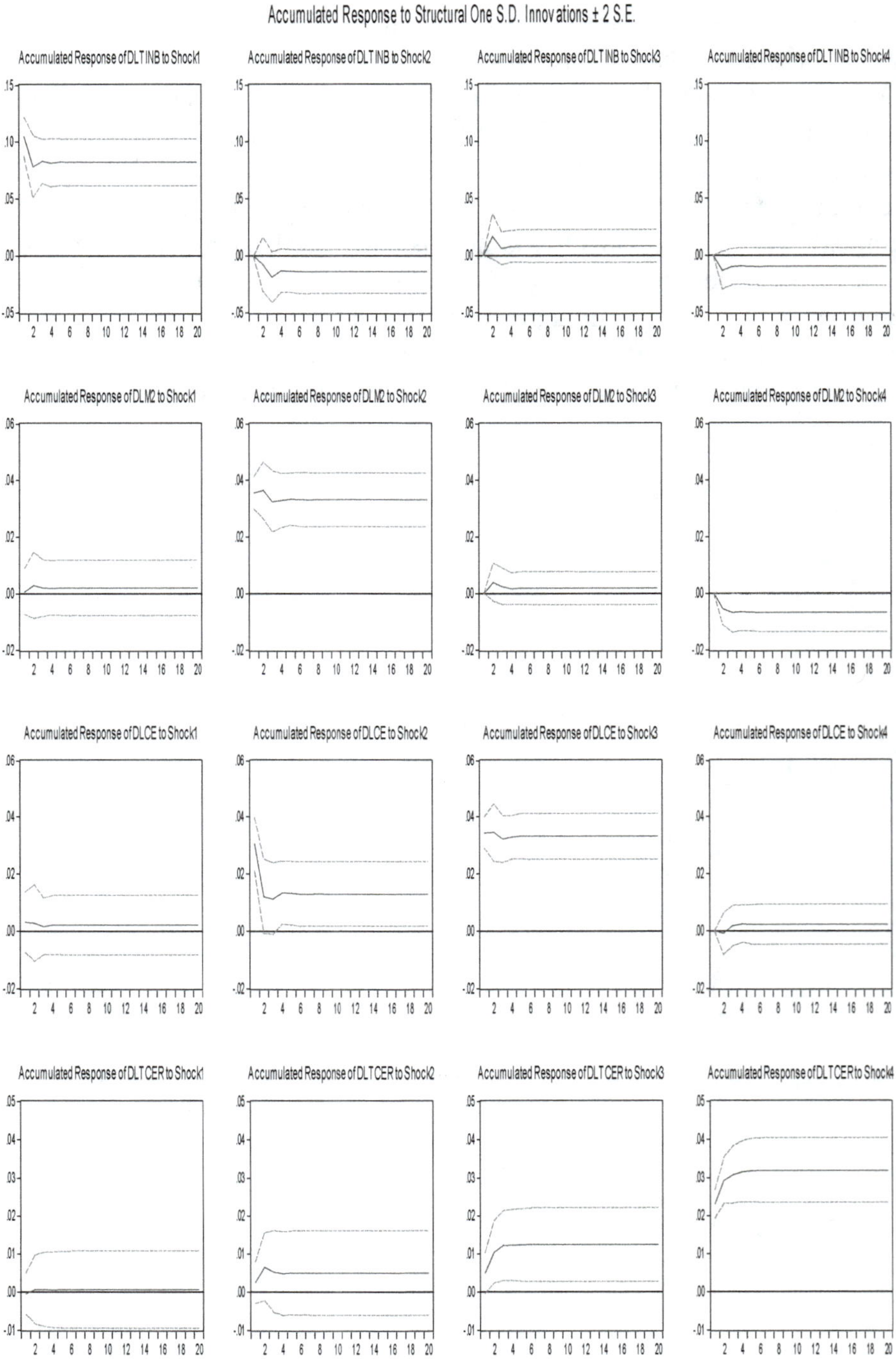

Source : construit par l'auteur

CONCLUSION

Dans ce chapitre, nous avons développé un modèle VAR, en considérant les deux principaux taux directeurs maniés par la BCEAO comme instruments de la politique monétaire dans la zone UMOA. La question essentielle consiste à identifier, d'une part, les canaux de transmission de cette politique monétaire sur la sphère réelle et sur les prix, et de voir si un canal primait sur les autres ; et, d'autre part, de porter un jugement sur la nature, homogène ou non, des effets de la politique monétaire dans les pays membres de l'Union.

Le message fondamental de ce chapitre est la coexistence de plusieurs canaux de transmission qui se renforcent mutuellement. Les principaux canaux identifiés sont ceux du taux d'intérêt et du crédit. De ce message, plusieurs autres conclusions ressortent de nos investigations empiriques. Une première conclusion est que les principaux canaux de transmission sont le canal du taux d'intérêt et le canal du crédit. En effet, les réponses du taux interbancaire à une innovation portant sur le taux de prêt marginal sont plus élevées et plus rapides que celles du crédit (2,6 % pour le canal interbancaire contre 1,7 % pour le canal du crédit) d'où une primauté relative du premier sur le second. Il est important de mentionner que le taux interbancaire réagit significativement à une innovation portant sur le taux de pension (taux de prêt marginal).

La seconde conclusion révèle que les chocs transitoires de politique monétaire contribuent aux variations des prix, l'objectif principal de politique monétaire défini par le Comité de Politique monétaire. En effet, nos simulations indiquent un effet significatif du taux interbancaire sur l'inflation avec une contribution dans la décomposition de la variation de l'ordre de 15 %. De ce dernier résultat et de ce qui précède, il en résulte que, pour la réalisation de l'objectif principal de la politique monétaire, le taux de pension (taux de prêt marginal) serait plus pertinent que le taux d'escompte, car son effet passe par le canal du taux d'intérêt interbancaire pour influencer significativement l'inflation. Nos résultats confirment également des effets des taux d'intérêt de faible ampleur, mais significatifs sur l'investissement. L'effet direct des taux directeurs sur le PIB est relativement faible.

La dernière conclusion concerne l'existence d'effets « feed-back » entre les taux directeurs et certaines variables notamment l'activité réelle et le taux de change effectif réel.

En effet, les fonctions de réponse et les exercices de décomposition de la variance de l'erreur de prévision montrent clairement que les taux directeurs, taux de prêt marginal et d'escompte, sont bien sensibles aux chocs d'offre réelle. L'importance des chocs d'offre réelle dans l'explication des fluctuations du taux directeur est voisine de 6 % (5 % pour le taux d'escompte et 6 % pour le taux de prêt marginal). Ce résultat suggère que le taux de croissance de la production peut être considéré comme un argument pertinent de la fonction de réaction de la BCEAO. Il serait intéressant d'approfondir notre connaissance de ces relations en étudiant la fonction de réaction de la BCEAO, objet du chapitre suivant.

CHAPITRE V

CHOIX D'UNE RÈGLE MONÉTAIRE OPTIMALE DANS LA ZONE UMOA

La Réforme institutionnelle de l'UMOA et de la BCEAO, entrée en vigueur le 1er avril 2010, a fixé pour la Banque centrale, un objectif explicite de stabilité des prix. Toutefois, l'article 8 de ses Statuts précise que, sans préjudice de cet objectif, l'Institut d'émission apporte son soutien aux politiques économiques de l'Union, en vue d'une croissance économique saine et durable.

Ainsi, la Banque centrale intervient par sa politique monétaire pour stabiliser les prix, mais également pour soutenir l'activité économique.

Au regard de son action depuis plusieurs décennies, il convient de s'interroger sur le poids accordé à la stabilité des prix et au soutien de l'activité dans les décisions prises par les Autorités monétaires. L'estimation d'une « fonction de réaction » pour la Banque centrale permettrait d'apporter un éclairage sur la question.

En effet, elle vise à ajuster *a posteriori* les actions des Autorités monétaires sous la forme d'une « règle » de décision. Une telle fonction comporte des variables clés que la Banque centrale analyse pour décider de la conduite de sa politique monétaire.

L'objet de ce chapitre est donc d'estimer une fonction de réaction de la BCEAO afin de s'assurer de la règle de conduite de la politique monétaire. Cette estimation est fondée sur une règle à la Taylor « augmentée » qui tient compte des variables importantes ciblées par la BCEAO. En effet, toutes les banques centrales ne disposent pas d'une autonomie totale dans la mise en œuvre de leur politique monétaire.

En change fixe, par exemple, la Banque centrale devrait se préoccuper, en plus des variables internes (production et inflation), d'une variable en rapport avec le taux de couverture de l'émission monétaire, notamment les avoirs extérieurs, qui pourraient apparaître dans la pratique comme un objectif à part entière.

Le présent chapitre est organisé de la façon suivante. La première section passe en revue la littérature économique relative aux règles de politique monétaire. Dans la deuxième section, nous analysons à l'aide d'estimations de règles monétaires de type règle de Taylor augmentée, la fonction de réaction de la BCEAO. Pour cela, nous spécifions dans un premier temps la règle monétaire étudiée, ensuite détaillons la méthodologie d'estimation et enfin exposons les principaux résultats de l'estimation de la fonction de réaction. Dans la dernière section, nous menons une série de réflexions sur des questions relatives à une politique monétaire optimale dans la zone UMOA.

I.- LES RÈGLES DE POLITIQUE MONÉTAIRE

Depuis la fin des années soixante-dix, la lutte contre l'inflation est devenue la priorité de la plupart des banques centrales. En effet, à la suite des travaux de Kydland et Prescott (1977) et de Barro et Gordon (1983), il est apparu que l'usage d'actions discrétionnaires par les autorités monétaires aboutit très souvent à des biais inflationnistes. En d'autres termes, il semble préférable d'accroitre la crédibilité de la politique monétaire par l'établissement d'une règle de comportement précise et stable par les autorités monétaires. Dès lors, la recherche de cette crédibilité peut, en tout état de cause, justi fi er le renouveau des règles actives de politique monétaire, préférant la règle à la discrétion. Ainsi, un courant académique cherchant à identifier les règles opérationnelles de politique monétaire susceptibles de limiter au maximum, voire de supprimer le recours à la « discrétion » (Tenou, 2002) s'est développé dans la littérature monétaire.

La littérature contemporaine sur la régulation monétaire, inspirée par les travaux pionniers de Kydland et Prescott (1977), et Barro et Gordon (1983), porte sur la forme que doit prendre la règle de politique monétaire pour accroitre l'efficacité de la politique monétaire et offrir un cadre de description et de prescription réalistes de l'activisme monétaire des banques centrales.

La construction des règles de politique monétaire permettant de décrire l'arbitrage entre stabilité de l'inflation et promotion de l'activité, devient dès lors la question essentielle, d'où nait une littérature abondante sur les fonctions de réaction des banques centrales.

I.1.- FONDEMENTS THÉORIQUES ET EMPIRIQUES DES RÈGLES DE POLITIQUE MONÉTAIRE

Le débat sur la nécessité d'établir une règle dans la conduite de la politique monétaire a pris de l'ampleur au début des années 70 dans un contexte caractérisé par une méfiance des agents économiques à l'égard des autorités monétaires. La pensée des partisans d'une politique basée sur des règles transparentes, par opposition à une politique discrétionnaire, s'articule sur la manière de piloter la politique monétaire. De plus, le débat fut étendu à la problématique consistant en l'application d'une règle passive telle que celle proposée par Milton Friedman (« k % rule ») relative à la croissance nominale de la masse monétaire ou en l'adoption d'une règle active à valeur plus indicative que normative, c'est-à-dire compatible avec des actions discrétionnaires nécessaires à une stabilité macroéconomique.

I.1.1.- L'incohérence temporelle et le biais inflationniste des décisions publiques

Pour simplifier, retenons avec Barro et Gordon (1983), après Kydland et Prescott (1977), que l'incohérence temporelle caractérise les choix des Autorités monétaires. Leur souhait est de réduire le taux d'inflation à long terme. Mais à court terme, elles ont une aversion contre le risque d'explosion du chômage, et de ce fait, souhaiteraient faire bénéficier au public d'une meilleure situation de l'emploi découlant de relances conjoncturelles par la monnaie, en oubliant allègrement les tensions inflationnistes créées par de telles politiques dans le passé. C'est ainsi que les Autorités monétaires induisent un biais inflationniste dans l'économie, en développant des politiques ayant des effets persistants à la hausse du niveau d'inflation : la préférence pour l'emploi à court terme, devenant incompatible, c'est-à-dire incohérente, vis-à-vis de l'inflation induite à long terme.

Ce biais inflationniste caractérise notamment l'action des banques centrales dépendantes des pouvoirs politiques, dont elles subissent régulièrement des pressions en vue de financer les déficits budgétaires. Or en réalité, des banques centrales qui sont indépendantes de telles pressions peuvent avoir des résultats plus probants en matière de lutte contre l'inflation.

Leurs politiques de hausses de taux d'intérêt notamment peuvent en effet être jugées davantage crédibles que l'action de banques centrales dépendantes, car les producteurs vont inférer de leur action, un engagement ferme et durable de réduction de la hausse des prix. La crédibilité ici découle non pas de la récession induite par l'action des banques centrales, mais du constat de leur engagement ferme à atteindre l'objectif poursuivi en matière de stabilisation des prix, quels que soient les développements de la conjoncture.

De cette analyse, découle ainsi la proposition de l'indépendance des banques centrales. Bien entendu, depuis McCallum (1988 et 1995) et Rogoff (1985), l'indépendance des banques centrales est l'un des enjeux de la recherche de l'efficacité de l'action des banques centrales. Selon ces auteurs, elles doivent être totalement indépendantes, et adopter en contrepartie des règles fixes et clairement annoncées à l'avance, en matière de réduction d'inflation, en évitant d'essayer de « tromper les agents », par nature bien informés dans des économies de marché, quant aux déterminants des prix et des salaires. Par ailleurs, les règles fixes empêchent les Autorités, de tenter un arbitrage subtil entre inflation et chômage, en échangeant davantage de possibilités d'emplois et d'activités génératrices de revenus, par un peu plus de hausses des prix. En effet, selon eux, ce sont les politiques monétaires discrétionnaires qui sont souvent à l'origine de l'incohérence des politiques. Alors que des règles fixes permettent d'éviter « un marchandage vicieux » entre inflation et chômage, dont le fondement est aléatoire dans des économies à prix flexibles.

Pour réaliser de tels objectifs, les Autorités monétaires devraient selon Kenneth Rogoff, être choisies en fonction de leurs performances passées dans la réalisation des objectifs d'inflation. Et à ce titre, seuls des Responsables ayant une plus forte aversion à l'inflation que la moyenne des agents dans l'économie devraient être désignés aux postes de gouverneurs de banques centrales. Au total, l'action des banques centrales devrait être orientée autour du ciblage de l'inflation (inflation targeting), dont les règles fixes en assurent l'efficacité.

Cette offensive des promoteurs de l'indépendance totale des banques centrales, poursuivant des règles fixes au détriment des politiques discrétionnaires, est récusée par les promoteurs d'une indépendance conditionnelle. Par exemple, Guy Debelle et Stanley Fischer (1994) précisent que l'indépendance des banques centrales devient contre-productive, dès lors que celles-ci agissent en contravention de la volonté populaire s'exprimant lors des scrutins (démocratiques). C'est pourquoi il convient de distinguer l'indépendance des instruments (la possibilité de fixer le niveau des taux d'intérêt à court terme), de l'indépendance des objectifs (la possibilité de fixer la cible d'inflation, de croissance de l'activité ou de l'emploi, du taux de change de la monnaie).

I.1.2.- Règle de politique monétaire comme solution à l'arbitrage inflation-chômage

L'appui théorique apporté aux inconvénients des politiques monétaires dites purement discrétionnaires (biais inflationniste et absence de transparence) a donné aux banques centrales l'opportunité d'appliquer des règles de conduite cohérentes avec leur objectif de stabilité des prix, sans pour autant éliminer leur champ d'actions discrétionnaires. Parmi ces règles, celles de Taylor et de McCallum sont les plus évoquées dans les publications des organismes monétaires et académiques.

La règle de Taylor s'inscrit désormais de manière systématique dans les débats de l'adéquation de la politique monétaire aux variables fondamentales de la sphère réelle. L'ambition affichée à travers cette règle est de définir une ligne de conduite qui s'impose aux autorités responsables de la conduite de la politique monétaire. Elle se base sur le calcul d'un taux d'intérêt de court terme, supposé compatible à la fois avec l'objectif d'inflation affiché par la Banque centrale concernée et avec la stabilisation de la production à son niveau potentiel.

D'un point de vue descriptif, la règle de Taylor est souvent utilisée pour appréhender le comportement d'une Banque centrale en matière de conduite de la politique monétaire. La modélisation de la fonction de réaction des banques centrales permet aux agents économiques, d'une part, d'appréhender les actions des Autorités monétaires et, d'autre part, de mieux anticiper les évolutions temporelles des taux d'intérêt de court terme. De plus, l'estimation de la règle de Taylor donne une première indication du poids alloué à la stabilisation de l'inflation et à l'élimination de l'écart entre le niveau de production et son niveau potentiel (« output gap »). D'un point de vue normatif, la règle de Taylor, en comparant le taux d'intérêt issu de la règle de Taylor au taux d'intérêt à court terme observé sur le marché, permet de juger l'adéquation de la politique monétaire aux variables économiques fondamentales.

Encadré :
Règle, discrétion et fonction de réaction

Avec l'émergence de la littérature sur l'inconséquence temporelle de la politique monétaire au milieu des années 80, une nouvelle forme de légitimité fut apportée à la règle. Comme nous l'avons vu précédemment, une banque centrale agissant en discrétion produit un biais d'inflation. Dans un monde rationnel, l'arbitrage existant entre chômage et inflation non anticipée au travers de la courbe d'offre à la Lucas disparaît en même temps que son exploitation. La règle consiste donc à ce que la Banque centrale se préengage sur sa non-exploitation. La crédibilité de l'engagement est requise et conduit à la disparition du biais inflationniste.

Toutefois, c'est le travail séminal de Taylor (1993) qui marquera une véritable rupture dans la manière de concevoir une règle, avec la distinction entre règle passive et règle active. En 1998, ce dernier définissait ainsi une règle de politique monétaire « comme une description — exprimée de manière algébrique, numérique, graphique — de la façon dont les instruments de politique, tels que la base monétaire ou le taux des fonds fédéraux, changent en réponse aux variables économiques. Aussi, une règle de taux de croissance constant pour la base monétaire est un exemple de règle politique, comme l'est un plan contingent pour la base monétaire. Une description de la manière dont le taux des fonds fédéraux est ajusté en réponse à l'inflation ou au PIB réel est un autre exemple de règle politique ».

Poole (1999), de manière plus générale, décrivait une règle comme « un processus de décision systématique qui utilise l'information d'une manière cohérente et prévisible ». Pour McCallum, l'idée selon laquelle les règles doivent être simples pour être pertinentes dans la pratique doit être rejetée et rien dans le concept moderne de règle monétaire n'exige d'une Banque centrale qu'elle poursuive une politique invariante à l'état de l'économie.

Source : reproduit à partir de L. Aubert, IRES/CFE

I.2.- CONSTRUCTIONS DES RÈGLES DE POLITIQUE MONÉTAIRE

Le concept de règle de politique monétaire peut être défini comme un processus systématique de prise de décision, sur la base d'informations économiques et financières fiables et prévisibles (Poole, 1999). La littérature récente (Svensson, 1997 ; Rudebusch et Svensson, 1998) permet de classer les règles de politique monétaire en deux groupes : les règles d'instrument *(instrument rules)* et les règles d'objectif *(targeting rules)*. De toutes les règles de politique monétaire, règles d'instrument ou d'objectifs, la règle de Taylor et la règle de ciblage de l'inflation sont les plus utilisées.

I.2.1.- Les règles fondées sur les instruments : Règles de Taylor et ses dérivées

Les règles d'instruments (instruments rules) font référence à l'identification d'une forme fonctionnelle permettant de déterminer le niveau des instruments à un moment donné. Ces règles peuvent être soit implicites, soit explicites, selon qu'elles sont définies avec ou sans les variables anticipées. Il est distingué principalement trois règles d'instrument : la règle de Taylor (1993), la règle de Henderson-McKibbin (1993) et la règle de McCallum (1997a et 1997b).

Les deux premières règles considèrent comme instrument le taux d'intérêt à court terme et comme cible le taux d'inflation. Celle de McCallum diffère par le fait que l'instrument retenu est l'agrégat monétaire de base, et la cible est le PIB nominal. Parmi ces trois règles de politique monétaire, seule la règle de Taylor est exposée dans cette section. Cela découle de sa simplicité qui relie le taux d'intérêt nominal à court terme à l'inflation et à l'output gap.

Même si la règle de Taylor décrit de manière assez fidéle le comportement du taux directeur de la FED, celle-ci ne repose en revanche sur aucun fondement théorique, car elle est plus descriptive que normative.

I.2.1.1.- Règle originelle de Taylor

Afin de limiter, voire d'éliminer l'application mécanique des règles monétaires par les décideurs, Taylor (1993), dans un article pionnier portant sur les États-Unis, propose une règle simple du taux d'intérêt sous forme de fonction de réaction liant les mouvements du taux d'intérêt nominal avec les mouvements de l'inflation et l'output gap pour le choix et l'évaluation des instruments de conduite de la politique monétaire. Cette règle est connue sous le nom de la règle de Taylor. Cette règle est, depuis, devenue célèbre pour sa capacité à mettre en relief l'impact de l'écart de production et de l'écart d'inflation à sa cible sur les variations du taux d'intérêt de court terme. Initialement conçue pour décrire l'évolution du taux des fonds fédéraux aux États-Unis, la règle de Taylor a été utilisée comme règle de référence dans plusieurs travaux empiriques malgré le fait qu'elle ne soit pas normative, mais plutôt descriptive. En d'autres termes, elle ne fournit pas une norme déterminée qui servira comme une référence pour le taux d'intérêt théorique, mais elle cherche à décrire la réaction de la Banque centrale face aux fluctuations de variables économiques clés au cours d'une période donnée.

De ce fait, elle peut être utilisée à la fois pour l'évaluation des politiques monétaires ultérieures et pour la détermination des politiques futures. Elle recommande une hausse du taux directeur (Fed funds) quand le taux d'inflation est au-dessus de son niveau cible et une baisse en cas de récession.

En effet, l'instrument de conduite de la politique monétaire présenté par Taylor suggère que la Banque centrale mette en relation le taux d'intérêt de court terme avec l'inflation et le cycle économique. Plus précisément, la règle montre que le niveau nominal du taux d'intérêt de la banque de réserve fédérale (USA) est égal au taux d'inflation plus le taux d'intérêt réel d'équilibre plus les deux écarts ayant des coefficients égaux à 0,5 ; l'écart de l'inflation de sa cible et la déviation du produit intérieur brut de son niveau potentiel. La règle proposée par Taylor est la suivante :

$$i = i' + \rho + 0,5y + 0,5(p - 2) \qquad (1)$$

où : i est le taux d'intérêt nominal des fonds fédéraux, p est le taux d'inflation des quatre trimestres précédents et y est le pourcentage de déviation du PIB effectif réel de la cible ou output gap.

Quand l'inflation est égale à sa valeur cible de 2 % et que le PIB atteint sa valeur tendancielle, le taux d'intérêt réel (***i* - *ρ***) ou taux neutre sera égal à 2 %, équivalent au taux de croissance tendanciel de l'économie (2,2 %) sur la période 1984-1992.

Cette règle est une extension des études de Henderson et Mckibbin (1993). Elles considèrent la règle de politique monétaire qui consiste en la déviation du taux d'intérêt de son niveau d'équilibre (i') comme une fonction linéaire de la déviation de la variable z de son niveau cible, ceci implique :

$$i - i' = \tau(z - z') \qquad (2)$$

Toutes les études convergent vers deux variables clés comme étant de bons indicateurs de l'économie. Ces études exigent le ciblage de la somme du niveau du prix et de l'output gap, ceci implique le ciblage du revenu nominal :

$$i - i' = \tau_{\pi}(\pi - \pi') + \tau_{y}(y - y') \qquad (3)$$

Ainsi, à partir de ces études, Taylor aboutit à sa règle. L'instrument de politique monétaire présenté par Taylor consiste à considérer le taux d'intérêt du court terme en fonction de deux quantités observées (le taux d'inflation [π] et de la déviation de l'output gap [**y**]) et quatre composantes sont considérées comme constantes (les deux paramètres d'ajustement de l'écart d'inflation [τ_{π}] et de l'output gap [τ_{y}] le taux d'intérêt d'équilibre [**i'**] et le niveau optimal d'inflation [π']). Les deux facteurs d'ajustements peuvent incorporer à la fois un objectif à court terme et un objectif à long terme. L'ajustement de l'écart d'inflation incorpore un objectif de long terme de la Banque centrale (stabilité des prix) et le facteur d'ajustement de l'output gap s'appuie sur l'idée que la politique monétaire de court terme s'intéresse à éviter les changements cycliques (stabilité économique). L'intérêt est de permettre à l'output d'avoir une croissance durable autour du niveau potentiel. Ce dernier est un facteur d'ajustement qui peut représenter un autre aspect de la politique économique.

En effet, certains analystes le considèrent comme un indicateur ou un signal sur les événements futurs. Selon cette idée, un output gap positif signale une augmentation de l'inflation future. C'est ainsi que la règle du taux d'intérêt qui reflète un ajustement du gap de la production, qui peut correspondre à une action politique désignée, pour contrecarrer l'anticipation d'une hausse de l'inflation. À partir de la contribution de ces deux paramètres à ces objectifs, on peut conclure que cette règle vise une politique majeure de stabilité des prix.

Le statut théorique de la règle de Taylor a été affiné par plusieurs contributions, telles que celle de Svensson où il montre que cette règle peut apparaître comme la solution du programme de contrôle optimal dans un cadre standard « d'inflation targeting ». C'est ainsi que la plupart des pays qui ont opté pour objectif, le ciblage d'inflation, ont adopté comme instrument de conduite de leurs politiques monétaires la règle de Taylor ou des règles de type Taylor.

Dans son étude, Taylor n'estime pas l'équation, mais il met en place quelques suppositions à ce modèle linéaire. Le niveau de la cible d'inflation ($\boldsymbol{\pi'}$) est supposé égal à 2 % et le taux d'intérêt réel d'équilibre est supposé égal à 2 %. L'estimation sur plusieurs pays et sur plusieurs périodes montre que cette règle est robuste. Taylor (1993) trouve que cette règle reproduit bien l'évolution du taux d'intérêt des États-Unis sur la période (1987-1992) sauf en 1987 en raison du crash boursier. En outre, la confrontation du taux calculé à partir de la règle de Taylor au taux de marché permet d'apprécier l'orientation de la politique monétaire au regard des conditions économiques fondamentales. À ce titre, cette règle semble être aujourd'hui un des guides pour certaines banques centrales pour déterminer si elles doivent plutôt desserrer la politique monétaire ou au contraire la durcir ou bien encore ne rien changer. C'est en tout cas bien souvent dans ce sens que la perçoivent les observateurs des banques centrales.

D'un point de vue opérationnel, cette règle ne doit pas être appliquée automatiquement. Elle peut être utilisée comme un instrument additionnel pour aider les banques centrales à la prise de décision. La question d'estimation de cette règle, au lieu de son adaptation rigide aux suppositions, est devenue la première préoccupation de la littérature et provoque certains problèmes théoriques et pratiques. En effet, l'estimation de la règle fait apparaître certains problèmes liés à la détermination de certaines variables. L'output potentiel est une variable inobservable. Pour l'estimation de cette variable, de nombreuses études ont été menées pour aboutir à la meilleure méthode économétrique permettant une estimation optimale de cette variable. Parmi les mesures d'estimation adoptées, on distingue les filtres HP, les tendances polynomiales (quadratique ou cubique) et l'estimation par modèle à composante inobservable (filtre de Kalman).

En outre, il existe plusieurs alternatives de détermination de l'inflation (telles que l'utilisation du délateur du PIB ou l'utilisation de l'indice du prix à la consommation, etc.). Aussi, les pays prennent ou pas en considération les fluctuations du taux de change. Certains pays cherchent à diffuser une crédibilité et assurer une stabilité économique en adoptant un ajustement partiel de leur taux d'intérêt. D'où émane un manque de consensus sur la spécification exacte de la règle. À partir de cela, on ne peut pas appliquer une règle standard pour tous les pays. Mais cette règle doit s'adapter à la structure économique de chaque pays en incluant les variables clés propres à chaque économie. Ainsi émane la notion de la règle type de Taylor (Kozicki, 1999).

La règle de Taylor, de ce fait, a donc été réaménagée par plusieurs auteurs, notamment Sachs (1996), Orphanides (1998), Kozicki (1999) et Clarida, Gali et Gertler (2000), qui suggèrent des modifications en intégrant les variations anticipées de l'inflation et de l'activité. D'autres comme Rudebusch (1995), Clarida, Gali et Gertler (1998) et Sack et Wieland (2000) ont proposé l'ajout d'un effet de lissage du taux d'intérêt, afin de prendre en compte les éventuels mécanismes partiels d'ajustement. Les fondements théoriques qui sous-tendent ce lissage des taux d'intérêt sont les craintes de perturbation sur les marchés de capitaux, la perte de crédibilité liée à des variations de politique monétaire trop brutales et de trop grande ampleur, et la nécessité de trouver un consensus pour les décisions de changement de politique monétaire.

La prise en compte du lissage par les Autorités monétaires a induit une modification de la règle originale de Taylor en « backward looking rule » (Haldane et Batini, 1999). Quant à Sachs (1996), il a partiellement aménagé la règle de Taylor initiale, en soulignant la prise en compte des anticipations d'inflation. La prise en compte des anticipations induit à son tour une modification de la règle de Taylor en « forward looking rule ».

I.2.1.2.- Modifications apportées à la règle de Taylor

Après l'article de Taylor (1993), la règle de politique monétaire est devenue une préoccupation majeure pour plusieurs chercheurs, chacun définissant la règle monétaire d'une manière différente. Cela provient principalement des divergences au niveau du mode de calcul de cette règle. En effet, les différences résident au niveau de la définition des variables explicatives, des hypothèses relatives aux coefficients de pondération et de la valeur du paramètre de lissage du taux d'intérêt, ce qui explique les différences au niveau des résultats trouvés pour un même pays. Différents aménagements ont donc été apportés à la formulation initiale. Ils ont mené au développement des « Taylor-type rules ».

- ***La règle de Taylor de type « backward looking rule »***

Afin d'assurer une certaine stabilité, les partisans des « Taylor-type rules » suggèrent d'introduire dans l'équation des taux d'intérêt retardés (concept de « backward looking rule »). L'argument principal sur lequel est fondé ce réaménagement est dicté par un souci de stabilité financière qui incite les banques centrales à privilégier un lissage en douceur plutôt que des mouvements brusques des taux directeurs. Gertler (1999) considère que le lissage de taux d'intérêt permet une plus grande stabilité à la fois des prix et de l'output. Cependant, la reprise de cette idée dans des applications empiriques n'est que partiellement concluante. En effet, pour une multitude de modèles, l'introduction de taux d'intérêt retardés a conduit à une instabilité de l'équation. Au final, la spécification de la règle de Taylor désignée dans la littérature par le concept de « backward looking rule » s'écrit :

$$i_t = \rho i_{t-1} + (1 - \rho)(\pi_t + r_t' + \propto (\pi_t - \pi_{t'}) + \beta(y_t + y_t')) \quad (4)$$

où ρ est le paramètre mesurant le degré de lissage du taux d'intérêt. Sa valeur est comprise entre 0 et 1.

Dans l'équation (4), le taux d'intérêt nominal de court terme dépend des informations disponibles à la date t. Il ne tient donc pas compte des anticipations d'inflation. Le passage à l'estimation des fonctions de réaction de type de Taylor est dû à plusieurs raisons. D'une part, ces fonctions prévoient le changement de l'instrument politique monétaire de la Banque centrale. D'autre part, dans le contexte des modèles macroéconomiques, les fonctions de réactions présentent un élément important dans l'évaluation des politiques des banques centrales et dans l'évaluation des effets des chocs économiques. En outre, avec des anticipations rationnelles supposées dans le modèle macroéconomique, la connaissance de la bonne fonction de réaction conduit à l'estimation du modèle total.

Ainsi, plusieurs études ont estimé différentes spécifications des fonctions de réaction de différentes banques centrales pour les pays qui ont adopté le ciblage d'inflation. En effet, dans leurs études, Mayes (2000) et Gerdesmeier et Roffia (2003) choisissent l'estimation d'une fonction de réaction de type de Taylor. Ils l'estiment en fonction de l'inflation courante et de l'output gap courant, en incorporant la politique d'ajustement partiel du taux d'intérêt. L'équation a la forme suivante :

$$\mathbf{i_t} = \rho i_{t-1} + (1-\rho)[\, \propto_0 + \propto \pi_t + \beta Y_y\,] + \mu_t \qquad \mathbf{(5)}$$

Toujours, selon Gerdesmeier et Roffia, l'estimation dans la plupart du temps de ce type de modèle est faite par la méthode des moindres carrées ordinaires au lieu du GMM, sauf dans le cas d'exogénéité des variables.

- ***La règle de Taylor de type « forward looking rule »***

La règle de Taylor a été précisée et popularisée par une étude de Sachs en 1996 dans laquelle il a partiellement modifié la règle originale de Taylor, en soulignant la prise en compte des anticipations d'inflation[19]. La forme retenue est la suivante :

$$\mathbf{i = i' + Þ + 0{,}5y + 0{,}5(\rho - \rho')} \qquad \mathbf{(6)}$$

où avec les mêmes notations que précédemment, **Þ** est l'inflation anticipée et $\boldsymbol{\rho'}$ la cible d'inflation choisie par la banque centrale.

La cible d'inflation pouvant ainsi varier d'un pays et/ou suivant les périodes, l'introduction formelle d'une anticipation d'inflation permet de se rapprocher du comportement d'une banque centrale qui doit intervenir à titre préventif. En revanche, les pondérations de l'écart d'inflation et de l'output gap restent, comme chez Taylor, fixées à 0,5.

---

[19] La spécification de la fonction de réaction de la Banque centrale qui intègre les anticipations est désignée dans la littérature sous le concept de « forward looking rule » (Taylor, 1999)..

À la suite de Sachs(1998), Orphanides (1998), Kozicki (1999) et Clarida, Gali et Gertler (2000) ont généralisé l'équation de Taylor en se limitant au seul choix des variables de l'équation. Ainsi, ils ont proposé de reformuler la règle de Taylor en y intégrant l'inflation anticipée en lieu et place de l'inflation courante, mais également la production anticipée en lieu et place de la production courante. Dès lors, l'équation (7) peut être réécrite de la façon suivante :

$$i_t = \rho i_{t-1} + (1-\rho)\,[E(\pi_{t+n}/W_t) + r_t' + \propto (E(\pi_{t-n}/W_t) - \pi_t') + \beta(E(y_{t+n}/W_t) - y_t')] \qquad (7)$$

où : E est l'opérateur d'espérance mathématique ; n : période ou horizon d'anticipation (1, 2, 3… ans) ; W_t: représente l'ensemble des informations disponibles à la date t.

Ainsi, les économistes anticipent cette variable à l'aide de l'inflation précédente et de l'output gap. Ils utilisent dans la plupart des cas la spécification de Lars Svensson :

$$\pi_{t+1/t} = \pi_t + \propto_y y_t \qquad (8)$$

Avec y_t est l'output gap ; π_t le taux d'inflation à la date t et $\pi_{t+1/t}$ le taux d'inflation anticipé pour la date **t+1** à la date **t**.

En utilisant cette spécification, l'inflation anticipée est nécessairement endogène, d'où la littérature exige, dans ces cas, l'utilisation du GMM pour le cas du Forward-Looking. Ainsi, Gerdesmeier et Roffia ont adopté la technique d'estimation par la méthode des moments généralisés, étant donné que les variables pour la zone euro sont endogènes.

- ***Quelques principaux résultats empiriques sur les règles de type Taylor***

La littérature récente qui cherche à identifier le comportement des banques centrales dans la conduite de la politique monétaire accorde plus d'importance à la notion Forward-Looking de la règle de Taylor. C'est dans cette logique que Mayes et al. (2001) envisagent, dans leur étude, d'estimer une fonction de réaction de type de Taylor sous la version Forward-Looking. Durant la période d'étude de 1990 à 1998, pour vérifier si ce type de fonction de réaction représente le comportement de la réserve banque de la Nouvelle-Zélande, la fonction envisagée par Mayes dans ce contexte est similaire à celle présentée par Gerdesmeier et Roffia (2003) pour la zone euro :

$$i_t = \rho i_{t-1} + (1-\rho)[\propto_0 + \propto\pi_{t+n} + \beta(y_t - y')] + \mathcal{E}_t \qquad (9)$$

Pour l'estimation de l'équation (9), les auteurs ont eu recours à différentes techniques d'estimation selon les différentes approches de détermination de l'output gap.

Dans une première étape, en utilisant les données ex-post de l'output réel pour déterminer l'output potentiel avec la méthode du filtre de HP et comme technique d'estimation la méthode des moindres carrés ordinaires (MCO), ils aboutissent à un coefficient estimé de 0,75 pour l'ajustement partiel du taux d'intérêt, de 0,37 pour l'inflation et 0,21 pour l'output gap.

Dans une seconde étape, en calculant l'output gap comme le log linéaire de l'output réel, les auteurs concluent que cette mesure est plus volatile que la première. Ils utilisent la méthode des variables instrumentales pour estimer la fonction de réactions. Selon cette approche, les auteurs aboutissent à des valeurs de 0,7 pour lissage du taux d'intérêt, de 0,42 pour l'inflation et de 0,13 pour l'output gap.

Pour sa part, Dennis (2003) a adopté un modèle basé sur une approche microéconomique pour refléter les caractéristiques des pays développés, en limitant son application aux petites économies émergentes. Cette approche fut également utilisée par plusieurs économistes tels que Lubick et Shorfheide (2005) et appliquée à la Nouvelle-Zélande, au Canada, à l'Angleterre et à l'Australie, par Gali et Monacelli (2005) et par Caputo et Liendo (2005) sur l'économie chilienne. La fonction de réaction envisagée par ces études est :

$$i_t = \rho i_{t-1} + (1-\rho)[\propto_\pi E(\pi_{t+1}) + \propto_y(y_t - y')] + \mathcal{E}_t \qquad (10)$$

La règle de Taylor de type « forward rule » a fait l'objet de nombreux travaux de recherche. Cette règle, tout comme celle de Taylor originelle, repose sur le principe que le taux d'intérêt de court terme doit être compatible avec l'objectif d'inflation de la banque centrale et l'évolution de l'output gap (écart entre la production observée et la production potentielle). Le taux d'intérêt de Taylor ainsi calculé est alors comparé au taux d'intérêt de court terme, afin d'apprécier l'adéquation de la politique monétaire aux données économiques fondamentales. L'application de cette nouvelle formulation pour décrire le comportement de la Banque Centrale européenne en matière de fixation de taux d'intérêt appelle plusieurs remarques : la détermination de l'inflation anticipée se révèle délicate.

Elle peut être soit estimée par le modélisateur, soit reprise des exercices de prévisions semestrielles issus des travaux ou des enquêtes auprès des agents économiques, soit approchée par le taux d'inflation cible ou courant.

Dans la pratique, cette dernière solution est la plus souvent retenue. Autrement dit, la formulation adoptée dans les estimations empiriques est souvent conforme à la spécification initiale de Taylor. Néanmoins, des difficultés persistent quant aux pondérations du différentiel de l'inflation et de l'écart de la production. La transposition de cette règle pour étudier le comportement du système monétaire européen en matière de politique monétaire soulève la question de l'inclusion de l'output gap car, contrairement à la Fed, l'objectif principal assigné à la politique monétaire dans le Système européen des banques centrales (SEBC) est de maintenir la stabilité des prix.

En théorie, la croissance et l'emploi ne représentent qu'un objectif de second rang dans la conduite de la politique monétaire de la zone euro. Toutefois, la prise en compte de l'output gap est théoriquement justifiée.

I.2.1.3.- Autres critiques à la règle de Taylor

À la fin des années 1990 émerge une littérature critiquant la règle de Taylor sur le point d'omission de quelques variables clés qui ont un rôle important au sein d'une économie ouverte. La variable clé à laquelle s'intéressent la plupart des économistes est le taux de change. La question qui s'impose dans ce contexte est la suivante : quel est le rôle du taux de change dans la règle de politique monétaire ? Les études pionnières traitant cette question sont celles de Ball (1998), Svensson (2000) et Taylor (1999, 2000 et 2001). Dans ces études[20], les auteurs étudient la fonction suivante :

$$\mathbf{i}_t = \propto_1 \pi_t + \propto_2 y_t + \propto_3 c_t + \propto_4 c_{t-1} \qquad \mathbf{(11)}$$

En 2000, Taylor présente un nouveau sujet de recherche qui affecte le choix de la politique monétaire. En effet, il évoque que certains canaux du mécanisme de transmission monétaire peuvent avoir un effet sur le choix de la règle. Ainsi, dans l'étude décrite ci-dessus, Taylor étudie l'effet de certains canaux de transmission sur la règle de Taylor.

---

[20] L'intérêt de ces études est de voir si les coefficients $\boldsymbol{a_3}$ et $\boldsymbol{a_4}$ sont non nuls.

En premier lieu, il étudie l'effet de la différence des prix dans les marchés financiers. Ensuite, il aborde l'effet du canal du crédit et enfin l'effet du canal du taux de change. Taylor en conclut que les deux premiers canaux de transmission n'affectent pas le choix de la politique monétaire. C'est pourquoi il s'intéresse plus au canal du taux de change.

L'intérêt visé sur ce canal est dû aussi au fait que le taux de change est l'un des déterminants des exportations nettes et de l'inflation, puisque la variation des prix des biens étrangers est transmise à travers les prix des biens domestiques. En outre, il existe une relation entre le taux de change et le taux d'intérêt à travers le marché du capital. À partir d'une étude de simulation sur 9 modèles de politique monétaire pour des économies ouvertes, il conclut en premier lieu que la différence dans ces modèles n'est pas due aux différents canaux de transmission, mais aux degrés de Forward-Looking.

Ainsi, Taylor conclut que pour la plupart des pays développés, les mécanismes de transmission monétaires ont un faible effet direct sur le choix de la politique monétaire. En ce qui concerne le taux de change, Taylor conclut qu'il amplifie l'effet du taux d'intérêt, mais n'affecte pas sa direction. La principale conclusion de cette étude serait que l'effet direct du canal du taux de change n'a qu'un faible effet sur la politique monétaire.

Dans une deuxième étude en 2001, Taylor suggère que le taux de change soit une variable importante. L'objectif, ici, étant de savoir si l'instrument de la politique monétaire réagit aux fluctuations du taux de change. La conclusion la plus importante de cette étude est l'existence d'effet indirect du canal du taux de change. L'inertie de ce canal de transmission combiné avec les anticipations rationnelles provoque cet effet indirect. Cet effet indirect a des avantages en les comparant avec l'effet direct, car il résulte de fluctuations non anticipées ou imprévisibles du taux d'intérêt. D'après Taylor (2000), on peut évoquer l'effet du canal du taux de change en absence d'effet direct. Ainsi, dans le cas où il n'y aurait pas d'effet direct du taux de change, le taux d'intérêt réagit uniquement à l'inflation et l'output. Ainsi, si le taux d'inflation ou l'output diminue (augmente) dans le futur alors le taux d'intérêt diminue (augmente) dans le futur.

En supposant une appréciation du taux de change, pour les économies ouvertes, cette appréciation a deux effets : - Diminution de l'output par l'effet de substitution. – Diminution de l'inflation, car les prix des biens importés n'augmentent pas, ainsi l'inflation peut diminuer par la baisse de l'output. Ainsi, ces effets sur l'inflation et sur l'output n'auront pas lieu instantanément au moment de l'appréciation, mais avec un retard. Il s'agit de l'inertie du mécanisme de transmission de politique monétaire.

En effet, ce retard implique qu'une appréciation du taux de change diminue l'inflation et l'output dans le futur. Avec des anticipations rationnelles, l'anticipation de la baisse du taux d'intérêt futur va avoir tendance à diminuer le taux d'intérêt actuel. Ainsi, le canal de l'appréciation du taux de change joue un rôle important dans la politique monétaire si cette dernière est basée sur l'anticipation de l'inflation et de l'output.

Ces travaux de Taylor étaient le point de départ des recherches sur l'effet du taux de change sur la politique monétaire. Ainsi, en partant de ces études, plusieurs autres études avaient comme but d'apprécier les effets de variations du taux de change sur les politiques monétaires de différents pays. Dans ce contexte, Lubick et Shorfheide (2005) et Caputo et Liendo (2005) ont mené des études pour évaluer l'effet du taux de change sur la politique monétaire dans le cas du ciblage d'inflation et voir si les différentes banques centrales changent leurs instruments monétaires en réponse à une dépréciation du taux de change. Ainsi, ces auteurs aboutissent à l'estimation de l'équation suivante :

$$i_t = \rho i_{t-1} + (1 - \rho)[\, \propto_\pi E(\pi_{t+1}) + \propto_y (y_t - y' + \propto_t \Delta c_t)] + \mathcal{E}_1 \quad \mathbf{(12)}$$

Pour estimer cette équation, on la réécrit comme suit :

$$i_t = \rho i_{t-1} + \propto \pi_t + \beta (y_t - y_t') + \gamma \Delta c_t + c_t \qquad \mathbf{(13)}$$

où : $\propto = \propto_\pi (1-\rho)$; $\beta = \propto_y (1-\rho)$; $\gamma = \propto_c (1-\rho)$

L'estimation de cette équation a été faite par la méthode des moments généralisés (MMG). L'application de cette méthode nécessite un choix efficace des variables instrumentales qui fondent les conditions d'orthogonalité. En effet, pour le choix des instruments, on fait recours à la littérature économique qui a estimé ce type de fonction avec la méthode des moments généralisés[21]. Lubick et Shorfheide estiment cette fonction pour quatre pays développés, la Nouvelle-Zélande, l'Australie, l'Angleterre et le Canada. Ils concluent que les banques centrales du Canada et d'Angleterre réagissent aux fluctuations du taux de change contrairement aux banques centrales de la Nouvelle-Zélande et de l'Australie.

Cette même problématique a été testée sur l'économie chilienne par Caputo et Liendo en estimant la même fonction ci-dessus. Ils concluent qu'il est très intéressant pour l'économie chilienne de réagir aux fluctuations de l'inflation et de l'output et qu'il n'y a pas davantage à réagir aux fluctuations du taux de change. Selon ces études, l'absence de réponse explicite aux taux de change n'implique pas que ce dernier n'intervient pas dans le processus de prise de décision, mais l'ouverture change la structure de l'économie et la réaction de la politique monétaire. Dans ce même contexte, Gerdesmeier et Roffia (2003) en estiment une fonction de réaction de type Forward-Looking en incluant la variation du taux de change appliquée sur des données de la zone euro. Ils en ont conclu que la politique monétaire menée par ces pays prend explicitement en considération les fluctuations du taux de change.

Quant à Svensson, il aboutit à des coefficients : $\propto_3 = \boldsymbol{0{,}45}$ pour le cas de la banque centrale européenne alors que Taylor avait trouvé des coefficients égaux à $\propto_3 = \boldsymbol{0{,}25}$ et $\propto_1 = \boldsymbol{0{,}25}$. En outre, contrairement aux résultats de Svensson, Taylor montre que certains pays peuvent ne pas réagir directement à la variation du taux de change (($\propto_3$ et $\propto_1$ sont nuls), mais leurs réactions sont indirectes. Dans ce cas, le rôle de taux de change est expliqué par le mécanisme de transmission monétaire évoqué par Obstfeld et Rogoff (1995). Selon ces deux auteurs, une appréciation du taux de change, dans le cas d'une économie ouverte, a deux effets. Elle diminue l'output réel par l'effet de substitution et diminue l'inflation, vu les prix des biens importés. En outre, l'inflation peut être réduite par le déclin de l'output réel.

---

[21] En effet, Gerdesmeier et Roffia (2003) qui ont estimé ce type de fonction pour la zone euro ont fait recours aux retards des variables explicatives d'ordre 4 jusqu'à l'ordre 6 et ils suggèrent que le recours à ces instruments soit efficace pour ces types d'équation d'après la littérature économique portant sur les règles de types Taylor.

Ces effets auront lieu avec des retards. C'est l'inertie du mécanisme de transmission des politiques monétaires. Vu ce retard, la baisse de l'inflation et de l'output, vont introduire la baisse du taux d'intérêt dans le futur.

I.2.2.- Les règles fondées sur les objectifs : Politiques de ciblage de l'inflation

Les règles d'objectif ont pour fondement le respect d'un objectif fixé par les Autorités monétaires. La littérature économique distingue deux types de concepts : la variable-objectif (target variable) et le niveau-objectif (target level) anticipé (sur la base des informations pertinentes disponibles) de ladite variable. Une règle d'objectif vise alors à minimiser, dans une fonction de perte, l'écart entre le niveau anticipé de la variable cible et le niveau-objectif de ladite variable. L'objectif ici peut être soit un objectif final, soit un objectif intermédiaire.

L'une des règles d'objectif qui a suscité une abondante littérature ces dernières années est la règle de ciblage du taux d'inflation. Ainsi, depuis le début des années 1990, plusieurs banques centrales (Banque du Canada, Banque d'Angleterre, Banque de Réserve de la Nouvelle-Zélande, Banque de Suède, Banque de Pologne, Banque de Finlande et Banque d'Australie) ont explicitement opté pour un objectif d'inflation (Siklos, 1999). L'inflation est exprimée en termes de hausse des prix à la consommation.

Mais, la première contribution théorique est due à Svensson (1999). Il étudie formellement, sous une courbe d'offre de Lucas avec persistance, s'il est favorable pour la société, dont les préférences ont pour argument l'écart de production et l'inflation, que la banque centrale cible le niveau des prix plutôt que l'inflation. À partir de la dérivation des équilibres discrétionnaires sous les deux régimes de ciblage, Svensson montre que la cible de niveau de prix est préférable à la cible d'inflation si la production est suffisamment persistante. L'écart de production à l'équilibre est indépendant du choix de la cible alors que le comportement de l'inflation diffère selon que l'on cible l'inflation ou le niveau des prix. Les premières études empiriques établissent que le choix entre le ciblage du niveau des prix et le ciblage de l'inflation repose sur un arbitrage entre, d'un côté, la variabilité du niveau de prix à long terme, et d'un autre côté, la variabilité de l'inflation et de la production à court terme (Aubert & Adjemian, 2003).

Dès lors, les politiques de ciblage ont émergé avec l'approfondissement théorique, le développement empirique et l'adoption généralisée — par les Banques Centrales — des règles monétaires optimales de type Taylor ou non. L'objectif ici n'est pas de faire un recensement des spécificités individuelles de toutes les banques centrales ayant adopté une politique de ciblage de l'inflation.

Il s'agit plutôt de décrire les raisons importantes qui ont guidé ce choix, les principales caractéristiques et l'influence des politiques de ciblage de l'inflation sur la manière dont les Autorités monétaires rendent compte de leurs actions.

I.2.2.1.- Les fondements théoriques du ciblage de l'inflation[22]

La définition de la règle d'objectif d'inflation se résume aux conditions suivantes (Rudebusch et Svensson, 1998) : - la cible de l'inflation doit être quantifiée. C'est soit un point bien déterminé (comme dans la règle de Taylor), soit un intervalle de points ; – les Autorités monétaires doivent pouvoir estimer le niveau futur du taux d'inflation sur la base d'informations internes et conditionnelles.

Ce niveau prévisionnel du taux d'inflation représente la cible intermédiaire. La principale caractéristique d'un régime de ciblage d'inflation est le degré élevé de transparence et de responsabilité de la Banque centrale. En effet, les banques centrales ayant adopté un objectif d'inflation sont tenues de publier des relevés d'inflation et d'expliquer leur politique. Dans un régime flexible de ciblage d'inflation, il y a asymétrie entre l'inflation et la production dans la fonction de perte.

En effet, pour l'inflation, il s'agit à la fois d'un objectif de niveau (la cible fixée) et de stabilité (écart entre le niveau anticipé de la variable cible et l'objectif fixé de ladite variable). Mais pour la production, seul l'objectif de stabilité est retenu.
De façon générale, dans un modèle donné, une règle à objectif fait appel à une règle d'instrument, ce dernier étant implicite.

Les politiques monétaires de certains des principaux pays occidentaux ont longtemps poursuivi des objectifs intermédiaires monétaires. Cependant, au cours des années 80, les banques centrales

---

[22] Cette section s'inspire des travaux d'Eboué (2002 et 2004) réalisés pour la BCEAO.

ont peu à peu accordé moins d'importance à de tels objectifs en raison de la volatilité persistante des agrégats de monnaie engendrée par les mutations du système financier. Pour d'autres pays, comme les pays anciennement du SME à l'exclusion de l'Allemagne, l'ancre nominale de la politique monétaire consistait dans le maintien d'un taux de change fixe. La difficulté avec ce type d'approche est que les taux de change peuvent rapidement faire l'objet de mésalignement et les politiques poursuivies être totalement inadaptées aux situations domestiques.

Certaines banques centrales se sont alors tournées vers un objectif explicite d'inflation, alors ressenti comme une nécessité à l'ancrage des anticipations d'inflation. Ainsi, dans les années 90, plusieurs pays, à la suite de la Nouvelle-Zélande et du Canada, ont axé leur politique monétaire sur la réalisation de cibles explicites en matière d'inflation. Dans leur grande majorité, toutes les banques centrales ayant adopté le ciblage de l'inflation comme stratégie connaissaient, à des degrés divers, des problèmes dans la stabilisation de l'inflation.

C'est la banque centrale de Nouvelle-Zélande, en mars 1990, qui a ouvert la voie en instaurant cette nouvelle façon de concevoir et d'appréhender la politique monétaire. Dans bien des cas, il se peut qu'au niveau pratique, l'adoption des cibles d'inflation n'ait consisté qu'en une formalisation d'une stratégie qui était déjà plus ou moins en place.

Selon la terminologie de Bernanke, Laubach, Mishkin et Posen (1999), la stratégie de ciblage de l'inflation est une structure pour la politique monétaire caractérisée par l'annonce publique de cibles quantitatives officielles (ou des fourchettes cibles) pour le taux d'inflation à une ou plusieurs échéances ainsi que par l'annonce explicite d'un niveau d'inflation prédéfini faible et stable comme objectif premier de la politique monétaire à moyen et long terme. À cause des délais, parfois importants, dans sa transmission aux variables macroéconomiques, la politique monétaire menée par les banques centrales ciblant l'inflation de manière explicite s'inscrit résolument dans un esprit prospectif, en faisant de la publication (plus ou moins détaillée selon les pays, par exemple très détaillée en Nouvelle-Zélande, moins détaillée au Canada) des projections d'inflation.

En lien direct avec le caractère prospectif de la prise de décision, cette approche de la politique monétaire accorde une importance considérable à la communication des intentions de politique au public. Par le biais de ce qui est parfois dénommé le canal des anticipations, le but de la banque centrale est d'orienter et de stabiliser les anticipations d'inflation à un niveau peu élevé. Les partisans de cette stratégie estiment qu'en imposant une structure conceptuelle et sa discipline à l'action de la banque centrale, mais sans éliminer toute flexibilité, le ciblage de l'inflation combine certains des avantages traditionnellement attribués aux règles (au sens traditionnel) et ceux reconnus à la discrétion. Il permet ainsi d'orienter efficacement les anticipations d'inflation tout en autorisant la banque centrale à manipuler ses instruments pour répondre à des chocs imprévus. Dès lors, pour Bernanke (1999), le ciblage de l'inflation inscrirait la politique monétaire dans un environnement qu'il qualifie de discrétion contrainte. Nous partageons leur avis tout en ayant à l'esprit que discrétion contrainte et règle active sont deux termes pouvant recouvrir le même comportement de la part d'une banque centrale.

I.2.2.2.- Ciblage de l'inflation : Mise en œuvre et efficacité de la politique monétaire

Le ciblage de l'inflation est difficile à mettre en œuvre, en raison du contrôle retardé et imparfait de l'inflation qu'ont les banques centrales. Premièrement, l'inflation courante est essentiellement prédéterminée par des contrats et des décisions antérieures, signifiant que la banque centrale peut seulement affecter l'inflation future.

Des retards longs et variables en même temps qu'une force variable dans les effets de la politique monétaire sur l'inflation future rendent alors les décisions sur la formation de l'instrument courant difficiles.

De plus, l'inflation est affectée par des facteurs autres que la politique monétaire. Notamment, des chocs peuvent survenir à l'intérieur du retard de contrôle, c'est-à-dire entre la manipulation de l'instrument et son effet sur l'inflation.

Deuxièmement, le contrôle imparfait de l'inflation rend le suivi et l'évaluation de la politique monétaire par le public difficiles. Par exemple, avec un retard de contrôle de 18 mois à 24 mois, il apparaît que la politique monétaire courante ne peut pas être évaluée jusqu'à ce que l'inflation réalisée ait été observée 18 mois à 2 ans plus tard.

Le problème est que l'inflation réalisée est le résultat de facteurs autres que la politique monétaire, et en particulier de perturbations auxquelles la politique monétaire n'a pas pu répondre à cause du retard de contrôle. Aussi, mesurer la performance de la politique monétaire n'est pas facile, d'autant que la banque centrale peut argumenter que la déviation de l'inflation effective de la cible d'inflation est due à des facteurs extérieurs au contrôle et qu'elle n'est pas responsable de la déviation. Dès lors, avec la mise en œuvre, le contrôle et l'évaluation rendus plus délicats, la responsabilité de la banque centrale est d'autant moins engagée, le mécanisme d'engagement affaibli et le problème de la crédibilité potentiellement renforcé.

La solution, qui n'est pas originale, à cette stratégie de ciblage de l'inflation réside dans le ciblage de l'inflation prévue. Le ciblage de l'inflation implique le ciblage de l'inflation prévue, la prévision d'inflation de la banque centrale devenant un objectif intermédiaire. Rendre cela explicite simplifie à la fois la mise en œuvre et le contrôle de la politique monétaire. La prévision d'inflation de la banque centrale est une cible intermédiaire idéale : c'est par définition la variable courante qui est la plus corrélée avec l'objectif, la plus contrôlable et qui peut être rendue plus observable que l'objectif. Elle peut aussi être rendue plus transparente et peut ainsi faciliter la communication de la banque centrale avec le public en même temps que la compréhension de la politique monétaire par ce dernier. Ainsi, la banque centrale manipule ses instruments (les taux d'intérêt directeurs) à une date donnée à un niveau qui ramènera l'inflation prévue (par exemple pendant l'année ou dans les deux ans qui viennent) à un niveau proche de la cible à atteindre. L'inflation prévue sert d'objectif intermédiaire, l'écart à combler entre le taux d'inflation prévu et le taux cible déterminant le choix de l'action à mener.

Dans cette optique, un élément important est l'horizon auquel la banque centrale doit ramener l'inflation à sa cible, c'est-à-dire la vitesse avec laquelle la banque centrale s'efforce de stabiliser l'inflation. En effet, une désinflation graduelle pourra être jugée préférable en présence de contrats de long terme, lorsque les anticipations inflationnistes tardent à s'ajuster et que la crédibilité est insuffisante. En même temps, la nécessité de briser l'inertie des anticipations inflationnistes et d'accroitre la crédibilité milite en faveur d'une désinflation rapide.

En dernière analyse, la vitesse avec laquelle la banque centrale ramènera l'inflation à sa cible dépendra de l'arbitrage qu'elle souhaite opérer entre la stabilisation des variables réelles d'un côté (production, chômage) et la stabilisation de l'inflation de l'autre côté.

Dans le cas d'une cible stricte d'inflation (pour reprendre la terminologie de Svensson, 1997), la banque centrale n'a pour seul but que de stabiliser l'inflation. Elle peut alors y parvenir en agissant massivement (via les taux) à un horizon relativement court (qui dépend du temps que prennent les impulsions de politique monétaire pour agir sur les prix). En pratique, aucune des banques centrales ciblant l'inflation n'a adopté une cible stricte d'inflation. Sous une cible d'inflation flexible, elle s'efforce, en fonction du poids relatif qu'elle attache à la production par rapport à l'inflation, à ramener l'inflation à sa cible sans trop déstabiliser la production. Bien sûr, l'impact sur la production dépend de la manière dont se forment les anticipations d'inflation et du degré des différentes rigidités présentes dans l'économie, mais toutes choses égales par ailleurs, plus une banque centrale est concernée par l'activité réelle plus l'horizon qu'elle se donne pour atteindre sa cible d'inflation est éloigné.

Alors, si la stratégie de ciblage de l'inflation fonctionne bien, les anticipations d'inflation formées par les agents s'ajustent progressivement, au rythme de l'inflation prévue annoncée à différentes échéances, en direction de la cible d'inflation. L'horizon auquel les banques centrales chercheraient à atteindre l'objectif d'inflation est en moyenne de 6 à 8 trimestres. Cette pratique est également plus satisfaisante compte tenu de l'incertitude considérable qui entoure le fonctionnement de l'économie, les paramètres relatifs aux mécanismes de transmission de la politique monétaire et l'évaluation de l'état courant de l'économie.

Dans une optique très proche de celle concernant le choix du poids relatif entre la stabilisation de l'inflation et de la production, la largeur de la fourchette comprise entre les taux maximum et minimum d'inflation acceptés par les Autorités monétaires s'avère être un élément d'importance. Une bande étroite peut accroitre la crédibilité des autorités, mais nuit à la flexibilité de la politique monétaire. Inversement, une fourchette large permet aux Autorités monétaires de réagir avec plus de souplesse, mais génère des signaux moins précis et moins crédibles aux agents pour que ceux-ci fixent leurs anticipations.

En définitive, nous retenons que l'efficacité des politiques monétaires basées sur le ciblage de l'inflation n'est qu'une affaire de dosage. En d'autres termes, un horizon très éloigné pour le retour de l'inflation à sa cible accroît la flexibilité de la politique monétaire, mais peut faire perdre totalement la crédibilité de la banque centrale dans sa poursuite affirmée d'un objectif d'inflation. Dans ce cas, la cible d'inflation perdrait son utilité pour stabiliser les anticipations d'inflation. A contrario, le ciblage de l'inflation à un horizon trop proche pourrait dans certains cas, en raison des contraintes trop fortes imposées à la banque centrale, être jugé intenable et faire également perdre toute crédibilité à la cible d'inflation.

Les règles d'instrument, tout comme les règles d'objectifs, ont été abondamment utilisées par les économistes et les banquiers pour identifier la conduite à tenir dans la prise de décisions des banques centrales. Ces règles, souvent simplistes ou complexes, ont montré leur robustesse dans plusieurs études et pour plusieurs pays ou zones monétaires. Cependant, comme le soulignent si bien Cateau et Murchison (2010)[23], l'efficacité de ces règles de politique monétaire peut être comprise en présence d'incertitudes. Selon ces deux auteurs, ces incertitudes peuvent prendre quatre grandes formes : des incertitudes liées aux chocs (chocs de demande ou d'offre), des incertitudes liées aux données et mesures des variables, des incertitudes liées aux paramètres du modèle, et des incertitudes liées au modèle lui-même. En d'autres termes, l'efficacité d'une règle simple optimale serait fortement liée à la nature des incertitudes affectant la fonction de réaction. Il importe par conséquent de tenir compte de cette dimension quand on veut élaborer des règles fiables. La prochaine section va essayer de déterminer une fonction de réponse optimale de la BCEAO en ayant à l'esprit les incertitudes évoquées ci-dessus.

---

23 Voir également Coletti et Murchison (2002).

II.- ESTIMATION D'UNE FONCTION DE RÉACTION POUR LA BCEAO

Au vu des sections précédentes, l'estimation d'une fonction de réaction de la BCEAO nécessite au préalable la formulation théorique du modèle de base que nous prévoyons être une règle de Taylor de type « forward looking rule ». Il s'agit ensuite d'identifier la règle optimale de politique monétaire à travers l'estimation d'une fonction de réaction adaptée au contexte de la zone UMOA.

II.1.- FORMULATION THÉORIQUE DU MODÈLE DE BASE

La formulation de la fonction de réaction de la Banque centrale s'appuie sur les travaux de Sachs (1996), Orphanides (1998), Kozicki (1999) et Clarida, Gali et Gertler (2000) proposant une spécification « forward looking rule ». Cette formulation nous apparaît plus pertinente que l'approche originelle, car dans ces travaux, les auteurs proposent de reformuler la règle de Taylor en y intégrant l'inflation anticipée en lieu et place de l'inflation courante, mais également la production anticipée en lieu et place de la production courante. Les valeurs de l'inflation anticipée et de la production anticipée sont décrites par des mécanismes d'ajustement partiel de leurs niveaux actuels à la cible.

L'innovation apportée à la formulation théorique du modèle est la prise en compte, en sus des objectifs d'inflation et de croissance, de la nature du régime de change fixe par l'introduction d'autres variables ciblées par la BCEAO comprenant notamment les avoirs extérieurs nets. De plus, on reconnaît généralement la tendance des banques centrales à lisser les variations de taux d'intérêt, pratique habituelle justifiée par la crainte de désorganiser les marchés de capitaux et par la perte potentielle de crédibilité qui pourrait résulter de revirements politiques soudains.

On suppose donc, comme le font Dornbusch, Favero et Giavazzi (1998) ainsi que Debrun et Wyplosz (1999), un ajustement partiel : chaque période, les taux d'intérêt actuels s'ajustent pour réduire une fraction de l'écart entre le taux d'intérêt désiré et le taux hérité de la période précédente. Le taux d'intérêt nominal retardé d'une période est par conséquent introduit comme variable explicative dans la fonction de réaction.

Ces facteurs internes présentés, il reste à s'interroger sur la prise en compte d'éventuels facteurs externes qui seraient susceptibles d'influencer les réactions des Banques centrales. En effet, Svensson (2000) a notamment montré que, sous certaines conditions, la fonction de réaction optimale dérivée d'une stratégie d'objectif d'inflation peut être exprimée comme une règle de Taylor augmentée et qu'une telle règle peut englober des objectifs monétaires ou de change. Aussi, Ertugrul et al. (2005) soutiennent que lorsque les Autorités monétaires doivent préserver une parité fixe, elles ne peuvent plus s'arrêter uniquement aux considérations intérieures.

Cet aspect externe dans la conduite de la politique monétaire dans la zone UMOA a été évoqué dans les publications de la BCEAO (Tenou, 2002) à travers la prise en compte du taux d'intérêt à court terme et de l'inflation du principal partenaire économique des pays de l'Union, à savoir la zone ancre. À la suite de cette étude, nous ajoutons de manière explicite le niveau des avoirs extérieurs nets comme un objectif intermédiaire dans la conduite de la politique monétaire dans la zone UMOA.

Dès lors l'équation de la fonction de réaction peut s'écrire :

$$i_t = \rho i_{t-1} + (1-\rho)\,[E(\pi_{t+n} / W_t) + r_t' + \propto (E(\pi_{t-n} / W_t) - \pi_t') + \beta(E(y_{t+n} / W_t) - y_t')] + (1-\rho)[\theta(E(S_{t+n} / W_t) - S_t')] \quad \mathbf{(14)}$$

i_t : taux d'intérêt nominal de court terme ou taux de Taylor ;

r_t' : taux d'intérêt réel d'équilibre ;

$E(\pi_{t-n}/W_t) - \pi_t'$: gap entre le taux d'inflation anticipé et le taux d'inflation cible ou objectif ;

$E(y_{t+n} / W_t) - y_t'+$: gap de production ou l'écart entre le PIB réel anticipé et son niveau potentiel ;

$E(S_{t+n} / W_t) - S_t'$: gap entre un vecteur de variables ciblées et son niveau potentiel.

St : est un vecteur de variables ciblées par la BCEAO comprenant notamment les avoirs extérieurs nets, S_t' leur niveau désiré et θ un vecteur contenant les poids accordés par les autorités à ces variables dans la prise de décision.

$\propto$ et $\boldsymbol{\beta}$ sont respectivement les coefficients de pondération du gap d'inflation et du gap de production ;

$\boldsymbol{\rho}$ est le paramètre de lissage du taux d'intérêt et sa valeur comprise entre 0 et 1 ;

$\boldsymbol{\theta}$**,** un vecteur contenant les coefficients de pondération d'un vecteur de variables ciblées autres que l'inflation et la production ;

E : opérateur d'espérance mathématique ; n : période ou horizon d'anticipation (1,2, 3… ans) ;

$\boldsymbol{W_t}$: représente l'ensemble des informations disponibles à la date $\boldsymbol{t}$.

$\propto$, $\boldsymbol{\beta}$ et $\boldsymbol{\theta}$ sont des paramètres à estimer ;

Le mécanisme d'ajustement partiel d'une variable **X** à sa cible **X'** est donné par l'équation ci-après :

$$E(\pi_{t-n}/W_t) = \mu_x E(\pi_{t-n} / W_t) + (1 - \mu_x)X' \qquad \textbf{(15)}$$

où $\boldsymbol{\mu_x}$ désigne un paramètre mesurant la crédibilité de la cible. Il est compris entre 0 et 1. Une valeur de $\boldsymbol{\mu_x} = 0$ signifie que l'objectif ciblé, explicite ou implicite, est crédible. Par contre, une valeur de $\boldsymbol{\mu_x} = 1$ implique que l'objectif n'est pas crédible.

Au total, l'équation (14) combinée à l'équation (15) et pour n = 1 donne la spécification de la fonction de réaction à la Taylor « augmentée » ci-après :

$$\begin{aligned} i_t = \rho i_{t-1} + (1 - \rho)\, [\mu_\pi \pi_t + (1 - \mu_\pi)\pi_t' + r_t' + \propto \mu_\pi(\pi_t - \pi_t') + \\ \beta\mu_y(y_t - y_t')] + (1 - \rho)[\theta\mu_s\,(S_t - S_t')] \qquad \textbf{(16)} \end{aligned}$$

$\boldsymbol{i_t}$: taux d'intérêt nominal de court terme ou taux de Taylor ;

$\boldsymbol{r_t'}$ taux d'intérêt réel d'équilibre ;

$\boldsymbol{\pi_t - \pi_t'}$: écart entre le taux d'inflation courant et le taux d'inflation cible ou objectif ;

$\boldsymbol{y_t - y_t'}$: gap de production ou l'écart entre le PIB réel et son niveau potentiel ;

$\boldsymbol{S_t - S_t'}$: gap d'un vecteur de variables cibles autre que l'inflation et la production

$\propto$, $\boldsymbol{\beta}$ et $\boldsymbol{\theta}$ sont des paramètres à estimer.

Nous faisons l'hypothèse supplémentaire que les agents économiques de l'UMOA sont convaincus uniquement de la crédibilité de l'objectif d'inflation, les autres étant alors supposés non crédibles. Dans ces conditions, on aura : $\boldsymbol{\mu_\pi = 0, \mu_y = 1}$ **et** $\boldsymbol{\mu_0 = 1}$. Le niveau relativement modéré de l'inflation dans les pays de l'UMOA et proche de son niveau de sa cible justifie cette hypothèse. Sur la base de ces considérations, l'équation (16) s'écrit :

$$i_t = \rho i_{t-1} + (1-\rho)(\pi_t' + r_t') + \beta(1-\rho)((y_t - y_t') + \theta(1-\rho)(S_t - S_t') \qquad \mathbf{(17)}$$

où $\boldsymbol{\rho}$, $\boldsymbol{\beta}$ et $\boldsymbol{\theta}$ sont des paramètres à estimer.

II.2.- SPÉCIFICATION DE L'ÉQUATION ET DONNÉES

Nous abordons dans cette section à la fois la spécification du modèle et la construction des données.

II.2.1.- Spécification empirique

Afin d'envisager le cadre empirique, il est nécessaire de spécifier correctement la fonction de réaction dans le cadre de la BCEAO en prenant en compte les spécificités de la zone UMOA. En d'autres termes, il s'agit d'expliciter les arguments de la fonction de réaction établie au niveau de l'équation (17) pouvant être considérés comme variables explicatives, lesquelles peuvent avoir un impact sur la prise des décisions des Autorités monétaires de la BCEAO lors de la fixation des taux d'intérêt directeurs.

Dans le cadre de la BCEAO, la politique monétaire vise à assurer la stabilité des prix de façon à maintenir la compétitivité des pays de l'Union, à assurer une meilleure allocation des ressources et à limiter la fuite des capitaux par une politique de taux d'intérêt. Aussi, sur la base des changements intervenus depuis 1989 dans la mise en œuvre de la politique monétaire, et renforcée par les mesures prises en 1993, la nouvelle politique des taux d'intérêt s'attache à promouvoir le recours aux mécanismes de marché et la mise en œuvre d'instruments indirects de gestion. Dans ce contexte, le taux d'intérêt apparaît comme l'instrument central de la politique monétaire et représente ici la variable dépendante de notre modèle, mesurée par le taux de prêt marginal de la BCEAO.

Comme variables explicatives, nous avons le gap de production et un vecteur S de variables ciblées par les Autorités monétaires. Le vecteur S peut prendre au moins trois agrégats : les avoirs extérieurs nets, le différentiel du taux d'intérêt et le différentiel d'inflation avec la zone ancre. Les arguments avancés sont les suivants :

- la prise en compte des avoirs extérieurs nets peut se justifier par le fait que cet agrégat constitue l'un des objectifs de second rang de la politique monétaire dans la zone UMOA. Par ailleurs, l'ancrage de la monnaie commune à l'euro à travers une parité fixe impose le respect de certaines normes de gestion de la politique monétaire. En effet, selon les Statuts de la BCEAO, lorsque le taux de couverture de l'émission monétaire par les avoirs extérieurs bruts est inférieur à 20 % durant trois mois consécutifs, une réunion extraordinaire du CPM est convoquée aux fins d'examiner la situation et de prendre toutes dispositions appropriées pour faire face aux risques pesant sur l'ancrage. Ce qui dénote de l'importance du niveau des avoirs extérieurs nets dans la conduite de la politique monétaire.

- la prise en compte du différentiel du taux d'inflation par rapport à la zone ancre (dinfl) se justifie par le poids élevé de l'inflation importée (Doé et Diallo, 1997), dans le niveau des prix des pays de l'UMOA ;

- le niveau du taux d'intérêt de court terme dans la zone UMOA devrait être lié à celui de la zone ancre. En effet, la BCEAO vise à travers sa politique de taux d'intérêt, à limiter les transferts de ressources vers des pays offrant des opportunités plus intéressantes. Dès lors, il s'avère important d'inclure dans la fonction de réaction de la Banque centrale, le gap d'intérêt (dint) entre la zone ancre et les pays de l'Union.

Sur la base des critères cités ci-dessus, la fonction de réaction de la BCEAO peut s'écrire :

$$i_t = \rho i_{t-1} + (1-\rho)(\pi_t' + r_t') + \beta(1-\rho)(y_t - y_t') + \theta_{aen}(1-\rho)(aen_t - aen_t') + \theta_{int}(1-\rho)(dint_t) + \theta_{inf}(1-\rho)(dinf_t) + \varepsilon_t \qquad \textbf{(18)}$$

Avec : **dint** = Différentiel de taux d'intérêt entre la zone ancre et l'Union ; **dinf** = différentiel d'inflation entre l'Union et la zone ancre ; β, θ_{aen}, θ_{int} et θ_{inf} sont des paramètres positifs. ρ étant le coefficient de lissage du taux d'intérêt de court terme.

L'équation (18) peut être réaménagée de la façon suivante :

$$\overset{(+)}{}\quad i_t = a + \overset{(+)}{\rho} i_{2-1} + \overset{(+)}{b}(y_t - y_t') + c(aen_t - aen_t') + \overset{(+)}{d}(dint_t) + \overset{(+)}{e}(dinf_t) + \varepsilon_t \qquad (19)$$

avec : $a = (1-\rho)(\pi_t' + r_t')$; $b = \beta(1-\rho)$; $c = \theta_{aen}(1-\rho)$; $d = \theta_{int}(1-\rho)$; $e = \theta_{inf}(1-\rho)$

La valeur π_t' est déterminée en dehors du modèle et celle de r_t' déduite du modèle soit calculée en dehors du modèle[24]. S'agissant de l'objectif d'inflation, nous retenons l'objectif annuel d'inflation de 2 % clairement annoncé par la BCEAO. Nous considérons que ce taux constitue le taux objectif pour la période étudiée. Le taux d'intérêt réel d'équilibre sera déduit du modèle et comparé à ceux d'autres travaux réalisés dans l'Union. En effet, connaissant le taux cible d'inflation, le taux d'intérêt réel d'équilibre s'en déduit facilement comme indiqué à l'équation (19).

Par ailleurs, du fait de profonds changements intervenus dans la conduite de la politique monétaire sur les quatre dernières décennies, nous avons dû introduire des variables dichotomiques de façon à supprimer ces effets exogènes et à exprimer le plus exactement possible le comportement de la Banque centrale sur la période si celle-ci n'avait pas subi de perturbations. Ces variables binaires introduites devront permettre de prendre en compte les effets résiduels du comportement des taux d'intérêt suite aux différentes réformes intervenues dans la conduite de la politique monétaire.

[24] Le taux neutre se définit comme le taux d'intérêt compatible avec une croissance de long terme équilibrée ; il est indépendant de la position dans le cycle. Sa définition peut varier suivant la modélisation de l'économie, mais la plus répandue dérive de la règle d'or : à l'équilibre le taux d'intérêt est égal au taux de croissance de l'économie.

II.2.2.- Construction et sources des données

La variable dépendante du modèle est le taux directeur de la BCEAO, désigné ici par le taux de prêt marginal de la BCEAO. Les taux directeurs sont fixés de façon uniforme pour l'ensemble des pays de l'UMOA. S'agissant des autres variables, nous avons utilisé des données agrégées des pays de l'UMOA. Ces données sont fournies par la BCEAO. S'agissant du gap de production, il sera égal à la variation en pourcentage entre le PIB réel et sa valeur potentielle. Le PIB potentiel est estimé par la tendance de long terme du PIB réel. En réalité, il existe plusieurs méthodes d'estimation de la tendance d'une série économique (Diop, 2000). Selon ce dernier, parmi ces méthodes, on distingue généralement deux principales approches : l'approche statistique ou l'approche structurelle. C'est la première approche qui a été retenue dans cette étude pour l'estimation de la tendance à long terme.

Les méthodes uni-variées fondées sur des approches statistiques sont essentiellement des techniques de lissage ou filtrage qui n'utilisent pas d'informations externes à la série. Dans ce cas, les concepts de production potentielle et d'écart de production sont assimilés à ceux des tendances et des composantes résiduelles d'une série historique. Les méthodes uni-variées les plus connues sont : le filtre de première différence, le filtre d'Henderson, le filtre de Christiano Fitzgerald, le filtre Hodrick Prescott (1980), le filtre Baxter & King (1995), la phase moyenne tendance (Boschan & Bry 1971), la décomposition de Stock & Watson (1989), la décomposition de Harvey (1985 & 1989), la décomposition de Beveridge et Nelson (1981). Pour plus de détails, se référer à Chagny et Döpke (2001) et Ladiray, Mazzi et Sartori (2001). Cependant, il ne sera retenu dans la présente étude que l'approche statistique du Filtre de Hodrick Prescott[25].

Le taux d'inflation est mesuré par la variation de l'indice harmonisé des prix à la consommation (IHPC). Son niveau-cible est de 2 %, en rapport avec l'objectif d'inflation poursuivi par la BCEAO. Le taux d'inflation dans l'UMOA[26] (hormis la Guinée-Bissau) est une moyenne

[25] Les tendances sont extraites à partir du filtre de Hodrick Prescott avec un paramètre λ=100.

[26] La Guinée-Bissau n'est pas prise en compte pour une absence de données portant sur l'IHPC.

pondérée par le poids de chaque pays dans les dépenses de consommation de l'Union. Tout comme le gap de production, le gap des avoirs extérieurs nets est égal à la variation entre la valeur courante et sa valeur cible normée à la valeur cible. La valeur-cible du niveau des avoirs extérieurs nets est approchée par la tendance de long terme de son niveau courant.

Les données proviennent essentiellement de la base de données statistiques de la BCEAO à l'exception des données externes à l'Union (taux du marché monétaire et taux d'inflation en France) qui proviennent des statistiques financières du FMI. Elles couvrent la période allant de 1970 à 2011.

II.3.- MÉTHODE D'ESTIMATION

Notre démarche méthodologique se fera en trois étapes.

Premièrement, nous estimerons d'abord un modèle « Forward looking ». Ce modèle se distingue de celui de ce dernier par la prise en compte des avoirs extérieurs nets comme un objectif intermédiaire de la politique monétaire. Les techniques d'estimation généralement proposées sont celles des moments généralisés (GMM) ou de cointégration de Johansen (1991). La méthode des GMM fut suggérée sous cette appellation par Hansen (1982), mais l'idée de base remonte au moins à Sargan (1958). L'une des motivations au développement de la méthode était l'intérêt croissant durant le début des années 80 pour les modèles d'anticipations rationnelles. Cette méthode permet, entre autres, de contrôler l'endogénéité potentielle de toutes les variables explicatives. Quant à l'approche de co-intégration de Johansen, elle permet d'estimer une relation robuste en présence de variables non stationnaires. C'est la première approche qui a été privilégiée, en raison notamment du fait qu'elle fournit de meilleurs résultats et surtout qu'elle permet de prendre en compte également les problèmes d'endogénéité des régresseurs ainsi que la présomption d'une autocorrélation des erreurs due notamment à la présence de la variable endogène décalée parmi les régresseurs. Plus précisément, l'existence d'un probable biais de simultanéité entre l'inflation et l'output gap et d'une incertitude sur la valeur de ce dernier peut conduire à préférer une estimation à l'aide de variables instrumentales. Mais la présence potentielle de corrélations entre résidus et variables explicatives plaide pour l'utilisation de la méthode des moments généralisés.

Deuxièmement, cette estimation sur l'ensemble de la période sera suivie par une seconde estimation (modèle 2, B) sur la période récente (1990-2011)[27] afin de s'assurer si notre estimation échappe à la critique de Lucas qui stipule que rien ne garantit que les paramètres estimés du modèle soient invariants aux changements d'orientation de la politique économique. L'année 1989 étant considérée comme une année charnière pour le changement de politique monétaire dans la zone UMOA et elle coïncide avec le passage d'une gestion monétaire directe à un contrôle indirect à travers la manipulation des taux d'intérêt.

Enfin, nous procéderons à des études de robustesse en tenant compte du choix des arguments de la fonction d'objectifs (modèle 3). Ce modèle nous permettra de voir la pertinence de la prise en compte des avoirs extérieurs nets dans la fonction de réaction de la BCEAO comme un objectif de second rang de la politique monétaire.

II.4.- RÉSULTATS EMPIRIQUES

Une fois les données collectées et transformées, nous pouvons estimer les fonctions de réaction des banques centrales. De ce fait, outre l'analyse des propriétés des séries (tests de stationnarité), l'étude empirique présente dans cette synthèse les résultats des estimations satisfaisantes obtenues par la méthode des moments généralisés (MMG).

II.4.1.- Étude des propriétés statistiques des séries

D'après les tests de stationnarité de Dickey - Fuller augmenté (ADF) et de Phillips Perron (PP) réalisés, résumés dans le tableau 32, toutes les séries utilisées sont stationnaires à l'exception du taux d'intérêt qui serait stationnaire en différence première c'est-à-dire intégrée d'ordre 1. Autrement dit, l'estimation du modèle par les MCO avec cette dernière variable en niveau conduirait à des estimations fallacieuses. Dans ce cas, la théorie empirique nous suggère d'utiliser les variables en différence première. Toutefois, comme le souligne Marilyne (2003), un arbitrage devra être fait en fonction de ce que nous souhaitons privilégier, l'aspect économétrique ou les fondements économiques. En

[27] L'année 1990 étant alors reprise comme début de la période du passage à la gestion indirecte de la politique monétaire.

effet, au-delà de cette plausibilité empirique, les fondements économiques nous incitent à opter pour l'introduction du taux d'intérêt en niveau, car les Autorités monétaires surveillent et manipulent le niveau du taux d'intérêt et non la variation de ce dernier. De plus, plusieurs auteurs, comme Clarida et al (1998) ainsi que Angeloni et Désola utilisent également le niveau du taux d'intérêt.

Outre ce choix, le choix d'un modèle autorégressif nous a amené à privilégier la méthode des moments généralisés (MMG) à celle des moindres carrées ordinaires (MCO) afin de prendre en compte à la fois le biais de simultanéité et surtout les problèmes d'autocorrélations des erreurs.

Tableau 32 :
Tests de stationnarité des variables en niveau

	ADF		PP		Conclusion
	ADF	Probe.	PP	CV	
i_t	-2,94	0.16	-2,94	0,16	I (1)
$y_t - y'_t$	-6,27	0.00	-3,06	0,00	I (0)
$dinf_t$	-3,34	0,08	-3,36	0,07	I (0)
$dint_t$	-3,81	0,03	-3,84	0,03	I (0)
$Acn - acn'_t$	-7,12	0,00	-7,18	0,00	I (0)

(*) Les tests sont effectués au seuil de 10 %.

Source : construit par l'auteur

II.4.2.- Estimations de la fonction de réaction de la BCEAO

Les résultats des estimations de la fonction de réaction de la BCEAO sont résumés dans le tableau 33. On remarque d'emblée que toutes les régressions présentent un R — ajusté élevé, compris entre 0,73 et 0,86. Outre le niveau du coefficient de détermination, qui n'est donc pas à lui seul discriminant, nos critères de sélection pour le choix de la « bonne » régression sont doubles :

- l'acceptation de toutes les restrictions sur-identifiantes liées aux instruments, soit, en d'autres termes, la validation statistique des instruments choisis pour l'estimation de l'équation par la MMG. La statistique J permet de vérifier que ces restrictions sont acceptées. Les p-values dérivant des distributions asymptotiques sont toutes largement supérieures à 0,50 et souvent proches de l'unité, ce qui conduit à accepter systématiquement ces restrictions sur-identifiantes liées aux instruments ;

- la vraisemblance économique et la significativité des coefficients estimés. Ainsi, on s'attend à un signe positif pour les coefficients des fondamentaux retenus dans la fonction de réaction. De plus, il est souhaitable que le paramètre de lissage ne soit pas trop proche de l'unité (inférieur à 0,9 par exemple).

Les estimations des fonctions de réaction ont été conduites sur la période 1970-2011 (modèle 1 et 2 A) ainsi que sur deux sous-périodes successives, de façon à autoriser une évolution dans les comportements de la BCEAO. Les sous-périodes d'estimation vont respectivement de 1970 à 1989 et de 1990 à 2011.

La première sous-période correspond à la période de la politique monétaire basée sur le contrôle direct des agrégats monétaires. La seconde s'apparente davantage à une phase de la conduite de la politique monétaire orientée vers la gestion des taux d'intérêt (modèle 2 B). Ceci revient certes à imposer arbitrairement une date de rupture, mais ce choix autorise d'une part des comparaisons simples entre le changement d'instrument. Toutefois, les estimations sur la première sous-période n'ont pas été satisfaisantes, en raison probablement de la faible fluctuation du taux d'intérêt directeur sur cette période.

En définitive, le tableau 32 ci-dessous représente les résultats obtenus successivement pour l'ensemble de la période 1970-2011 puis pour la période récente 1990-2011. En outre, nous avons procédé à l'estimation d'une seconde spécification excluant l'objectif des avoirs extérieurs nets en vue d'étudier la robustesse de nos résultats sur l'ensemble de la période (modèle 3).

Tableau 33 :
Fonctions de réaction estimées sur la période 1970-2011

Variables	Variable dépendante : Tint			
	Modèle avec AEN			Modèle sans AEN
	Modèle 1	Modèle 2		Modèle 3
	(1970-2011)	(1970-2011) (A)	(1990-2011) (B)	1970-2011
i_{t-1}	0,722*** (17,12)	0,840*** (20,19)	0,885*** (32,10)	0,721*** (21,39)
$y_t - y'_t$	0,090*** (3,61)	0,139*** (3,36)	0,159 (3,10)	0,076*** (2,91)
$dinf_t$	0,187*** (9,91)	0,156*** (5,78)	0,032 (0,85)	0,260*** (10,98)
$dint_t$	0,173*** (3,91)	0,194*** (5,89)	0,313 (3,71)	0,281*** (4,17)
$acn_t - acn'_t$	- 0,009*** (-4,11)	…	…	…
$(acn_t - acn'_t i_{t-1}$	…	0,004*** (5,39)	0,006 (9,10)	…
C	1,190*** (4,23)	0,648*** (2,88)	…	1,155*** (4,54)
R^2 adj.	0,736	0,751	0,855	0,727
J-Stat	6,230 (0,937)	7,231 (0,842)	6,530 (0,836)	6,878 (0,809)
N	34	34	22	34

N.B : Les statistiques de Student sont entre parenthèses. La présence de (***) signifie que le coefficient est significatif au seuil de 1 % ; (**) : significativité au seuil de 5 ; (*) : significativité au seuil de 10 %.

Source : Calculs de l'auteur

$$i_t = a + \rho i_{2-1} + b(y_t - y'_t) + c(acn_t - acn'_t) + d(dint_t) + e(dinf_t) + \mathcal{E}_t \qquad (19)$$

À partir des résultats du tableau 33, les principaux paramètres sont déduits de l'équation (19) de la règle de la fonction de réaction. Ces paramètres (tableau 34) désignent la sensibilité des arguments retenus au taux d'intérêt de court terme, représenté par le taux d'intérêt de court terme de la BCEAO (taux de prêt marginal).

Tableau 34 :
Principaux paramètres de la fonction de réaction

	Modèle 1	Modèle 2		Modèle 3
	1970-2011	1970-2011 (A)	1990-2011 (B)	1970-2011
ρ (Tint)	0,72	0,84	0,86	0,72
β (Gpib)	0,32	0,87	1,38	0,27
λ (Dinfl)	0,67	0,97	0,28	0,93
γ (Dint)	0,63	1,21	2,73	1,01
α (Gaen)	-0,03	0,03	0,06	…
r déduit	2,28	2,04	…	2,14

Où Tint = taux d'intérêt nominal (i) ; Gpib = gap de production ; Dinfl = différentiel d'inflation ; Dint = différentiel de taux d'intérêt ; Gaen = gap des avoirs extérieurs nets ; r = taux d'intérêt réel d'équilibre

Source : Calculs de l'auteur

II.4.3.- Principaux résultats des estimations

Il résulte des résultats du tableau 34 ci-dessus que sur une base annuelle, la meilleure spécification de la fonction de réaction est celle avec gap des avoirs extérieurs nets décalés d'une période (modèle 2). En effet dans ce modèle, toutes les variables ont le signe théorique attendu positif contrairement au modèle 1 où le signe du coefficient associé au gap des avoirs extérieurs nets est négatif. C'est donc cette spécification (modèle 2) qui est retenue pour la suite de l'analyse. En outre, nous avons réestimé le modèle en excluant l'objectif des avoirs extérieurs nets. Il en résulte une baisse du coefficient de détermination. Cela nous a conduit à maintenir cette variable dans la fonction de réaction pour la zone UMOA même si la sensibilité au taux d'intérêt nominal paraît plus faible.

À l'image de l'effet du taux de change sur la politique monétaire (Taylor, 1999, 2000 et 2001), cela pourrait se justifier par un effet direct faible des avoirs extérieurs nets sur le taux d'intérêt de court terme, mais un effet indirect.

De façon globale, sur des données annuelles et sur la période 1970-2011, les variables retardées du taux de prêt marginal (taux de pension), du gap de production, du différentiel d'inflation, du différentiel du taux d'intérêt et du gap des avoirs extérieurs nets expliquent 75 % de l'évolution du taux de prêt marginal.

On note également que les contraintes sur-identifiantes sont satisfaites dans les modèles estimés, car la p-value associée à la statistique J est nettement supérieure à 5 %, ce qui donne plus d'évidence à l'hypothèse nulle d'acceptation des restrictions sur-identifiantes par rapport à l'alternative. Enfin, il en résulte que le différentiel de taux d'intérêt par rapport à la zone ancre constitue une variable importante d'ajustement du taux d'intérêt nominal de court terme.

Plus spécifiquement, les résultats obtenus (modèle 2 A) font ressortir un lissage du taux d'intérêt nominal. En effet, le coefficient de lissage est significatif et il présente un signe positif conforme au postulat théorique de base. En outre, sa valeur (0,84) sur l'ensemble de la période est sensiblement égale à celle obtenue (0,86) sur la sous-période 1990-2011. Elle tend à montrer une forte inertie du taux d'intérêt en fonction de sa valeur passée. Cette valeur du coefficient de lissage est comparable à celle d'autres auteurs : 0,83 pour Williams (1999), 0,80 pour Levin et al. (1998), 0,80 pour Kozicki (1999). Ces résultats contredisent la règle simple de Taylor (1993) qui fait l'hypothèse implicite d'un ajustement instantané et donc que la fixation du taux d'intérêt de court terme serait indépendante de la valeur passée de celui-ci. Cette grande inertie du taux de la politique monétaire pour le cas de la BCEAO semble d'autant plus se justifier dans la mesure où le taux d'intérêt n'a pas connu de fortes fluctuations d'une année à l'autre.

Concernant le gap de production, il apparaît également significatif, avec le signe positif attendu. Son coefficient de pondération est de 0,87, une valeur relativement élevée par rapport à celle de 0,5 préconisée par Taylor (1993) pour les États-Unis et celle de Tenou (0,66) sur données annuelles pour les pays de l'UMOA. Toutefois, comparé au coefficient du différentiel d'inflation (0,97), cela suppose que la politique monétaire en zone UMOA réagit plus rapidement aux chocs résultants d'un écart d'inflation qu'aux chocs sur le marché des biens (0,87). Cependant, les tests joints de Wald pratiqués sur les estimations n'ont pas permis de confirmer cette supériorité de l'objectif d'inflation par rapport à celui de la production. En effet, la p-value associée au test joint de Wald n'est pas nulle, ce qui conduit à accepter au seuil de 5 %, la conformité des poids accordés au gap de production et à l'inflation, mais on ne peut accepter qu'ils soient égaux à 0,5 comme le prédise le modèle simple de Taylor.

L'écart d'inflation, tout comme le gap de production, apparaît avec le signe attendu (positif) et est significatif au seuil de 1 %. Sur l'ensemble de la période, nous constatons donc que la BCEAO ajuste ses taux courts pour contrôler les pressions inflationnistes (un écart d'inflation de 1 % au-dessus de l'objectif devrait se traduire par un durcissement monétaire d'environ 87 points de base).

Cependant, les coefficients associés à cet objectif diminuent considérablement si les estimations sont faites sur l'ensemble de la période que sur la période récente (0,28). Ils demeurent néanmoins dans les deux estimations inférieures à l'unité. Ce qui, selon Taylor (1998), présage une dynamique instable du modèle utilisé[28].

S'agissant du différentiel du taux du marché monétaire, son coefficient de pondération est de 1,21. En d'autres termes, une augmentation du différentiel de 1 % impliquerait une hausse du taux d'intérêt de 1,2 %. On note également que le coefficient lié au différentiel du taux d'intérêt reste le coefficient de sensibilité le plus élevé, ce qui réconforte l'idée que les autorités monétaires ont tendance à réagir plus rapidement à l'écart du taux d'intérêt, qu'à toute autre déviation, y compris celles des valeurs passées du taux d'intérêt et du différentiel d'inflation. Cela constitue, enfin, une indication que l'évolution du différentiel de taux du marché monétaire avec la zone ancre occupe une place prépondérante dans le processus de prise de décision des autorités monétaires.

---

[28] En effet, cet auteur soutient que « les modèles macroéconomiques tendent à devenir dynamiquement instables si la fonction de réaction ne satisfait pas cette condition de coefficient supérieur à l'unité ».

En ce qui concerne l'objectif des avoirs extérieurs nets, certes on a un effet significatif et positif, mais une sensibilité très faible (0,03) par rapport à l'ensemble des autres objectifs. Ce résultat n'est pas surprenant, car avec la mise en commun des réserves des pays de l'Union, il y a peu de tensions sur cet agrégat et donc cet objectif apparaît moins déterminant pour les autorités monétaires dans la prise de décision. Cependant, sa présence dans la fonction de réaction permet d'avoir des résultats plus robustes.

Aussi, l'objectif d'inflation considéré étant de 2 %, le taux d'intérêt réel d'équilibre déduit du modèle est de 2,04 % pour le modèle avec objectif des avoirs extérieurs nets et de 2,14 % sans ce dernier objectif. Si nous retenons le taux d'intérêt réel d'équilibre de 2,18 % calculé sur la période 1970-1993 (Tenou, 2002), il en résulte respectivement un différentiel relativement faible de l'ordre de 0,14 % et 0,04 %. Ce résultat révèle que le niveau du taux d'intérêt réel d'équilibre peut trouver une justification empirique.

Enfin, le graphique ci-après, en dehors des années de réformes, montre une bonne adéquation du niveau du taux d'intérêt nominal de court terme aux fondamentaux retenus.

Enfin, la comparaison du taux de Taylor et de celui observé sur la période 1970-2011 (graphique 17) fait apparaître une bonne approximation de l'évolution du taux de court terme par le taux de Taylor à l'exception de la sous-période 1987-1993 où les écarts constatés semblent constants et importants. On peut donc avancer une bonne adéquation du niveau du taux de court terme aux fondamentaux retenus dans la fonction de réaction adaptée à la BCEAO surtout pour la période 1990-2011. Ce qui atteste du caractère accommodant du taux d'intérêt. Toutefois, nous rappelons que cette conclusion est très sensible au choix de ses variables de référence et à la période d'estimation (critique de Lucas). La fonction de réaction définie et estimée pour la zone UMOA ne peut donc constituer une règle d'application automatique par les autorités monétaires. Cependant, elle peut constituer une référence, voire un repère dans leur système de décisions.

Graphique 17 :
Évolution du taux de pension et du taux de Taylor

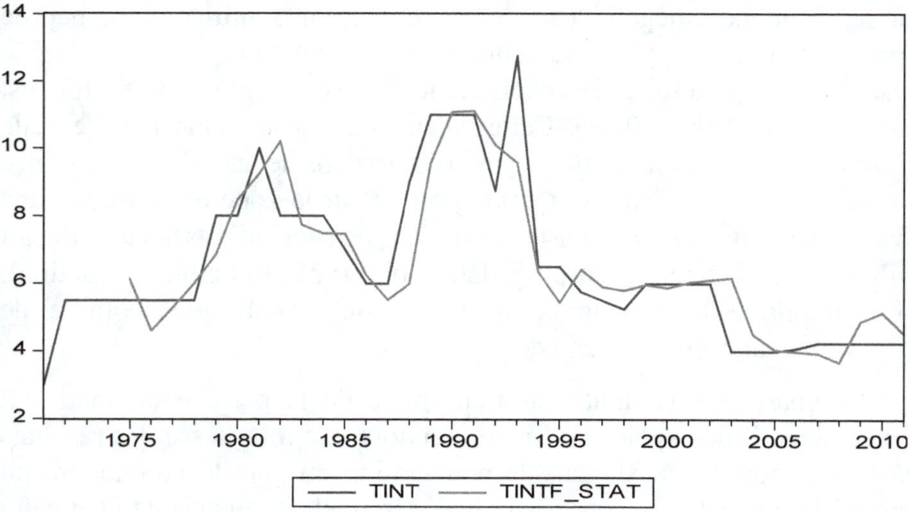

Source : construit par l'auteur

II.4.4.- Analyse de la robustesse des résultats

Lorsqu'on conçoit des règles de politique, l'important est de viser une règle robuste, qui se comporte bien en contexte incertain. Pour élaborer une telle règle, il existe deux méthodes.

La première consiste à calculer les coefficients optimaux qui permettront de rendre formellement compte d'incertitudes particulières. Ainsi, pour une règle donnée, on évaluera le degré de sensibilité qu'il convient de conférer à l'instrument d'intervention face à chacune des variables de la règle, une fois prises en considération les caractéristiques qui paraissent incertaines.

La seconde méthode revient à trouver la forme fonctionnelle (c.-à-d. à choisir les variables auxquelles réagit l'instrument d'intervention) la moins sujette à produire de mauvais résultats sous certaines conditions d'incertitude. Ces approches complémentaires sont souvent conjuguées afin d'aboutir à une règle simple robuste.

Dans ce travail, l'étude de la robustesse de nos résultats est menée sous deux angles. D'abord au niveau de la spécification et ensuite au niveau de la période d'estimation. Au niveau de la spécification, nous avons réestimé le modèle 2 sans l'objectif des avoirs extérieurs nets (modèle 3).

Nos résultats obtenus à partir de la méthode des moments généralisés sont bien meilleurs à ceux de Tenou où le différentiel d'inflation n'a pas le signe attendu, négatif dans ce cas, et est non significatif. Le gap de production est apparu statistiquement significatif, avec le signe escompté. Toutefois, le coefficient de sensibilité (élasticité) est relativement faible (0,27). Cette valeur s'écarte quelque peu de celle initialement préconisée (0,5) par Taylor dans le cas des États-Unis. Verdelhan (1999), dans son étude portant sur la zone euro, trouve une valeur similaire (0,30) pour le coefficient de sensibilité affectant l'écart d'inflation (différence entre l'inflation observée et la cible d'inflation). Elle implique donc un faible ajustement du taux d'intérêt nominal de l'UMOA par rapport au gap de production.

Comparé aux résultats sur l'ensemble de la période du modèle 2 avec objectif des avoirs extérieurs, on note une robustesse des résultats à l'exception du coefficient de pondération du gap de production qui passe de 0,87 à 0,27. Concernant le différentiel de taux d'intérêt et celui d'inflation, ils semblent robustes à la spécification 1,01 contre 1,21 pour le différentiel de taux d'intérêt, d'une part, et, d'autre part, de 0,93 contre 0,97 pour le différentiel d'inflation. Là encore, la principale variable d'ajustement demeure le différentiel de taux d'intérêt (1,01), suivi par le différentiel d'inflation (0,93) et les valeurs passées du taux d'intérêt nominal de court terme (0,72).

Enfin, l'un des principaux enseignements de cette analyse de robustesse serait que l'introduction de l'objectif des avoirs extérieurs nets permet d'améliorer sensiblement le pouvoir explicatif du gap de production qui passerait de 0,27 (modèle 3, sans avoirs extérieurs nets) à 0,87 (modèle 2, avec avoirs extérieurs nets). En d'autres termes, les résultats des estimations de la fonction de réaction de la BCEAO seraient sensibles à la spécification et donc à l'introduction ou non des avoirs extérieurs nets dans la fonction de réaction.

Une seconde estimation a été faite en retenant le critère de la période d'étude. Pour ce deuxième test de robustesse, le modèle 2 est réestimé non pas sur l'ensemble de la période, mais plutôt sur une période récente, 1990 à 2012. Là encore, les résultats sont sensibles à la période retenue. Les coefficients étant deux fois plus élevés au cours de la période récente que sur l'ensemble de la période à l'exception du coefficient du différentiel d'inflation qui suit le sens contraire des autres coefficients c'est-à-dire une baisse. Cependant, ces résultats, loin d'être surprenants, révèlent simplement que depuis l'année 2003, la Banque centrale, au vu de la faiblesse du niveau d'inflation dans la zone UMOA, accorderait en sus de l'objectif d'inflation, davantage de poids à la stabilité de la production. En effet, le différentiel d'inflation, statistiquement significatif, est apparu avec le signe escompté.

Le coefficient de pondération associé est relativement faible (0,28) comparé à celui de l'ensemble de la période (0,97). Verdelhan (1998), dans son étude portant sur la zone euro, trouve une valeur similaire (0,30) pour le coefficient de sensibilité affectant l'écart d'inflation (différence entre l'inflation observée et la cible d'inflation). Ce changement pourrait être dû à des problèmes conjoncturels importants qui ont amené les Autorités monétaires, dans les périodes récentes, à être moins exigeantes à court terme quant aux objectifs à moyen terme de l'inflation.

En conclusion, nous retiendrons que la critique de Lucas sur l'instabilité semble vérifiée dans le cadre de la BCEAO. En d'autres termes, les résultats de la fonction de réaction sont sensibles à la modification de la politique monétaire. Pour cette période récente, on observe également que la sensibilité des avoirs extérieurs est toujours faible, mais son retrait de l'équation sous-estime le poids du gap de production. Tout comme sur l'ensemble de la période, le différentiel de taux d'intérêt (2,7) semble être la principale variable d'ajustement suivi du gap de production (1,38) et des valeurs passées du taux d'intérêt nominal de court terme. En définitive, les études de robustesse menées aboutissent aux conclusions suivantes :

- Premièrement, les estimations empiriques mettent en évidence tout d'abord un lissage des taux d'intérêt de la part de la Banque centrale exprimé par une valeur retardée de la variable dépendante dans les régressions. Ce résultat est robuste, car le coefficient associé au taux retardé est sensiblement égal aussi bien sur la période récente que sur le modèle réduit.

- Deuxièmement, les estimations du coefficient du différentiel de taux d'intérêt sont robustes et le différentiel de taux d'intérêt serait la principale variable d'ajustement du taux de pension, quelle que soit la spécification retenue. L'examen des trois équations met en lumière une aversion au différentiel de taux d'intérêt accrue dans le temps. Nous constatons que les taux courts sont ajustés pour contrôler le différentiel de taux d'intérêt avec la zone ancre.

- Troisièmement sur l'ensemble de la période et sur la période récente, l'objectif des avoirs extérieurs nets apparaît statistiquement significatif, mais les coefficients de pondération trouvés restent faibles (0,03 pour l'ensemble de la période et 0,06 pour la période récente). L'explication pourrait être que le niveau des avoirs extérieurs nets ne constitue pas un objectif au sens strict où les autorités réagiraient systématiquement à tout écart, car la contrainte extérieure est moins pesante en union monétaire. Elles ne font que suivre son évolution en parallèle avec la stabilité des prix.

- Quatrièmement, sur l'ensemble de la période d'étude, l'output gap et le différentiel d'inflation semblent avoir la même sensibilité sur le taux d'intérêt nominal de court terme. Ce résultat contraste avec celui obtenu sur la période récente où les Autorités monétaires semblent plus sensibles à l'aversion contre le risque de récession qu'à l'aversion contre le risque d'inflation. De ce constat, il en ressort également, sur le plan empirique, que les estimations sur les fonctions de réactions ne devront pas être menées sur des périodes assez longues à cause des modifications successives de la politique monétaire.

III.- LES QUESTIONS LIÉES À L'ARBITRAGE INFLATION-CHÔMAGE DANS UN CONTEXTE DE PAUVRETÉ

La section précédente nous a montré que la politique monétaire pourrait suivre une règle de Taylor aménagée. D'une telle conclusion, plusieurs questions émergent. En premier lieu, quelle est la pertinence d'une règle de Taylor pour lutter contre l'inflation ou réguler l'activité dans une zone avec un taux élevé de chômage ?

En effet, la théorie nous enseigne que des règles rigides peuvent plus souvent entraîner l'économie vers la récession que des politiques discrétionnaires. Enfin, existe-t-il un biais inflationniste dans la zone UMOA ? Ce sont à ces questions soulevées que nous essayerons de mettre en perspective.

L'un des fondements théoriques de la vulgarisation des règles est la lutte contre un biais inflationniste découlant des politiques discrétionnaires des Autorités monétaires. Un biais inflationniste peut se définir au sens strict, par le fait que l'expansion monétaire est constamment supérieure à la croissance du PIB potentiel, ce qui crée un surplus d'inflation dans une économie ou dans une zone monétaire. Pour ce qui concerne la BCEAO, cela implique de comparer la croissance de la masse monétaire à celle du PIB potentiel en longue période, pour en déduire l'existence d'une inflation persistante à long terme, et source de ce fait d'un biais inflationniste d'origine monétaire[29].

Pour la zone UMOA, Eboué (2002) a comparé la croissance de la masse monétaire à celle du PIB potentiel. Deux principales conclusions découlent de cette étude. En premier lieu, il conclut à l'inexistence d'un véritable biais inflationniste en UMOA et donc une faible présomption d'un biais inflationniste dans la zone UMOA.

En outre, à travers l'analyse d'une fonction de réaction, il arrive à la même conclusion qu'il n'y a pas de véritables coûts inflationnistes impliquant une action compensatrice permanente de la politique monétaire. Par contre, il pourrait exister des coûts liés aux écarts déflationnistes d'activité ou de chômage, qui rendent favorable une politique monétaire active, tout en affaiblissant l'intérêt du ciblage direct de l'inflation.

La zone UMOA ne permet donc pas d'observer des coûts liés à l'inflation dans la conduite de la politique monétaire. Cette faiblesse des coûts inflationnistes est illustrée par la faible sensibilité de la fonction de réaction au différentiel d'inflation.

En second lieu, la lutte contre le chômage ou la relance de l'activité semble constituer un objectif final de politique monétaire. On retrouve l'arbitrage inflation – chômage. Au regard des faits observés sur la période récente, les estimations indiquent que la BCEAO prend de plus en plus en compte la relance de l'activité dans ses arbitrages. Ceci permet de renforcer sa crédibilité.

Les banques centrales préfèrent annoncer un seul objectif plutôt que deux, parce qu'elles pensent qu'il est plus facile d'en réaliser un plutôt que deux à la fois, un instrument de politique n'étant efficace que pour un objectif. C'est une application prudente de la règle de Brainard, à

[29] Eboué (2002), dans son étude sur l'existence d'un biais inflationniste dans la zone UMOA, avance que lorsqu'on admet une simple théorie quantitative, l'excès de la croissance de l'offre de monnaie sur la croissance du PIB potentiel, est en effet une mesure du biais inflationniste, dès lors qu'on suppose la constance de la vitesse de circulation de la monnaie.

savoir la règle de précaution. Cette règle a été approfondie par les travaux postérieurs de Tinbergen, Poole, en économie fermée, et Mundell en économie ouverte, au début des années 1970, lesquels ont tous établi des règles d'assignation des instruments de politique économique et monétaire en régime d'incertitude. Ces différentes règles qui privilégiaient la politique budgétaire pour la réalisation des objectifs internes, et la politique monétaire pour la lutte contre l'inflation et/ou la réalisation d'un objectif de solde extérieur, la prudence consistant à utiliser autant d'instruments qu'il y a d'objectifs à atteindre, ont été depuis remises en cause avec l'adoption de l'hypothèse des anticipations rationnelles.

Désormais, on admet que les agents sont suffisamment informés et capables de prévoir les comportements des autorités pour en déduire leur degré d'engagement dans la réalisation des objectifs qu'elles annoncent. De ce fait, les agents rendent inefficaces les politiques actives souhaitables, avant même qu'elles ne soient mises en œuvre. Or, le ciblage de l'inflation, considéré comme la politique optimale dans ce contexte et promu par de nombreux auteurs comme Rogoff, repose sur l'hypothèse de marchés parfaits, où les prix et les contrats sont flexibles en l'absence de toute rigidité nominale ou réelle.

En dehors du fait que les économies de l'UMOA ne correspondent pas à ces caractéristiques théoriques, la mise en œuvre du ciblage de l'inflation elle-même est soumise à deux conditions préalables. D'un côté, l'existence de délais d'action courts entre les instruments de la politique monétaire et l'inflation[30]. De l'autre côté, le ciblage de l'inflation requiert un consensus favorable à la lutte contre l'inflation exclusivement, ce qui est forcément aléatoire en régime de récession accentuée. Or, le rejet de la politique de ciblage de l'inflation poserait néanmoins un problème à toute Banque centrale notamment le maintien de sa crédibilité acquise. Il ne s'agit pas, ici, de proposer à la Banque centrale de sortir de ses missions qu'elle poursuit en matière de construction d'un meilleur système de financement.
Il s'agit plutôt d'adopter une vision pragmatique, car la réduction de la pauvreté n'est possible qu'en présence davantage d'activités génératrices de revenus et d'emplois. Ceci élargit alors la portée de la notion de crédibilité à la création davantage d'emplois et à

[30] En UMOA, de tels délais qui devraient variés de 12 à 18 mois, ne sont pas respectés dans certains pays.

l'élargissement de la base des revenus distribués, afin d'élever le niveau du pouvoir d'achat.

Toutefois, le consensus théorique actuel aboutit au fait que la meilleure contribution d'une banque centrale à la lutte contre la pauvreté demeure l'atteinte de son objectif d'inflation. C'est pourquoi, malgré la crise économique mondiale, les interventions des banques centrales aussi bien conventionnelles que non conventionnelles ont été articulées autour de leur objectif d'inflation à atteindre dans un horizon plus ou moins long. En effet, l'inflation est considérée comme « l'impôt des pauvres », car elle affecte directement leur pouvoir d'achat. Les agents économiques les plus endettés notamment l'État et les entreprises bénéficient d'une forte inflation à travers l'allègement de leurs charges financières surtout dans un environnement où les contrats financiers ne sont pas indexés à l'évolution des prix.

L'autre question sous-jacente relative à la politique de ciblage de l'inflation est le choix entre le ciblage du taux d'inflation ou celui du niveau des prix. Là encore, les études récentes menées sur cette problématique, Eboué (2004) et Diaw et Sarr (2005), dans le cadre de la zone UMOA, ou Cateau et Murchison (2010) au Canada, nous permettent de penser qu'une règle fondée sur une prévision du niveau des prix pourrait résister mieux à l'incertitude qu'une règle qui réagit à l'inflation projetée. Dans une union monétaire, une règle basée sur le niveau des prix suppose une convergence nominale du niveau des prix dans tous les pays membres.

Cette hypothèse paraît très forte, car les structures économiques sont différentes avec des politiques fiscales nationales qui affectent les niveaux des prix. En outre, la fixation des prix des biens et services relève d'un processus non contrôlé par les banques centrales. C'est pourquoi les banques centrales ciblent plutôt la hausse du niveau général des prix.

CONCLUSION

Le chapitre précédent a permis d'avoir une meilleure compréhension des mécanismes de transmission de la politique monétaire. Ce chapitre visait à déterminer le comportement de la banque centrale dans la conduite de la politique monétaire. De manière pratique, il s'agissait de répondre à une question principale : l'évolution des taux d'intérêt de court terme de l'UMOA peut-elle être décrite en termes de règle ou de fonction de réaction de la Banque centrale ? Sur le plan théorique, c'est la règle de Taylor qui est la principale référence pour les banques centrales, en particulier celles ayant opté pour un régime de stabilité des prix. Dans le cas des pays de l'UMOA, des aménagements ont été apportés à cette règle afin de tenir compte des différentiels d'inflation et de taux d'intérêt, et d'une contrainte extérieure représentée par l'objectif des avoirs extérieurs nets.

Au plan empirique, conformément à la théorie de Taylor, la fonction de réaction de la BCEAO peut être écrite sous la forme d'une règle dite de « Forward looking » dans laquelle la variable d'inflation est approchée non pas par rapport à l'objectif d'inflation, mais plutôt par le différentiel d'inflation avec la zone ancre. La méthodologie utilisée pour l'estimation de règle « Forward looking » est la méthode des moments généralisés (MMG) prenant en compte le caractère endogène des régresseurs et l'autocorrélation des erreurs.

Dans ce cadre, nous partons d'abord du modèle Forward de base dont les seuls arguments sont l'écart d'inflation et l'output Gap. Nous y ajoutons, ensuite, des arguments supplémentaires susceptibles d'être pris en compte par la Banque centrale dans la mise en œuvre de la politique monétaire. Il s'agit du différentiel de taux d'intérêt, du différentiel d'inflation et de l'objectif des avoirs extérieurs nets.
Enfin, nous réalisons une étude de robustesse en faisant varier la période d'étude, la spécification, et le nombre de variables instrumentales utilisées dans la régression.

Sur la base de données annuelles, les résultats des estimations faites sur la période 1970-2011 permettent de conclure que les taux historiques du marché monétaire sont relativement bien décrits par une fonction de réaction de la banque centrale. Ils révèlent, en premier lieu, une persistance du taux d'intérêt traduisant une forte tendance des autorités monétaires à fixer le taux d'intérêt en fonction de ceux passés. Par ailleurs, le poids accordé à l'inflation est sensiblement égal à celui accordé à l'activité économique, même si sur la période récente, la priorité semble porter davantage sur l'objectif de stabilité de la production. Ce dernier résultat confirme la thèse selon laquelle, il n'y aurait pas de véritables coûts inflationnistes en zone UMOA impliquant une action compensatrice permanente de la politique monétaire.

Par contre, il existerait des coûts liés aux écarts déflationnistes d'activité ou de chômage, qui rendent favorable une politique monétaire active, tout en affaiblissant l'intérêt du ciblage direct de l'inflation. Le modèle « Forward looking » prenant en compte l'objectif des avoirs extérieurs nets s'avère être le meilleur modèle, car il améliore la spécification de la fonction de réaction. Il peut donc être considéré comme la fonction de réaction adaptée au cadre de la BCEAO.

Malgré ces résultats économétriques satisfaisants, il convient de préciser que l'application de cette règle ne devrait pas être automatique. La fonction de réaction ainsi définie pour les pays de l'UMOA, ne peut donc constituer une règle d'application automatique par les Autorités monétaires. Cependant, celle-ci peut constituer une référence ou un élément additionnel d'appréciation à prendre en considération dans le système de décision de la Banque centrale.

CONCLUSION GÉNÉRALE

Constituée au lendemain des indépendances en 1962, l'Union Monétaire Ouest-Africaine (UMOA) a connu, en plus de cinquante années d'existence, une modification profonde de son environnement économique et financier. Ainsi, pour faire face à la persistance d'un contexte économique difficile, les autorités de l'Union ont décidé de la création d'une Union Économique et Monétaire Ouest-Africaine (UEMOA), le 12 janvier 1994, pour renforcer la dimension économique régionale des politiques mises en œuvre.

Dans ce travail de recherche, nous avons analysé l'organisation et le fonctionnement de l'union monétaire ouest-africaine, en faisant référence aux théories économiques et aux bonnes pratiques en vigueur en matière de conduite de politique monétaire. Les travaux ont été articulés autour de cinq grandes parties.

Dans le chapitre 1, nous avons noté qu'un large consensus s'est dégagé au niveau des économistes pour recentrer le rôle des banques centrales sur la stabilité des prix. La BCEAO s'est inscrite dans cette dynamique en indiquant clairement dans ses Statuts un objectif de stabilité des prix, avec toutefois un objectif secondaire de soutien à la croissance économique. Pour atteindre cet objectif, des arbitrages importants sont faits sur les marchés impliquant de fait des agents économiques aux intérêts et aux priorités souvent divergents.

C'est pourquoi les économistes ont approfondi les questions de transparence et d'indépendance des banques centrales qui ont un impact sur l'atteinte des objectifs. Ainsi, les banques centrales ont été incitées à introduire plus de transparence dans leurs actions en contrepartie de plus d'indépendance, en vue de permettre aux agents économiques de mieux connaître leurs objectifs, les instruments utilisés, les outils d'évaluations et les prévisions économiques, financières et monétaires qui en découlent. Cette transparence permet de mieux évaluer la crédibilité de la banque centrale.

Nous avons donc examiné le cadre institutionnel de l'Union Monétaire Ouest-Africaine et les dispositions pratiques prises par la BCEAO pour assurer la transparence et l'indépendance de la banque centrale dans le choix des instruments et des moyens pour atteindre les objectifs de la politique monétaire. En utilisant les critères d'analyse de Grilli et al. (1991), il ressort que la BCEAO dispose d'un degré d'indépendance élevé conforme aux banques centrales modernes.

Dans la deuxième partie, l'ensemble des régimes de change sont répertoriés et les critères fondamentaux pour le choix d'un régime de change mis en exergue. Sur cette base, le régime de change du FCFA, monnaie commune de l'UMOA, est un arrimage conventionnel à parité fixe avec l'euro. Il permet d'avoir une monnaie convertible, gérée avec une solidarité exemplaire, à travers la centralisation des réserves de change.

La stabilité du taux de change a consolidé la confiance des agents économiques dans la volonté de la banque centrale de défendre la valeur de la monnaie commune. Les coûts de transactions sont ainsi fortement réduits et les revenus des exportations sont largement stabilisés. Une gestion plus facile de la dette extérieure libellée en euro est assurée sans risque de change. La convertibilité du FCFA donne de la visibilité économique et attire les investissements étrangers.

La stabilité des prix dans l'Union a permis de renforcer la compétitivité des économies et de préserver l'alignement du taux de change sur les fondamentaux économiques, permettant aux économies de l'UMOA de réaliser depuis 2012 des performances parmi les meilleures dans le monde.

Le chapitre trois décrit le cadre stratégique et opérationnel de la politique monétaire. Ainsi, comme la plupart des banques centrales, la stratégie monétaire comporte trois dimensions importantes, à savoir la fixation d'un niveau quantitatif de l'objectif d'inflation, l'analyse économique notamment d'indicateurs avancés et l'analyse monétaire des prix des actifs à travers les marchés.

Dans l'UMOA, la mise en œuvre de la politique monétaire s'est traduite par un soutien de la banque centrale à la croissance économique des États membres. En effet, la politique monétaire a eu un impact très positif sur les économies de l'Union, à travers notamment un accès plus large au crédit, la hausse du volume de crédit et la baisse des coûts du financement.

La BCEAO a joué un rôle très important au-delà de sa mission traditionnelle, en développant beaucoup d'initiatives pour une meilleure structuration du marché financier régional. Elle a ainsi mené des actions pour assurer l'intégration économique, monétaire et financière de l'UMOA, en vue d'améliorer les conditions de vie des populations et de contribuer à l'édification de nations prospères au bénéfice de tous. La plupart des institutions communautaires ont ainsi été créées par la banque centrale.

Le quatrième chapitre nous a permis de passer en revue les mécanismes de transmission de la politique monétaire. Les études évoquent plusieurs canaux de transmission de la politique monétaire notamment le canal des taux d'intérêt, le canal du crédit, le canal du taux de change et le canal des prix des actifs.

Les études aboutissement, d'une part, à un affaiblissement du canal strict du crédit en faveur du canal large dans les pays à un fort taux de développement financier et, d'autre part, à un effet diffus des innovations financières dans les économies à faible développement financier, d'où la faiblesse des canaux traditionnels de transmission de la politique monétaire.

Nos investigations empiriques ont permis de trancher ces questions dans le cade de la zone l'UMOA. Il ressort de ces résultats, à partir d'une modélisation VAR structurel sur la période 1993 à 2012, quatre principaux enseignements.

- Le premier enseignement est la nature hétérogène des effets de la politique monétaire dans les pays membres.
- Le deuxième enseignement est que les effets sur l'économie d'un choc sur le taux de prêt marginal (taux de pension) sont plus importants et plus robustes que ceux du taux d'escompte (actuellement supprimé).
- Le troisième enseignement a trait aux canaux de transmission. Il découle de nos résultats l'existence de deux principaux canaux de transmission que sont le canal du taux d'intérêt et le canal du crédit qui sont opérants et significatifs.
- Le dernier enseignement révèle des effets des taux d'intérêt significatifs sur l'inflation et l'investissement. L'effet direct des taux directeurs sur le PIB est relativement faible comme dans la plupart des études empiriques à travers le monde. Un ajustement des taux directeurs aux fluctuations des variables économiques

réelles notamment celles de la production réelle est également observé.

Pour confirmer ce dernier résultat, on a procédé dans le chapitre 5 à une estimation de la fonction de réaction de la BCEAO. L'approche adoptée est celle d'une règle de Taylor modifiée prenant en compte, en plus des arguments traditionnels de la règle originelle, l'hypothèse d'un objectif d'avoirs extérieurs nets explicite de la politique monétaire. Les résultats aboutissent à deux principales conclusions. D'abord, la justesse de la spécification retenue avec la présence du gap des avoirs extérieurs dans la fonction de réaction. Ensuite, un arbitrage entre inflation et production en faveur de l'activité confirmé. Ce résultat est conforme à celui trouvé au chapitre 3 à savoir l'effet significatif d'un choc de production sur les taux directeurs à travers les fonctions de réponses impulsionnelles cumulées.

Ce dernier résultat est pertinent dans le contexte de la zone UMOA au regard de la faiblesse de l'inflation sur une longue période. Cependant, plusieurs précautions doivent être prises en compte dans l'utilisation de ce résultat. D'abord, comme le rappellent plusieurs études sur les fonctions de réaction, la règle de Taylor, même modifiée, demeure simplement une référence et non une norme. Enfin, la pertinence des avoirs extérieurs nets dans la fonction de réaction de la BCEAO ne met pas fin au choix des arguments à retenir.

En termes de perspectives et d'approfondissement, nous pouvons dériver trois questions importantes :

- La première problématique est dérivée de l'analyse du cadre institutionnel de l'UMOA qui est basé sur un principe de solidarité. Cette solidarité concerne d'abord la centralisation des réserves de change pour permettre aux pays de les utiliser selon les besoins des économies concernées sans se préoccuper de ce dont ils disposent à titre individuel. Cette approche très novatrice rend le cadre institutionnel très solide et a permis à l'Union de traverser toutes les crises subies par les pays membres. C'est une expérience unique dans le monde dont les pays de l'Union devraient s'en féliciter. Cette mission est très importante, car elle permet d'assurer la stabilité financière des économies de l'Union. Lorsqu'on compare cette situation avec la zone euro et le traitement réservé à la Grèce, on s'aperçoit que cette problématique va continuer à préoccuper les unions monétaires.

- La deuxième problématique concerne la stabilité financière notamment la supervision des banques. L'UMOA assure une supervision régionale des banques depuis 1991 et un système d'agrément unique est même accordé aux banques pour s'installer dans l'ensemble des huit pays. Cette facilité d'installation est accordée aux banques pour consolider le système financier et avoir un maillage très important de tous les pays de l'Union. Toutefois, avec la crise financière de 2008 et les risques de faillite des banques systémiques, la BCE a décidé de prendre en charge la supervision des banques de taille systémique (les grandes banques) dans la zone euro. Cette décision a soulevé beaucoup de contestations en Allemagne relatives, d'une part, à la nécessité de renforcer les exigences de fonds propres des banques et, d'autre part, à l'excès de pouvoir accordé à la BCE dans la supervision de ces banques.

De ces discussions, on pourrait dériver deux nouvelles problématiques. D'une part, si les nouvelles exigences de fonds propres sont importantes, les banques pourraient essayer de les contourner en exploitant, pour le cas de l'Union, les avantages de l'agrément unique pour ouvrir des succursales et apporter moins de capitaux propres. D'autre part, si les coûts de restructuration de certaines banques systémiques sont très importants pour les pays et les peuples concernés, le superviseur sera le plus interpellé en termes de responsabilité. Cette question mérite donc un suivi et un approfondissement.

- La troisième problématique est relative à l'amélioration des mécanismes de transmission de la politique monétaire. Au regard des résultats de nos travaux, l'Union monétaire devrait améliorer l'efficacité du marché interbancaire pour amplifier l'effet des taux directeurs. Il s'agira notamment d'augmenter les volumes échangés sur ce marché en rendant les titres plus liquides et en renforçant la sécurité des opérations. La mise en place de la pension livrée va dans ce sens. En outre, le marché des titres publics devrait être plus développé pour permettre de disposer d'un gisement de titres suffisants comme supports des opérations interbancaires. À ce niveau, l'agence UMOA-Titres a un rôle prépondérant à jouer pour mobiliser les investisseurs étrangers et établir une courbe appropriée des taux d'intérêt du marché. Par ailleurs, le développement du marché hypothécaire devrait être recherché pour favoriser le crédit à l'habitat et renforcer l'efficacité du canal des prix des actifs.

RÉFÉRENCES BIBLIOGRAPHIQUES

ABOU, N. B. *Structure des dépenses publiques, investissement privé et croissance dans les pays de l'UEMOA*, Document d'Étude et de Recherche, DER/07/04, BCEAO, septembre 2007.

ABOU, N. B. *Analyse comparée des évolutions du crédit et de l'activité économique dans l'UEMOA*, Document d'Étude et de Recherche, DER/10/01, BCEAO, juin 2010.

ABOU, N. B. et MELESSE, F. *Évaluation du PIB potentiel et l'écart de production de l'UEMOA*, Document d'Étude et de Recherche, DER/12/04, BCEAO, décembre 2012.

Akaike, H. *A* "bayesian extension of the minimum AIC procedure", *Biometrica,* № 66 - 1979, pp 237–242.

Alexander W. E., T. J. T. Baliño et C. Enoch. *L'adoption des instruments indirects de politique monétaire*, FMI, Études Spéciales № 126, 1995.

Amato, J. et S. Gerlach. "Modelling the Transmission Mechanism of Monetary Policy in Emerging Market Countries Using Prior Information", *BIS Papers,* № 18 - 2001 pp. 264–272.

Ameganvi K. *Niveau optimal des réserves de change pour les économies de l'UEMOA*, DER/16/02, BCEAO, décembre 2016.

Angeloni I., Kashyap A., Mojon B. et Terlizzese D. *Monetary Transmission in the Euro Area: Where Do we Stand?,* Banque Centrale Européenne, Document de travail № 114, janvier 2002.

Armour, J., W. Engert et B. S. C. Fung. *Overnight Rate Innovations as a Measure of Monetary Policy Shocks in Vector Autoregressions*, document de travail № 96-4, Banque du Canada, 1996.

Artus P. *Crédibilité de la politique monétaire ou coordination de la politique monétaire et de la politique budgétaire : que vaut-il mieux choisir ?,* Document de travail, CDC n° 97-04/MA, mars 1997.

Aubert L. *La politique monétaire : éléments de théorie et pratiques des banques centrales*, Institut de Recherches économiques et Sociales (IRES), décembre 2001.

Aubert L. et Adjemian S. « Cible d'Inflation ou de Niveau de Prix : Quelle Option Retenir pour la Banque Centrale dans un Environnement "Nouveau Keynésien" ? », *Recherches économiques de Louvain =Louvain Economic Review* № 69-3 - 2003, pp. 297-313.

Ball, L. *Policy Rules for Open Economies* National Bureau of Economic Research Working Paper № *6760* - 1998.

Banque Centrale européenne. « Le rôle des indicateurs économiques à court terme dans l'analyse de l'évolution des prix au sein de la zone euro », *Bulletin mensuel de la BCE*, avril 1999.

Banque Centrale européenne. « Une comparaison du comportement récent de la Réserve fédérale et de la Banque Centrale européenne », *Direction de la Prévision et de l'Analyse économique, Analyse économique,* № 24 - janvier 2004, pp 1-5.

Banque Centrale européenne. *Bulletin mensuel de la BCE*, décembre 2016.

Banque de France. *La politique monétaire à l'heure du marché mondial des capitaux*, 1998.

Banque de France. *Rapport annuel de la zone franc*, Banque de France, 2012.

Banque mondiale. *Doing business*, Banque mondiale, 2017.

Barran F., Coudert V. et Mojon B. « Transmission de la politique monétaire et crédit bancaire, une application à cinq pays de l'OCDE », *CEPII, № 3* — juin 1994.

Barran F., Coudert V. et Mojon B. « Transmission de la politique monétaire et crédit bancaire Une application à trois pays de l'OCDE », *Revue économique, Vol. 46,* №. 2 — 1995, pp. 393-413.

Barran F., Coudert V. and Mojon B. "Interest rates, banking spreads and credit supply: the real effects", *The European Journal of Finance, vol. 3* - 1997, pp 107–136.

Barran F., Virginie C. et Benoît. M. *La transmission des politiques monétaires dans les pays européens*, Séminaire Fourgeaud, 1996.

Barro, J. and Gordon, R. "A positive theory of monetary policy in a natural rate model", *Journal of Political Economy* № 91 - 1983, pp 589–610.

Barro R.J. and D. B. Gordon "Rules, Discretion and reputation in a model of monetary policy", *Journal of Monetary Economics, vol 12*, № 1 - 1983, pp 101–121.

Barth, M. and V. Ramey. "The cost channel of monetary transmission", In: Bernanke, *B. et K. Rogoff, eds. NBER Macroeconomic Annuals 2001*, Cambridge, MIT Press, 2001.

Bationo B. F. « Analyse des taux d'intérêt débiteurs appliqués par les banques dans l'UEMOA », *Revue économique et monétaire de la BCEAO*, 2013.

Bationo B. F., *Gouvernance, indépendance et transparence des banques centrales dans une union monétaire*, Université Paris-Dauphine, 2015.

Bationo B. F., *Analyse des canaux de transmission des effets de la politique monétaire*, Université Paris-Dauphine, 2015.

Bationo B. F., *Choix d'une règle monétaire optimale dans la zone UMOA*, Université Paris-Dauphine, 2015.

Baxter M. and King R. G. *Measuring business cycles: approximate band-pass filters for economic time series*, Working Paper № 5022, Review of Economics and Statistics, forthcoming, 2001.

BCEAO. *La Régulation de la liquidité en Union Monétaire*, juin, 1997.

BCEAO. *Histoire de l'UMOA*, Éditions Israël, 2000.

BCEAO. *Rapport annuel de la BCEAO*, Imprimerie BCEAO, 2000.

BCEAO. *Traité de l'UMOA et Statuts de la BCEAO*, BCEAO, septembre 2010.

BCEAO. *Modèles de prévision de la liquidité bancaire dans l'UEMOA*, BCEAO, 2013.

BCEAO. *Investissement directs étrangers dans les pays de l'UEMOA*, BCEAO, 2013.

BCEAO. *État des services financiers par téléphonie mobile dans l'UEMOA*, 2016.

BCEAO. *Rapport trimestriel sur la politique monétaire*, BCEAO, juin 2017.

Berger, A.N., Udell, G.F. "Did risk-based capital allocate bank credit and cause a credit crunch in the US?", *Journal of Money, Credit and Banking,* № 26—august 1994, pp. 585–628.

Bernanke B. and Blinder A. "The Federal Funds Rate and the Channel of Monetary Transmission", *American Economic Review,* 82 (4) - 1992.

Bernanke B. S. "On The Predictive Power of Interest Rates and Interest Rate Spreads", *New England Economic Review*, November-December 1990.

Bernanke B. S. and Blinder A. S. "Crédit, Money and Aggregate Demand", *American Economic Review*, mai 1988.

Bernanke B. S. and Gertler M. "Inside the Black Box: The Credit Channel of Monetary Policy Transmission", *Journal of Economic Perspectives-Volume 9*, № 4 - 1995, pp. 27–48.

Bernanke B., Gertler M. and Gilchrist S. "The Financial Accelerator and The Flight to Quality", *The Review of Economics and Statistics, Vol. 78*, № 1—Feb. 1996, pp. 1–15.

Bernanke B., Laubach T., Mishkin F. and Posen A. *Inflation Targeting: Lessons from the International Experience*, Princeton University press, 1999.

Bernanke Ben. S. "Nonmonetary Effects of the Financial Collapse in the propagation of the Great depression", *American Economic Review, vol 73 -*

1983, pp 257–276.

Bernanke, B. S. and I. Mihov. "Measuring Monetary Policy", *Quarterly Journal of Economics*, vol. 113, № 3 - 1998, pp. 869–902.

Bernanke, B. S. and Mihov I. "What Does the Bundesbank Target?", *European Economic Review*, vol. 41, № 6 – 1997, pp. 1025–1053.

Beveridge S. and Nelson C. R. "A new approach to decomposition of economic time series into permanent and transitory components with particular attention to measurement of the business cycle", *Journal of Monetary Economics* № 7 - 1981, pp. 151–174.

Blanchard O., Quah D. "The dynamic effects of aggregate demand and supply disturbances", *American Economic Review, vol. 79*, № 4 - 1989, pp. 655–673.

Blanchard, O. and Watson, M. "Are business cycles all alike?" Dans R. J Gordon ed., *The American Business Cycles: Continuity and Change, University of Chicago Press*, pp. 123–156, 1986.

Blinder A. S. Commentary, *Federal Reserve Bank of St. Louis*, May / June 1997, pp. 157-60.

Blinder A. S. "What Central Bankers could learn from academics and vice versa", *Journal of Economic Perspectives, vol 11,* № 2 (1997), pp 3–19.

Blinder A. S. "Credit Rationing and Effective Supply Failures", *Economic Journal*, 1987, vol.97.

Blinder A. S. and Stiglitz Joseph E. "Money, Credit Constraints and Economic Activity". *American Economic Review, Papers and Proceedings*, № 73 - 1983, pp. 297–302.

Boissieu C. « *Monnaie et économie, Chroniques de politique monétaire États-Unis France* », Economica, 1998.

Borio C. and Zhu H. *Capital Regulation, Risk-taking and Monetary Policy: a Missing Link in the Transmission Mechanism?*, BIS Working Papers, № 268 - 2008.

Board of Governors of the federal reserve system. *Beige book, résumé des commentaires des conditions économiques actuelles des réserves fédérales de District*, 2017.

Boshan C. and Bry G. *Cyclical analysis of time series: selected procedures and computer programs*, Cambridge, MA: NBER, 1971.

Bourguinat H. *Finance Internationale,* Presses Universitaires de France, *1997, coll. « 'Thémis Économie »*

Brainard W., "Uncertainty and effectiveness of policy", *American Economic Review*, vol. 57, may 1967.

Brender A. et F. *Pisani. Les taux d'intérêt*, Economica, 1996.

Britton E. and Whitley J. “Comparing the monetary transmission mechanism in France, Germany, and the United Kingdom: some issues and results”, *Bank of England Quarterly Bulletin,* May 1997.

Brown Weir M. “The External Liquidity of an Advanced Country”, *Studies in International Finance*, № 14, Princeton, N.J., 1964.

Brunner Karl and Allan H. Meltzer. *Money Supply, Chapitre 9 du Handbook of Monetary Economics*, Volume I, édité par Benjamin Friedman et Frank Hahn, 1990.

Bryant R., Hooper P., et Mann C., *Evaluating Policy Regimes : New Empirical Research in Empirical Macroeconomics*, Washington, D.C.: Brookings Institution, 1993.

Cargern P. and Graham P., *Extreme inflation dynamics and Stabilisation,* Washington, D.C.: Brookings Institution, 1990.

Caputo, R. and Liendo, F. *Monetary Policy, Exchange Rate and Inflation Inertia in Chile: A Structural Approach* Working Paper, Central bank of Chile, WP/352/2OO5.

Cateau, G. “Monetary Policy under Model and Data-Parameter Uncertainty”, *Journal of Mone—tary Economics*, vol. 54, № 7 - 1997, p. 2083–2101

Cateau, G., H. and S. Murchison. « L’efficacité des règles de poltiique monétaire en presence d’incertitude », *Revue de la Banque du Canada*, printemps 2010.

Cecchetti, S. “Legal Structure, Financial Structure, and the Monetary Policy Transmission Mechanism”, *Federal Reserve Bank of New York Economic Policy Review*, 5 (2) - 1999, pp. 9–28.

Chagny O. et Döpke J. “Measures of the Output Gap in the Euro-zone: an Empirical Assessment of Selected Methods”, *Viertel jahres hefte zur Wirts chafts for schung*, № 70 - 2001.

Chatelain J-B and Tiomo A. *Investment, the cost of capital, and monetary policy in the nineties in France: a panel data investigation*, ECB Working Paper № 106—December 2001.

Cherbonnier F. et Payet X. « Les canaux de transmission de la politique monétaire en France », *Analyses économiques* N° 47 — Sept. 2004.

Chortareas G., D. Stasavage and G. Sterne. “Does it pay to be Transparent? International Evidence from Central Bank Forecasts”, *Banque Fédérale de Reserve de Saint-Louis, vol 84*, № ° 4 - 2002, pp 99-117.

Chowdhury, I., Homann, M. and Schabert, A. “In ation dynamics and the cost channel of monetary transmission, *European Economic Review* № 50 – 2006, pp. 995-1016.

Christiano L., Eichenbaum M. and Evans C. ‘Monetary Policy shocks:

what have we learned and to what end?' *in Taylor and Woodford (eds.), Handbook of Macroeconomics*, NorthHolland, 1999.

Christiano, L. J. et M. Eichenbaum. 'Identification and the Liquidity Effect of a Monetary Policy Shock'. *In : Political Economy, Growth, and Business Cycles*, sous la direction de A. Cukierman, L. Hercowitz et L. Leiderman, Cambridge (Massachusetts), MIT Press, 1992, pp. 335-370.

Christiano, L. J., M. Eichenbaum, and C. Evans. 'Nominal Rigidities and the Dynamic Effects of a Shock to Monetary Policy,' *Journal of Political Economy*, 2005 pp 113, 1–45.

Christiano, L.J., Eichenbaum, M. and Evans, C. *The effects of monetary policies shocks: some evidence from the flow of funds*, NBER Working Paper, № 4699 – 1994.

Church, K.B., Sault, J.E., Sgherri, S. and Wallis, K. F. 'Comparative properties of models of the UK economy', *National Institute Economic Review*, № 171 - 2000, pp. 106–122.

Ciccarelli M. et Rebucci A. *The Transmission Mechanism of European Monetary Policy: Is There Heterogeneity? Is it changing over Time?* FMI, Document de travail № 54 - 2002.

Clarida, R., Gall, J. and Gertler, M. 'Monetary policy rules in practice: some international evidence', *European Economic Review*, № 42 – 1998; pp. 1033- 1067.

Clarida, R., Gali, J., Gertler, M. ' Monetary policy rules in practice: Some international evidence', *European Economic Review* 42 (6) - 1998, 1033–1067.

Coletti, D., et S. Murchison (2002). « Le rôle des modèles dans l'élaboration de la politique moné- taire », *Revue de la Banque du Canada*, été 2002, pp. 21-29.

Collier, Paul (1994), *The Bottom Billion: Why the Poorest Countries are Failing and What Can Be Done About It*, Edition Hardcover, 1994.

Cottarelli, C., and A. Kourelis. 'Financial Structure, Bank Lending Rates, and the Transmission Mechanism of Monetary Policy', *IMF Staff Reports*, № 41, - 1994, pp. 587–623.

Coudert V. et Mojon B. « Asymétries financières et transmission de la politique monétaire en Europe », *Économie et Prévision* № 128 — février 1997.

Cukierman A. « The Limits of Transparency », communication présentée le 7 Janvier 2006 à la réunion des Allied Social Sciences Associations : wwww.aeaweb .org/annual_mtg_papers/2006.

Cukierman A. 'Central Bank Independence and monetary control', *The Economic Journal*, 1994, pp 1437–1448.

De Arcangelis, G. and Di Giorgio G. *In Search of Monetary Policy Measures: The Case of Italy in the 1990s,* 1998.

De Bondt G., *Financial Structure and Monetary Transmission in Europe*, Edward Elgar, Cheltenham, 2000.

De Bondt, G. J. 'Interest Rate Pass-Through: Empirical Results for the Euro Area,' *German Economic Review*, № 6 - 2005, 37–78.

De Haan L. *the credit channel in the Netherlands: evidence from bank balance sheets*, ECB, Working Paper, № 98 - 2001.

Debelle G. and Stanley F., '*How Independent Should a Central Bank Be*?' In Jeffrey C. Fuhrer, ed. GOALS, GUIDELINES, AND CONSTRAINTS FACING MONETARY POLICYMAKERS, *Federal Reserve Bank of Boston Conference Series 38* – 1994, p. 195-221

Debrun, X. et Wyplosz, C. « Onze gouvernements et une Banque centrale », *Revue d'économie politique*, № 109 (3) – 1999, pp 387-420.

Dedola, L. and F. Lippi. 'The Monetary Transmission Mechanism: Evidence from the industries of five OECD countries', *European Economic Review,* № 49 - 2005, pp. 1543–1569.

Demertzis M; H.A, Hallett. 'Central Bank Transparency in Theory and Practice', *Journal of Macroeconomics, vol 29*, № 4 - 2007, pp. 760–789.

Dennis, Richard. 'Exploring the Role of the Real Exchange Rate in Australian Monetary Policy'. *The Economic Record*, № 79 (2) - 2003, pp. 20–38.

Devarajan S. « Désalignement des taux de change réels dans la zone franc », *Revue d'économie du développement*, décembre 1996, pp. 41-61

Devarajan, S. and de Melo, J. « Membership in the CFA Zone : Odyssean Journey or Trojan horse ? », *in A. Chubber and S. Fischer (eds.) Economic Reform in Sub-Saharan Africa*, Washington DC: World Bank, 1990.

Dewald, W. G. and Johnson, H. G. 'An Objective Analysis of the Objectives of American Monetary Policy 1952–1961', *in D. Carsen (ed.), Banking and Monetary Studies, Homewood: Irvine Publishing Company*, 1963, pp. 171–86.

Diagne et Doucouré. *Les canaux de transmission de la politique monétaire dans les pays de l'UEMOA*, Mimeo, CREA et FASEG, Université Cheikh Anta DIOP, Dakar, Sénégal, Juillet 2000, 33 P.

Diaw A. et Sarr F. M. *Réflexion économique et financière dans les principales banques centrales*, Document de travail, N° DT/11/02, mars 2011.

Dickey, D. and W. Fuller. 'Distribution of the estimators for autoregressive time series with a unit root', *Journal of the American Statistical Association* № 74, - 1979, pp. 427–431.

Dickey, D.A. and W.A Fuller. 'Likelihood Ratio Statistics for Autoregressive Time Series with a Unit Root', *Econometrica*, № 49 - 1981, p.1057-1072.

Dencer and Eichengreen, 'Central Bank Transparency: Where, Why, With and what effects?' , *NBER Working Paper,* N ° 13003, March 2007.

DIOP Papa Lamine. « L'impact des taux directeurs de la BCEAO sur les taux débiteurs des banques », Notes d'information et Statistiques, Banque Centrale des États de l'Afrique de l'Ouest, N° 483-484, Juillet-Août-Septembre 1998.

Diop, P. L. «La production potentielle de l'UEMOA», BCEAO, DER/00/03, 2000.

Dœ, L., Diallo, M. L. «Déterminants empiriques de l'inflation dans les pays de l'UEMOA», BCEAO, Études et Recherches, NIS № 476, décembre 1997.

Dœ, L., Diarisso, S. «De l'origine monétaire de l'inflation dans les pays de l'UEMOA», BCEAO, Études et Recherches, NIS, № 480-481-482, avril/mai/juin 1998.

Dornbush R, Favero C.A. et Giavazzi F. "Immediate Challenges for the ECB: Issues in Formulating a Single Monetary Policy", *Economic Policy*, vol, avril 1998, pp. 17–64.

Dossou, A. «Analyse Économétrique de la Demande de Monnaie au Bénin et au Ghana», BCEAO, Études et Recherches, NIS, № 479, mars 1998.

Drumetz F., Pfister C. *Politique monétaire,* De Boeck, Bruxelles, 2010.

Drumetz, F. et A. Verdelhan «Règle de Taylor : Présentation, Applications et Limites». *Bulletin de la Banque de France*, № 45 - 1997.

Dufrénot G., Kimiko S. "West African Single Currency and competitiveness" *Review of Developpement Economics*, № 4 - 2013, pp.763-777.

Dufrénot G. « Limpact des fondamentaux macroéconomiques sur les spreads souverains de la zone euro est-il influencé par les réformes financières », *Revue économique, vol. 62,* 2011.

Eboué C. *La Réflexion économique et financière Contemporaine des Banques Centrales*, Éditions BCEAO, Dakar, 2004.

Eboué C. *La Stabilité financière Est-Elle Un Objectif Final pour les Banques Centrales ?*, chap 2. Section II pp.111-119, 2004.

Eboue Chicot. "Les Fonctions de Réaction des Banques Centrales et la Crédibilité de la Politique monétaire", Symposium du Quarantième Anniversaire de la B.C.E.A.O, Dakar, 13-14 Mai 2002.

Edwards F. and Mishkin F. S. (1995), "The Decline of Traditional

Banking: Implications for Financial Stability and Regulatory Policy," Federal Reserve Bank of New York, Economic Policy Review, 1, #2, July, p. 27–45.

Ejiffinger S. et P.M., Geraats. "How transparent are central banks?" *European Journal of Political Economy, vol 22*, № 1 - 2006, pp 1–21.

Elbadawi I. and N. Madj. "Adjustment and Economic Performance Under a Fixed Exchange Rate: A Comparative Analysis of the CFA Zone", *World Development, vol 24*, № 5 - 1996, pp. 939–951

Elbourne A. and De Haan J. "Financial structure and monetary policy transmission in transition countries", *Journal of Comparative Economics* № 34 -2006 pp. 1–23, www.elsevier.com/locate/jce.

Elbourne, A. and De Haan, J., *Asymmetric monetary transmission in EMU: The robustness of VAR conclusions and Cecchetti's legal family theory*. Working paper № 1327- 2004. CESIfo, Munich, Germany.

Engle R.F. and Granger C.W.J. "Cointegration and Error-Correction: Representation, Estimation and Testing", *Econometrica*, vol 55, 1987, pp. 251-76.

Ertugrul A., Hericourt J., et Reynaud J. « fonction de réaction et politique monétaire en changes fixes : une nouvelle formulation appliquée à la turquie », *économie internationale* (103) - 2005, pp 97-119.

Fama E. F. "Agency Problems and the Theory of the Firm", *The Journal of Political Economy, Vol. 88*, № 2—Apr., 1980, pp. 288–307.

Farinha L. and Marques C. R. *the bank lending channel of monetary policy: identification and estimation using Portuguese micro bank data*, ECB, Working Paper, № 102, December 2001.

Favero, C.A., Flabbi L. and Giavazzi F. *The Credit Channel and asymmetries in the Monetary Policy Transmission Mechanism in Europe: Evidence from Banks Balance Sheets*, mimeo, Bocconi University, Milan, 1998.

Fischer S.'Central Bank Independence Revisited", *American Economic Review Papers and Proceedings, vol 85*, 1995, pp 201–206.

Fleming M. *On exhange rate unification*, FMI, septembre 1971.

Fonds monétaire international. *Code de bonnes pratiques pour la transparence des politiques monétaire et financière*, FMI, 1999.

FMI. *Finances et développements, régimes de change*, FMI, 2008.

FMI. *Annual report on exchange arrangements and restrictions*, FMI, 2009.

FMI. *Perspectives économiques régionales de l'Afrique,* FMI, 2013.

FMI. *Annual report on exchange arrangements and restrictions*, FMI, 2016.

FMI. *Consultations régionales de l'UEMOA*, FMI, 2016.

FMI. *Perspectives économiques régionales de l'Afrique*, FMI, 2017.

Friedman B. and Kuttner K. "Money, Income, Prices and Interest Rates", *American Economic Review*, vol. 82, № 3 - 1992, pp. 472–492.

Friedman B. and Kuttner K. (1993), "Economic activity and the Short-Term Credit Markets: An Analysis of Prices and Quantities", *Brookings Papers on Economic Activity*, № 2 - 1993.

Friedman M. and Schwartz A. J., "A monetary history of the United States, 1867–1960", Princeton University Press, 1963.

Fry M. "Assessing Central Bank independence in Developing Countries: do actions speak louder than words?", *Oxford Economic Papers - 1998*, pp 512-29.

Fry, Maxwell, 1999, "Risk, Cost and Liquidity in Alternative Payment Systems", in *Bank of England Quarterly Bulletin février,* 1999.

Fung, B. S. C. et M. Kasumovich. "Monetary Shocks in the G-6 Countries: Is There a Puzzle?", *Journal of Monetary Economics*, vol. 42, № 3 - 1998, p. 575–592.

Gali J. "How well does the IS-LM model fit postwar US data?", *Quarterly Journal of Economics, vol 107*, № 2 - 1992, pp. 709–738.

Gali, J. and Monacelli, T. "Monetary Policy and Exchange Rate Volatility in a Small Open Economy," *Review of Economics Studies* № 72 - 2005, pp 707–734.

Gambacorta L. "Monetary policy and the risk-taking channel", *BIS Quarterly Review*—décembre 2009.

Ganev, G., Molnar K., Rybi´nski K., et Wo´zniak P. *Transmission mechanism of monetary policy in Central and Eastern Europe,* Case Report №. 52, Center for Social and Economic Research, Warsaw, Poland, 2002.

Geraats P.M. "The Mystique of central bank speak", *International Journal of central Banking, vol 3*, mars 2007, pp 37–80.

Gerdesmeier D. and Roffia B. *Empirical estimates of reaction functions for the euro area*, Working Paper Series 0206, European Central Bank, 2003.

Gertlach S. and Smets F. "The Monetary Transmission: Evidence From G-7 Countries", *in B.R.I.* - 1995, pp. 188–224.

Gertler M. and gali J., "Inflation Dynamics: A Structural Econometric analysis" *Journal of Monetary Economic,* Elsevier, Vol. 44, 1999.

Gertler M. and Simon G. "Monetary Policy, Business Cycles, and the Behavior of Small Manufacturing Firms", *Quarterly Journal of Economics*, May 1994, p. 309–340.

Gilchrist, S and Leahy, J. "Monetary Policy and Asset Prices", *Journal of Monetary Economics* (49) -2002, pp. 75–97.

Goldstein, M. and Khan, M. S. "Large versus small price changes and the demand for imports", *IMF Staff Papers*, №. 23 - 1976, pp. 200–225.

Golinelli R. and Rovelli R. "Monetary policy transmission, interest rate rules and inflation targeting in three transition countries", *Journal of Banking & Finance*, №. 29 - 2005, pp. 183–201.

Goodhart Charles "The organisational structure of banking supervision", *FSI Occasional Paper* №. 1— November 2000.

Goodhart Charles. *Some new directions for financial stability*, Per Jacobsson Lecture, 2004.

Gonzalo J. (1994). "Five Alternative Methods of Estimating Long-Run Equilibrium Relationships", *Journal of Econometrics, vol. 60*, № 1, 2 - 1994, pp. 213–228.

Gosselin M. A. "La performance des Banques Centrales en régime de ciblage d'inflation », *Revue de la Banque du Canada*, Hiver 2007/2008, pp. 17-29.

Granger, C. W. "Investigating Causal Relations by Econometric Models and Cross Spectral Methods", *Econometrica*, №. 37 — 1969, pp. 424–438.

Grauwe P. *Économie de l'intégration monétaire*, 1999.

Greene W.H. *Econometric Analysis*, (5th Edition), Prentice Hall, 2003.

Greene W.H. E*conométrie*, (5e edition), Traduction française dirigée par Schlacther. D., Azomahou. T., Couderc.N., Monjon .S., Nguyen Van . P., Editions Pearson Education, 2005.

Greffe X. *Politique Économique*, (2e édition), Economica, Paris 1991.

Grilli V., D. Masciandarro and G. Tabellini. "Institutions and Policies", *Economic Policy*, № 6 – 1991, pp 341–392.

Guillaumont Jeanneney S. *Régimes et stratégies de change dans les pays en développement,* Ed. Economica, 2015.

Gunduz B. Y. *The Monetary Policy Transmission in the Czech Republic,* IMF Country Report, 2003.

Guérin I., Servet J.-M. « L'économie solidaire entre le local et le global : l'exemple de la microfinance », *Revue Internationale de l'Économie RECMA*, № 296 — mai 2005, pp. 83-100.

Haldane, A.G. and Batini N. "Forward-Looking Rules for Monetary Policy", *in John B. Taylor (Ed.) Monetary Policy Rules*, Chicago: University of Chicago Press, Forthcoming, 1999.

Hansen, P. L. "Large Sample Properties of Generalized Method of Moments Estimators", *Econometrica: Journal of the Econometric Society*, 1982.

Hardy, Daniel. *Market Information and Signaling in Central Bank Operations, or, How Often Should a Central Bank Intervene?*, document de travail du FMI 97/28, 1997.

Hardy, Daniel. “Reserve Requirements and Monetary Management: An Introduction”, dans *Instruments of Monetary Management. Issues and Country Experiences,* publié sous la direction de Tomás J.T. Baliño et Lorena M. Zamalloa, FMI, 1997, pp. 41–93.

Harvey A.C. *Forecasting. Structural times series models and the Kalman filter*, Cambridge University Press, 1990.

Hélène Rey. *International channel of transmission of monetary policy and the mundellian trilemma,* Mundell-Fleming Lecture at IMF, november 2014.

Hélène Rey. *Dilemma not trilemma: the global financial cycle and monetary policy independence,* National Bureau of Economic Research (NBER), working paper № 21162—may 2015.

Henderson D.W. and W.J Mc Kibbin. “A Comparison of Some Basic Monetary Policy Regimes for Open Economy: Implications of Different Degrees of Instrument Adjustment and Wage Persistence”, *Carnegie-Rochester Conference Series on Public Policy*, № 39 - 1993, p. 221–317.

Hericourt J. “Monetary Policy Transmission in the CEECs: Revisited Results using Alternative Econometrics”, *Mimeo*, mars 2005.

Hodrick, J.R. and Prescott, E.C. “Postwar U.S. Business Cycles: An Empirical Investigation”, *Journal of Money, Credit and Banking,* № 29 (1) - 1997, 1–16

Huelsewig O. and Mayer E. et al. (2006), “Bank behavior and the cost channel of monetary transmission”, CESIFO Working paper N ° 1813, September.

Humbert L. "La micro finance : Lieu de concertation d’intérêt et de culture", pp. 277-281, *In : Exclusion et liens financiers, Rapports du centre Walras*, Économica, 2001.

ICARD André. « Faut-il une autorité financière unique pour assurer la stabilité financière ? », № 1 — Juin 2007, BCEAO

Ingram James C. *Regional Payments Mechanisms: The Case of Puerto Rico*, University of North Carolina Press, 1962.

Jacome L.I.H, Vazquez E. *Any link between legal central bank independence and inflation: evidence from Latin America and the Caribbean*, IMF Working Paper № 05/75, 2005.

Jaffee D.M. *Credit rationing and the commercial loan market: An econometric study of the Commercial loan market*, Wiley, New York, 1971.

Johansen S. and Juselius K. “Testing structural hypotheses in a multivariate cointegration analysis of the PPP and UIP for UK", *Journal of Econometrics, vol 53*, 1992, pp 211–244.

Johansen S. "Estimation and Hypothesis Testing of Cointegrating Vectors in Gaussian Vector Autoregressive Models", *Econometrica*, № 59 - 1991, pp 1551–1580.

Johansen S. "Cointegration in partial systems and the efficiency of single equation analysis", *Journal of Econometrics* 52 (3) - 1992, pp389–402.

Johansen S., Juselius K. "Maximum likelihood estimation and inference on cointegration with application to the demand for money", *Oxford Bulletin of Economics and Statistics*, № 52 - 1990, pp. 169–210.

Johansen, S. "Statistical Analysis of Cointegration Vectors," *Journal of Economic Dynamics and Control*, № 12 - 1988, pp. 231–254.

Johansen, S. *Likelihood-Based Inferences in Cointegration Vector Autoregressive Models, Advanced Texts in Econometrics*, Oxford and New York: Oxford University Press, 1995, 267p.

Kaminsky G. and Schmukler S. L. *Short-run Pain, Long-run Gain: The Effects of Financial Liberalization*, 2000.

Kashyap A. and Stein J. C. *Monetary Policy And Bank Lending*, NBER Working Paper № 4317—April 1993.

Kempf H. et M. Lanteri. « La Gouvernance des Banques Centrales dans les pays émergents et en développement : le cas de l'Afrique subsaharienne », *Bulletin de la banque de France* № 171 – 2005, mars, pp 83-98.

Kenen P. "The theory of optimum currency areas: an ecletic view", dans *R. Mundell, A. Swoboda, Monetary problems of the international economy*, Chicago University Press, 1969.

Kieler M. and Saarenheimo T. "Differences in monetary policy transmission? A case not closed", *European Commission, Economic Papers*, № 132—November 1998.

Kim S. and Roubini N. "Exchange rate anomalies in the industrial countries: A solution with a structural VAR approach", *Journal of Monetary Economics* № 45 (3) - 2000, pp. 561–586.

King M. "No money, no inflation: the role of money in the economy", *Economie Internationale vol 88*, 2000, pp 111–132.

Kireyev A. *Construire des économies intégrées en Afrique de l'Ouest : leçons de gestion de la croissance, de l'inclusivité et de la volatilité*, FMI, 2014.

Kozicki, S. "How Useful are Taylor Rules for Monetary Policy", *Federal Reserve Bank of Kansas City, Economic Review, Second Quarter,* 1999.

Kydland, E. and Prescott, C. “Rules rather than discretion: the inconsistency of optimal plans”. *Journal of Political, Economy* № 85, 1997, pp 473–492.

Ladiray D., Mazzi G. L. and Sartori F. *Statistical methods for potential output estimation and cycle extraction*, Working Paper, Belgium: Eurostat, 2001.

Laurens, Bernard. *The Use of Standing Facilities in Indirect Monetary Management : Country Experiences and Operational Features*, FMI, document technique du Département de la monnaie et des changes 97/4, 1997.

Lavigne, A. et Villieu P. « La politique monétaire : nouveaux enjeux, nouveaux débats ? », *Revue d'Économie Politique*, № 106 - juin-août 1996, pp. 491-569.

Leeper E., Sims C., and Zha T. “What Does Monetary Policy Do?”, *Brookings Papers on Economic Activity* № 2 - 1998, pp. 1–78.

Levin A., Wieland V. and J.C. Williams. “Robustness of Simple Monetary Policy Rules Under Model Uncertainty”, *NBER*, May1998.

Levin A., Wieland V. and J.C. Williams. “Robustness of Simple Monetary Policy Rules Under Model Uncertainty”, *in John B. Taylor (Ed.) Monetary Policy rules*, University of Chicago Press, forthcoming, 1999.

Lubik, T. and Schorfheide F. *Do Central Banks Respond to Exchange Rate Fluctuations? A Structural Investigation*, Mimeo University of Pennsylvania, 2005.

Machlup F. *Maintaining and restoring balance in international payments*, Princeton University Press, 1966.

Macklem. “Commentary : Central Bank Communication and Policy effectiveness”, The Greenspan era lessons for the future”, *Actes d'un symposium tenu souse les auspices de la Banque Féderale de Reserve de Kansas City* à Jackson Hole, du 25 au 27 août 2005. pp 475-494 Horizons 894 p.

Marilyne H. "Fonctions de réaction des banques centrales européennes et convergence," *L'Actualité économique, Société Canadienne de Science économique, vol. 79* (3) - Septembre 2003, pp 297-326.

Marston, David. *L'utilisation des réserves obligatoires dans les procédures opérationnelles de régulation monétaires et pratiques nationales*, FMI, document technique du Département de la monnaie et des changes 96/1, 1996.

Mayes D. and Viren M., “The exchange rate and monetary conditions in euro area”, *Rewiew of World Economics,* 2000.

Mateut S., Bougheas S. et al. “Trade credit, bank lending and monetary policy transmission", *European Economic Review* № 50 - 2006 pp. 603–629.

Mayes D.G. *Evidence submitted to the Review of Monetary Policy*, New Zealand Treasury, 2000.

McAdam P. and Morgan J. *the monetary transmission mechanism at the euro area level: issues and results using structural macroeconomic models*, ECB, Working Paper № 93—December 2001.

McKinnon Ronald I. "Optimum Currency Areas", *The American Economic Review,* 1963.

Mc Kinnon and Shawn. *Money and Capital in economic development*, The Brookings Institutions, Washington DC, 1973.

McCallum B. "Robustness Properties of A Rule for Monetary Policy", *Carnegie Rochester Conference Series on Public Policy, vol. 29*, 1988, pp. 175–203.

McCallum B. "Two Fallacies Concerning Central bank Independence", *American Economic Review,* vol. 85, mai 1995, pp. 207–211

McCallum, B.T. *Issues in the design of monetary policy rules*, NBER, Working Paper, № 6016, 1997.

McCallum, B.T. *The alleged instability of nominal income targeting*, NBER, № 6291, 1997.

Medhora Rohinton. *Les leçons de l'UMOA » In intégration et coopération régionales en Afrique de l'Ouest sous la direction de Réal Laverge*, Paris. Karthala ; Ottawa: CRDI, 1996.

Mckibbin J. and Henderson D. W., "A comparaison of some basic monetary policy regimes for open economics implications of different degrees of instrument adjustement and wage persistence", *Carnegie-Rochester Conference Series Policy,* 1993.

Meisel N. and Mvogo JP. *Quelles politiques de développement financier en zone franc ?*, AFD, JUMBO, Rapport thématique, № 23 — octobre 2007.

Meltzer, A.H. "Monetary, Credit and (other) transmission processes: a monetarist perspective", *Journal of Economic Perspectives*, № 9 (4) – 1995, pp. 42–72.

Minsky H. "The Financial Instability: an Interpretation of Keynes and an Alternative to Standard Theory", in *Can It Happen Again?*, Minsky H. (éd.), réédition, ME Sharpe, 1977.

Mishkin F. S. « Les canaux de transmission monétaire : leçons pour la politique monétaire », *Bulletin de la Banque de France,* №27 — mars 1996.

Mishkin F. Can central bank transparency go too far?" *The future of Inflation targeting*, sous la direction de C. Kent et S. Guttman. Actes d'un colloque tenu les 9 et 10 août à Sydney, Banque de Reserve d'Australie, 2004.

Modigliani F. "*Monetary policy and consumption*, Concumer Spending and Monetary Policy: The linkage", Federal Reserve Bank of Boston, 1971.

Modigliani F. and Miller M. "The Cost of Capital, Corporation Finance and the Theory of Investment", *American Economic Review*, Vol. 48, № 3 - 1958, pp. 261-97.

Mojon B., *Structures financières et transmission de la politique monétaire en Europe : analyses comparatives de l'Allemagne, la France, l'Italie et le Royaume Uni, CEPII*, document de travail, № 98-12 — octobre 1998.

Mojon, B. and Peersman, G. *A VAR description of the effects of monetary policy in the individual countries of the Euro area*, Working Paper № 92 - 2001, European Central Bank.

Morris S. and H. S. Shin. "Social Value of Public Information", *American Economic Review*, vol 92, 2002, pp 1521–1534.

Morsink J. and Bayoumi T. *A Peek Inside the Black Box: The Monetary Transmission Mechanism in Japan*, IMF Staff Papers, Vol. 48, № 1 - 2001.

Mundell R. "The Monetary Dynamics of International Adjustement under Fixed and Flexible Exchange Rates", *Quarterly Journal of Economics*, vol 74, 1960.

Mundell, R. "A theory of Optimal Currency Areas", *American Economic review*, № 51 - 1961.

Mundell, *R. Rejection of the Common Funnel Theorem*, Rivista di Politica Economica, décembre, *NBER* Working Paper, vol. 9 № 787 - 1993.

Nenovsky N. with K. Hristov and M. Mihaylov. "Comparing Institutional and Organizational Design of Currency *Boards in Transition Countries, Eastern European Economics*, (40) – 2002, pp. 3–36.

Nenovsky N. with Y. Rizopoulos. « Peut-on mesurer le changement institutionnel du régime monétaire ? », *Revue d'économie financière*, (75) – 2004, pp. 17-36.

Nenovsky N. with K. Tochkov and C. Turcu. « Politiques Monétaires et Intégration européenne. Le cas de deux Pays des Balkans », *Revue d'études comparatives Est - Ouest*, № 44 (2) – 2013, pp. 141-162, 2013.

Nenovsky N. with M. Aman and I. Mahamoud (2014), "The informal system of remittances and Currency Board: complementarity or antagonism? The case of hawala transfers in Djibouti", Savings & Development, 37 (1): 133–154, 2014.

Nissanke M. and Aryeetey E. *Financial Market Fragmentation and Reforms in Sub-Saharan Africa*, Washington, D.C.: World Bank Technical Paper, № 356 – 1997.

Nordhaus W. "Coordination and independance in Monetary and Fiscal

Policies", *Rivista di Politica Economica*, décembre 1993.

Obstfeld M. and Rogoff K. "Exchange rate dynamics redux", *Journal of Political Economy*, vol. 103, № 3 - 1995, pp. 624–660.

Orphanides, A. *Monetary Policy Evaluation with Noisy Information*, Finance and Economics Discussion Series, № 50, Federal Reserve Board, 1998.

Orghanides, Athanasros and Volker Wieland, " Efficiency Monetary Policy Dising near Price Stability", *Journal of the Japanese and International Economics*, December 2000, PP. 327–365.

ORR, A., M. EDEY et M. KENNEDY. « Taux d'intérêt réels à long terme : indications fournies par les séries chronologiques groupées », *Revue économique de l'OCDE*, № 25 - 1995.

Parent N., P. Munroe et R. Parker (2003) : « une évaluation du régime des dates d'annonce préétablies », *Revue de la banque Canada*, Automne 2003, pp. 3-12.

Patat Jean-Pierre. « La stabilité financière : une urgence pour les banques centrales », *Bulletin de la Banque de France*, N° 84, Décembre 2000.

Peersman G. and Smets F. *The Monetary Transmission Mechanism In The Euro Area: More Evidence From VAR Analysis*, ECB, Working Paper № 91 - 2001 December.

Peersman G. and Smets F. *The industry effects of monetary policy in the euro area*, ECB Working Paper, 2002 august.

Perron, P. "Further Evidence on Breaking Trend Functions in Macroeconomic Variables", *Journal of Econometrics*, № 80 - 1997, pp. 355–385.

Polak J. *Monetary Analysis of Income Format ion and Payments Problems,* International Monetary Fund, 1957.

Pollin JP. « L'économie bancaire depuis la crise : quelques avancées » Dans *Revue d'économie financière* № 118 – 2015.

Pollin JP. (2010) « Maîtriser l'inflation : quels objectifs et quelles stratégies ? » Revue économique et monétaire de la BCEAO, n° de juin 2010

Pollin JP. « Les banques centrales entre régulation macroéconomique et contrôle prudentiel » dans *Hedge funds, private equity, marchés financiers : les frères ennemis ?* Presses Universitaires de France, 2009.

Poole, W. "Monetary Policy Rules?", *Review of Federal Reserve Bank of Saint-Louis*, march/april 1999.

Poterba and Samwicck, "Stock Owner ship Patterns, Stock Market Fluctuations and Consumption", Brookings Paperson Economic Activity, Vol. 26, 1995.

Poterba J.M. and Rueben K.S. *State Fiscal Institutions and the US Municipal Bond Market*, NBER Working paper № 6237, octobre 1997.

Rabanal, P. *The Cost Channel of Monetary Policy: Further Evidence for the United States and the Euro Area*, IMF Working Paper № 149, International Monetary Fund, 2003.

Raffinot M. « Crise mondiale et financement du développement africain » dans *Afrique contemporaine* № 232 – 2009.

Raffinot M. *La dette des tiers mondes,* La découverte, 2008.Coll. “Repères”

Rajan R. G. “Insiders and outsiders: the choice between relationship and arm's length debt”, *Journal of finance*, № 47 - 1992.

Ramey V. *How important is the credit channel in the transmission of monetary policy?*, Carnegie-Rochester Conference Series on Public Policy, December 1993, № 39, pp. 1–45.

Ravenna and Walsh, “Vaccancies unemployment and the Phillips Curve” *European Economic review*, Vol. 52 (8), PP. 1494–1521, November 2007.

Reinhart Carmen M. and Rogoff Kenneth S. *The Modern History of Exchange Rate Arrangements: A Reinterpretation*, NBER Working Paper № 8963, Issued in May 2002.

Rogoff K. “The optimal degree of commitment to an intermediate monetary target”, *Quarterly Journal of Economics*, vol. 100, November 1985.

Romer, C. et Romer D. “New evidence on the monetary transmission mechanism”, *Bookings Papers on Economic Activity*, № 1 - 1990, pp. 149–213.

Rosenwald F. *Coût du crédit et montant des prêts : une interprétation en termes de canal large du crédit*, septembre 1995.

Rudebusch, G. et Svensson, L. “Policy rules for inflation targeting”, in J. Taylor (ed), *Monetary policy rules*, Chicago University Press, 1998.

Rudebusch, G.D. “Federal Reserve Interest Rate Targeting, Rational Expectations and the Term Structure”, *Journal of Monetary Economics*, № 35 - 1995, pp. 245–274.

Sachs G. *The International Economic analyst*, volume 11, issue 6, juin 1996.

Sargan, J.D. “The estimation of economic relationships using instrumental variables”, *Econometrica,* № 26 - 1958, pp 393 - 415.

Scitovsky Tibor. “The place of economic welfare in human welfare”, *Quarterly Journal of Economics,* 1973.

Schaechter Andrea. *Implementation of Monetary Policy and the Central Bank's Balance Sheet*, FMI, WP/Ol/l49, 2000.

Sellon J. “The Changing U.S Financial Système: Some Implications for the Monetary Transmission Mechanism”, *Economic Review, Federal Reserve Bank of Kansas City*. 87 (1) – 2002, pp. 5–35.

Shapiro, M. et M. Watson. “Sources of Business Cycle Fluctuations” *NBER Macroeconomics Annual*, 1988.

Sharpe S. Asymmetric Information, bank lending and implicit contracts: A stylized model of customer relationships, *Journal of finance*, № 45 - 1990.

Siklos, P.L. “Inflation Target Design: Changing Inflation Performance and Persistence in Industrial Countries”, *Review of Federal Reserve Bank of Saint-Louis*, march/april 1999.

Sims C. A. “An Autoregressive Index Model for the US”, *Large Scale Macro-Econometric Models, 1948-1975chap.*, pp. 283–327. North Holland, Amsterdam 1981.

Sims C. A. Macroeconomics and Reality, *Econometrica*, January, vol. 48, 1980, pp. 1–48.

Sims, C. A. “Interpreting the Macroeconomic Time Series Facts: The Effects of Monetary Policy”, *European Economic Review*, vol. 36, № 5 - 1992, pp. 975-1001.

Sterdyniak H. et Villa P. « Du côté de l’offre de monnaie », *Annales de l’INSEE*, № 25 - janvier-mars 1977.

Stiglitz Josepb E. et Weiss Andrew. “Credit Rationing in Market with Imperfect Information”. *American Economic Review* № 71— juin 1981, pp. 393–410.

Stock J. H. and Watson M. W. “New Indexes of Coincident and Leading Economic Indicators”, *NBER Macroeconomics Annual*, 1989, pp. 351–393.

Stock, J.H. et Watson, M.W. “Vector Autoregressions”, *The Journal of Economic Perspectives*, vol. 15, № 4 – 2001.

Sriram M. S. & Kumar Radha. *Conditions in Which Microfinance has Emerged in Certain Regions and Consequent Policy Implications*, IIMA Working Papers WP2005-05-03, Indian Institute of Management Ahmedabad, 2005.

Strongin, S. “The Identification of Monetary Policy Disturbances: Explaining the Liquidity Puzzle”, *Journal of Monetary Economics*, vol. 35, № 3 - 1995, p. 463–498.

Svensson, L.E. *Inflation Targeting Some Extensions*, NBER, Working Paper № 5962 - 1997.

Svensson L. “Inflation targetting as monetary policy rule”, *Journal of Mo—netary Economics*, № 43 - 1999, pp. 607–654.

Svensson, L. “Open-Economy inflation targeting”, *Journal of international Economics*, № 50 - 2000, pp. 155–183.

Svensson L. “Optimal Inflation targeting: further developments of Inflation Targeting”, Communication présentée au Colloque de la Banque Centrale du Chili intitulé : *Monetary Policy under inflation targeting*, 20 octobre 2005. www.bcentral.cl/eag.

Tavéra C. *Modèle vectoriel autorégressif*, document de travail, 2005.

Taylor J. “The Role of the Exchange Rate in Monetary-Policy Rules,” *American Economic Review*, May 2001, pp. 263-67.

Taylor J. B. *Macroeconomic Policy in a World Economy: From Econometric Design to Practical Operation*, New York: W. W. Norton, 1993.

Taylor J. B. “Discretion Versus Policy Rules in Practice”. *Carnegie-Rochester Conference Series on Public Policy*, № 49 - 1993.

Taylor J. B. (1995), *“The Monetary Transmission Mechanism: An empirical Framework”*, Journal of Economic Perspectives, n ° 9, p. 11–26.

Taylor J. B. “The Robustness and Efficiency of Monetary Policy Rules as Guidelines for Interest Rate Setting by the European Central Bank”, Manuscrit, Stanford University. Version révisée du document préparé pour la conférence sur les règles de politique monétaire (12-13 juin 1998), Université de Stockholm, 1999.

Taylor J. B. (2000), “Low inflation, pass-through, and the pricing power of firms”, European Economic Review, Vol. 44, n ° 7, p. 1389-140

Taylor J.B. (1998), “The robustness and efficiency of monetary policy rules as guidelines for interest rate setting by the European Central Bank”, *Institute for International Economic Studies*, Stockholm University.

Ténou K. *Les déterminants de la croissance à long terme dans les pays de l’UEMOA*, (493), juin 1999.

Tenou K. *La règle de Taylor : un exemple de règle de politique monétaire appliquée au cas de la BCEAO*, Notes d’Information et Statistiques de la BCEAO, № 523 - 2002 mars 2002, pp 1-21.

Tobin J. “A General Equilibrium Approach to Monetary Theory”, *Journal of Money, Credit, and Banking, February*, № 1 - 1969, pp. 15–29.

Verdelhan, A. *Taux de Taylor et Taux de Marché de la zone euro,* Banque de France, Service d’étude sur la politique monétaire, SEPM № 98-97/3 - 1998.

Trautwein H., “The credit view old and new” *Journal of Economic Surveys*, Vol. 14, April 2000

Triffin Robert. *Gold and the Dollar Crisis. The Future of Convertibility*, ou dilemme de Triffin, 1960.

Verdelhan, A. "Règle de Taylor", *Bulletin de la Banque de France*, № 96 – 1999, pp. 85-9.

Veyrune R. *Économie des unions et taux de change : étude de caisses d'émission et de la zone franc*, University of Auvergne, Clermond I, 2005.

Virginie C. et Mojon B. « Asymétries financières en Europe et transmission de la politique monétaire » *CEPII* № 07 — Septembre 1995.

Watson M. (1994): "Vector autoregression and cointegration," in Handbook of Econometrics, ed. by R. Engle, and D. McFadden, vol. IV, chap. 47, pp. 2843–2915. Elsevier, New York.

Wijnholds J. and Kapteyn A. *Reserve Adequacy in Emerging Market*, FMI, WP/01/143, Working Paper, 2001.

Williams J.C. *Simple Rules for Monetary Policy*, Working Paper, Board of Governors of the Federal Reserve System, 1999.

Wolff, Edwards N. and Marcia Marley (1989), "Long-Term Trends in U.S. Wealth Inequality: Methodological Issues and Results," in The Measurement of Saving, Investment and Wealth R. Lipsey and H. Tice. Chicago: University of Chicago Press, pp. 765– 844.

Woodford (2005) Woodford M. "Central Bank Communication and Policy effectiveness", *The Greenspan Era Lessons for the Future. Actes d'un symposium tenu sous les auspices de la Banque Fédérale de Reserve de Kansas City*, 2005 pp 399-474.

Worms A. *The Reaction Of Bank Lending To Monetary Policy Measures In Germany*, ECB, Working Paper № 96—December 2001.

LISTE DES TABLEAUX

LISTE DES GRAPHIQUES

TABLE DES MATIÈRES

Structures éditoriales du groupe L'Harmattan

L'Harmattan Italie
Via degli Artisti, 15
10124 Torino
harmattan.italia@gmail.com

L'Harmattan Hongrie
Kossuth l. u. 14-16.
1053 Budapest
harmattan@harmattan.hu

L'Harmattan Sénégal
10 VDN en face Mermoz
BP 45034 Dakar-Fann
senharmattan@gmail.com

L'Harmattan Cameroun
TSINGA/FECAFOOT
BP 11486 Yaoundé
inkoukam@gmail.com

L'Harmattan Burkina Faso
Achille Somé – tengnule@hotmail.fr

L'Harmattan Guinée
Almamya, rue KA 028 OKB Agency
BP 3470 Conakry
harmattanguinee@yahoo.fr

L'Harmattan RDC
185, avenue Nyangwe
Commune de Lingwala – Kinshasa
matangilamusadila@yahoo.fr

L'Harmattan Congo
67, boulevard Denis-Sassou-N'Guesso
BP 2874 Brazzaville
harmattan.congo@yahoo.fr

L'Harmattan Mali
Sirakoro-Meguetana V31
Bamako
syllaka@yahoo.fr

L'Harmattan Togo
Djidjole – Lomé
Maison Amela
face EPP BATOME
ddamela@aol.com

L'Harmattan Côte d'Ivoire
Résidence Karl – Cité des Arts
Abidjan-Cocody
03 BP 1588 Abidjan
espace_harmattan.ci@hotmail.fr

L'Harmattan Algérie
22, rue Moulay-Mohamed
31000 Oran
info2@harmattan-algerie.com

L'Harmattan Maroc
5, rue Ferrane-Kouicha, Talaâ-Elkbira
Chrableyine, Fès-Médine
30000 Fès
harmattan.maroc@gmail.com

Nos librairies en France

Librairie internationale
16, rue des Écoles – 75005 Paris
librairie.internationale@harmattan.fr
01 40 46 79 11
www.librairieharmattan.com

Lib. sciences humaines & histoire
21, rue des Écoles – 75005 Paris
librairie.sh@harmattan.fr
01 46 34 13 71
www.librairieharmattansh.com

Librairie l'Espace Harmattan
21 bis, rue des Écoles – 75005 Paris
librairie.espace@harmattan.fr
01 43 29 49 42

Lib. Méditerranée & Moyen-Orient
7, rue des Carmes – 75005 Paris
librairie.mediterranee@harmattan.fr
01 43 29 71 15

Librairie Le Lucernaire
53, rue Notre-Dame-des-Champs – 75006 Paris
librairie@lucernaire.fr
01 42 22 67 13